Nouvelle Internationale

1986

Sommaire

Présentation
Michel Prairie — 3

La révolution à venir en Afrique du Sud
Jack Barnes — 11

La Charte de la liberté — 73

La terre, la classe ouvrière et la lutte pour le pouvoir au Canada
Michel Dugré — 79

LA RÉFORME AGRAIRE ET LES COOPÉRATIVES AGRICOLES À CUBA

Introduction
Mary-Alice Waters — 143

La campagne cubaine, hier et aujourd'hui
Fidel Castro — 155

Les coopératives agricoles à Cuba
Fidel Castro — 165

L'INTERNATIONALE COMMUNISTE ET LA QUESTION AGRAIRE

Thèse sur la question agraire — 181

Programme d'action agraire — 191

Responsables de la publication: Michel Prairie et Mary-Alice Waters
Responsable de la diffusion: Michel Dugré

Nouvelle Internationale est publiée en collaboration avec les revues *New International* et *Nueva Internacional*. Plusieurs des articles publiés en français sont aussi disponibles en anglais et en espagnol. On peut obtenir les trois revues en s'adressant à Nouvelle Internationale, 410 West St., New York, NY 10014, USA.
Cette seconde impression paraît avec une nouvelle couverture et de nouvelles annonces. Les titres de certains articles ont été modifiés et quelques erreurs typographiques corrigées. Aucun autre changement n'a été apporté au contenu des textes.

Page couverture: manifestation en Afrique du Sud le matin de la libération de Nelson Mandela, le 11 février 1990. Photo: Susan Winters/Impact Visuals.
Conception graphique: Eric Simpson.

© 1986, Société d'édition AGPP Inc.
Dépôt légal: Bibliothèque nationale du Québec; Bibliothèque nationale du Canada
© 1991, 408 Printing and Publishing Corp.
Tous droits réservés
ISSN 0827-0929
ISBN 0-87348-645-5
Imprimée aux États-Unis
Deuxième impression: 1991

Distribuée par les éditions Pathfinder
Afrique, Europe et Moyen-Orient
    Pathfinder, 47 The Cut, London, SE1 8LL, Grande-Bretagne
Amérique latine, Antilles et États-Unis
    Pathfinder, 410 West Street, New York, NY 10014, États-Unis
Asie, Australie et Pacifique
    Pathfinder, 19 Terry St., Surry Hills, Sydney, N.S.W. 2010, Australie
Canada
    Pathfinder, 6566, boul. St-Laurent, Montréal, Québec, H2S 3C6
Islande
    Pathfinder, Klapparstíg 26, 2d floor, 121 Reykjavík
Nouvelle-Zélande
    Pathfinder, 157a Symonds Street, Auckland
Suède
    Pathfinder, Vikingagatan 10, S-113 42, Stockholm

Présentation

Michel Prairie

CE DEUXIÈME numéro de *Nouvelle Internationale* porte sur deux questions politiques majeures pour le mouvement ouvrier en Amérique du Nord et à l'échelle internationale: l'approfondissement de la lutte révolutionnaire contre le système d'apartheid menée par les masses noires en Afrique du Sud et son impact international; et la nécessité pour la classe ouvrière de forger une alliance dans la lutte avec les agriculteurs exploités pour faire avancer leurs intérêts communs contre la poignée de familles capitalistes qui possèdent les monopoles industriels et commerciaux, de vastes domaines fonciers et les banques.

* * *

Le premier article que nous publions ici porte sur la nature de classe et les tâches de la révolution nationale, démocratique en Afrique du Sud et sur le rôle de direction politique du Congrès national africain (ANC) dans cette lutte. Cet article a été publié pour la première fois en anglais dans le numéro de l'automne 1985 de *New International*. Il est basé sur un rapport de Jack Barnes adopté par le Comité national du Parti socialiste des travailleurs (SWP), l'organisation soeur aux Etats-Unis de la Ligue ouvrière révolutionnaire (LOR) du Canada.

Malgré la répression croissante du régime raciste d'Afrique du Sud, la lutte révolutionnaire des masses noires contre l'Etat d'apartheid a continué de s'approfondir depuis que cet article a été publié pour la première fois.

Au cours des derniers mois, les travailleurs et les travailleuses ont organisé les deux plus grandes grèves générales de l'histoire de l'Afrique du Sud. Deux millions de travailleurs ont participé à la première de ces deux grèves, le 1er mai, journée de la Fête internationale des travailleurs. Un nombre encore plus élevé a participé à la grève du 16 juin pour marquer le dixième anniversaire de Soweto (le soulèvement, en 1976, de la jeunesse noire sud-africaine au cours duquel au moins 600 personnes ont été assassinées par le régime d'apartheid de Pretoria).

La participation des masses s'accroît et prend les formes les plus diverses: la formation, en décembre 1985, du Congrès des syndicats sud-africains (COSATU); un développement et une autorité politique accrus du Front démocratique uni (UDF), une coalition de centaines d'organisations anti-apartheid; les boycottages des consommateurs; la lutte pour une réforme scolaire et les luttes de plus en plus profondes pour instaurer de nouveaux comités de rues dans les cités noires, visant à remplacer les institutions de collaboration avec le régime d'apartheid. Ces nouveaux comités favorisent la mobilisation des masses contre l'apartheid.

La lutte s'étend de plus en plus dans les bantoustans et à la campagne. Elle touche de plus en plus les quartiers que le système d'apartheid a désigné comme étant des quartiers «exclusivement blancs». La capacité des masses de se défendre face aux attaques armées du régime s'est aussi accrue.

D'une manière générale, les masses qui luttent contre l'apartheid sont aujourd'hui plus conscientes, plus unies et mieux organisées qu'il y a un an.

LE RÉGIME a répondu à cette montée du mouvement de masse par un approfondissement majeur de la répression, accompagnée par une poignée de réformes très superficielles du système d'apartheid.

Le 12 juin, le gouvernement a imposé un état d'urgence. Contrairement à celui qu'il avait imposé en 1985, qui ne touchait que quelques régions, celui-ci s'étend à l'ensemble du pays, ce qui reflète l'ampleur du mouvement de masse.

Plus d'une centaine de militants anti-apartheid ont été tués depuis la déclaration de l'état d'urgence. Ces victimes s'ajoutent aux 1 700 autres qui ont été tuées depuis août 1984 dans la lutte contre le régime d'apartheid. De 2 000 à 4 500 personnes ont été arrêtées dans le cadre de l'état d'urgence, dont beaucoup de dirigeants syndicaux. Près de 800 d'entre elles ont été accusées de meurtre, incendie et voie de fait. Le gouvernement a instauré une censure presque totale et expulsé des correspondants étrangers.

Mais malgré cette répression féroce, la détermination des masses noires ne fléchit pas et le mouvement de masse demeure bien vivant. Dans les jours qui ont suivi la déclaration de l'état d'urgence, de nombreux travailleurs et travailleuses, en particulier dans les supermarchés et les mines ont fait la grève pour obtenir la libération de leurs dirigeants syndicaux. Les dirigeants du mouvement syndical encore en liberté ont défié le gouvernement en tenant une réunion à Johannesburgh au cours de laquelle ils ont annoncé des préparatifs en vue d'une autre grève générale nationale.

Au moment où nous écrivons ces lignes, la situation demeure très tendue. Les attaques menées par le régime contre les masses sont très profondes. Il est impossible de savoir quel impact elles auront à court terme. Mais une chose est claire: la détermination et l'expérience acquise par les masses ont empêché le gouvernement de stabiliser le système d'apartheid. Tous les jours au contraire, de nouvelles actions massives de défiance et de résistance ont lieu. Les divisions internes et le désarroi des cercles dirigeants sud-africains s'accroissent. Plus que jamais, la solidarité internationale est nécessaire pour avancer dans la lutte contre le régime le plus barbare sur terre.

Les événements des derniers mois ont clairement confirmé le fait que l'ANC est l'organisation d'avant-garde de la révolution démocratique en Afrique du Sud. Sur la base de leur expérience dans la lutte, des secteurs de plus en plus larges de la population sud-africaine reconnaissent aujourd'hui la justesse de la stratégie de l'ANC.

Ces événements confirment l'importance de la Charte de la liberté, que nous reproduisons dans ce numéro de *Nouvelle Internationale*.

La Charte de la liberté a été adoptée en 1955 par les 3 000 délégués qui ont participé à un Congrès du peuple à Kliptown en Afrique du Sud. Elle résume le programme et la stratégie pour une Afrique du Sud démocratique et non raciale. Ce programme et cette stratégie sont défendus par un nombre croissant de militants et militantes anti-apartheid sud-africains et de leurs organisations, en premier lieu l'ANC.

Un an après l'adoption de ce document, Nelson Mandela, le dirigeant de l'ANC emprisonné depuis 1962, a souligné son importance: «Pour la première fois dans l'histoire de notre pays, a-t-il expliqué, les forces démocratiques, indépendamment de leur race, de leur orientation idéologique, de leur appartenance à un parti ou de leurs croyances religieuses, ont renoncé et rejeté le racialisme dans toutes ses manifestations. Elles ont clairement défini leur objectif et se sont unies dans un programme d'action commun.

«La Charte est plus qu'une simple liste de revendications pour des réformes démocratiques. C'est un document révolutionnaire précisément parce que les changements qu'elle propose ne pourront être réalisés sans briser les stuctures économiques et politiques actuelles en Afrique du Sud.»

Comme nous l'avons indiqué précédemment, l'un des événements les plus importants en Afrique du Sud depuis la première publication de l'article de Jack Barnes a été la création du COSATU, au début de décembre 1985. Le COSATU est la plus importante fédération syndicale de l'histoire de l'Afrique du Sud. Il rassemble plus de 30 syndicats, représentant un demi-million de membres.

Les positions adoptées par le COSATU découlent de l'expérience acquise par les travailleurs sud-africains dans leur lutte contre le régime d'apartheid. Les ouvriers d'Amérique du Nord ont beaucoup à apprendre de son orientation.

La formation du COSATU témoigne tout d'abord d'une ferme volonté des travailleurs sud-africains de surmonter leurs divisions internes, non seulement sur le plan politique mais aussi sur le plan organisationnel. Poussés par la dynamique de leur propre lutte contre l'Etat d'apartheid, les travailleurs sud-africains ont conclu que l'unité syndicale constitue l'un des piliers de la lutte du mouvement ouvrier contre le pouvoir des patrons. Les différents syndicats et fédérations syndicales qui constituent aujourd'hui le COSATU visent le plus rapidement possible à ne constituer qu'un syndicat par industrie.

LA CRÉATION du COSATU témoigne aussi de la volonté croissante des syndicats sud-africains de s'impliquer dans la lutte politique contre l'apartheid. «Nous nous engageons fermement, déclare la constitution du COSATU, à lutter pour une Afrique du Sud unie et démocratique, libre de toute oppression et exploitation économique. Nous croyons que cela ne pourra se faire que sous la direction d'une classe ouvrière unie.»

En mars 1986, le COSATU a publié une déclaration conjointe avec l'ANC, dans laquelle il est dit que «la question fondamentale auquel notre pays est confronté, celle du pouvoir politique, ne peut pas être résolue sans la pleine participation de l'ANC, qui est considéré par la majorité du peuple d'Afrique du Sud comme son organisation dirigeante et son représentant véritable».

Le COSATU exige la libération de Nelson Mandela. Il appuie la campagne internationale de boycott économique total de l'Afrique du Sud. Cette prise de position constitue un acte criminel en Afrique du Sud.

Le COSATU participe aux luttes politiques du point de vue des intérêts de la classe ouvrière dans son ensemble et en particulier de ses couches les plus opprimées. Il s'est par exemple engagé à lutter «contre tous les traitements discriminatoires et injustes dont sont victimes les femmes au travail, dans la société et au sein des syndicats.»

Le COSATU regroupe principalement des Noirs, ce qui reflète le rôle d'avant-garde des travailleurs noirs dans la révolution sud-africaine. Mais il est en même temps une organisation non-raciale, qui cherche à unir tous les travailleurs d'Afrique du Sud qui appuient ses objectifs — indépendamment de la couleur de leur peau. Le COSATU refuse farouchement de laisser les divisions raciales et nationales affaiblir les luttes des travailleurs de toutes origines — Africains, Asiatiques, «Métis» ou Blancs — contre leur ennemi commun: l'Etat d'apartheid et la bourgeoisie dont il défend les intérêts.

La lutte contre l'apartheid est maintenant une question clé de la politique mondiale. Les masses noires d'Afrique du Sud sont au coeur de la lutte des peuples opprimés contre l'impérialisme, non seulement en Afrique, mais partout ailleurs dans le monde. Leur lutte renforce celle du peuple nicaraguayen qui, dans sa lutte de libération, subit maintenant la guerre organisée par la plus puissante force militaire au monde, l'impérialisme américain.

Pour les ouvriers et ouvrières du monde entier, le refus de la grande majorité des gouvernements impérialistes de prendre des sanctions réelles contre le régime d'apartheid constitue une expérience qui les aide à mieux comprendre la nature réactionnnaire de leurs propres gouvernements. Peu à peu les travailleurs découvrent que leurs gouvernements sont plus intéressés à défendre le régime raciste de Pretoria et les monopoles qui ont des intérêts en Afrique du Sud que de lutter contre l'apartheid.

Le gouvernement canadien, qui prétend être contre l'apartheid, n'a rien fait pour forcer les compagnies canadiennes à retirer leurs investissements en Afrique du Sud. Refusant obstinément de rouvrir une ambassade à Managua, il maintient contre vents et marées son ambassade à Pretoria. L'administration Reagan, qui prétend aussi s'opposer à l'apartheid, refuse d'imposer des sanctions contre Pretoria, alors qu'elle a non seulement imposé un blocus économique total contre le Nicaragua mais elle a accru son aide aux contras qui font la guerre au peuple nicaraguayen.

Inspirées par la lutte des Noirs d'Afrique du Sud, des millions de personnes à travers le monde se sont mises en branle pour participer à la lutte contre l'apartheid. Un important mouvement de solidarité s'est développé au cours de la dernière année en Afrique, en Europe et en Amérique.

Ce mouvement revendique la libération de Nelson Mandela. Il se bat pour l'imposition d'un boycott économique total contre l'Afrique du Sud et pour que toutes les compagnies qui y ont des intérêts les retirent. Il lutte finalement pour la rupture de tous les liens diplomatiques ou autres avec l'Afrique du Sud.

Des manifestations gigantesques ont eu lieu dans plusieurs pays impérialistes. Le Canada et les Etats-Unis ont connu en mai et juin les plus importantes manifestations anti-apartheid de leur histoire respective, soit 10 000 personnes à Toronto et 100 000 à New York. Quelque 250 000 personnes ont également manifesté à Londres, en Angleterre, en juin. Des manifestations semblables ont aussi eu lieu dans des pays dominés par l'impérialisme. C'est ainsi qu'au début de l'automne 1985, 100 000 personnes ont manifesté à l'appel du gouvernement révolutionnaire du Burkina Faso contre l'apartheid et le régime raciste d'Afrique du Sud dans les rues de Ouagadougou, la capitale du pays.

Le mouvement ouvrier joue un rôle croissant dans les mobilisations contre l'apartheid. Les grandes centrales syndicales nord-américaines ont toutes pris position contre l'apartheid. Elles revendiquent de plus en plus des sanctions totales. Le congrès du Nouveau Parti démocratique (NPD) de l'Ontario, un parti basé sur les syndicats, a pris une position, en juin dernier. Plus que jamais auparavant, les travailleurs ont l'occasion de demander à ce que leurs syndicats mettent leurs paroles en pratique et participent à de telles actions.

Dans les collèges et universités d'Amérique du Nord, un important mouvement s'est développé pour le désinvestissement, c'est-à-dire le retrait de tous les investissements faits par les collèges et universités dans des compagnies ou entreprises qui font affaire avec l'Afrique du Sud. Au Canada, le mouvement pour le désinvestissement a remporté une première victoire au cours de l'automne 1985 quand les étudiants et étudiantes ont forcé l'Université McGill à Montréal à désinvestir.

L'article de Jack Barnes que nous publions ici s'adresse aux militants et aux militantes qui construisent ce mouvement. Il s'adresse à tous ceux et toutes celles qui veulent lutter contre l'apartheid et le régime raciste sud-africain ici-même en Amérique du Nord. Son but est de leur fournir les outils politiques et théoriques qui vont les aider à construire le mouvement de masse le plus large et le plus puissant possible contre l'apartheid.

*   *   *

LES ARTICLES parus dans le premier numéro de Nouvelle Internationale portaient sur la nécessité pour la classe ouvrière, dans sa lutte pour le pouvoir, de forger une alliance de classe durable avec les agriculteurs exploités.

L'article de Michel Dugré que nous publions dans ce numéro revient sur cette question de stratégie révolutionnaire fondamentale mais dans le cadre plus spécifique de la lutte pour un gouvernement des travailleurs et des agriculteurs au Canada. Michel Dugré est un dirigeant de la LOR. Son article est basé sur un rapport adopté par le Comité central de la LOR en juillet 1985.

Cet article explique l'importance de l'agriculture dans l'économie canadienne et l'importance de l'agriculture canadienne dans l'économie mondiale. Il décrit la place centrale que la lutte pour le contrôle de la terre a joué dans l'histoire de la lutte des classes au Canada. Il explique entre autres le rôle qu'a joué la lutte pour le contrôle de la terre dans l'apparition de l'oppression nationale des Amérindiens, des Acadiens, des Québécois et des autres francophones de l'ouest du Canada.

Après avoir décrit les formes de l'exploitation des agriculteurs par la bourgeoisie canadienne et la situation actuelle des agriculteurs, il aborde les principales revendications mises de l'avant par le mouvement des agriculteurs aujourd'hui et leur importance pour le mouvement ouvrier du Québec et du Canada anglais. Il explique comment la lutte pour satisfaire les revendications légitimes des agriculteurs exploités occupe une place centrale dans la lutte pour un gouvernement du NPD et du mouvement ouvrier québécois au Canada.

Ces questions sont essentielles pour le mouvement ouvrier. L'unité avec les agriculteurs renforce les luttes des travailleurs. Seule l'alliance avec les agriculteurs exploités permettra aux travailleurs d'avancer dans leur lutte en vue d'une révolution socialiste au Canada.

La construction d'une telle alliance est indispensable si on veut que le mouvement ouvrier rompe avec la perspective de collaboration de classe de la direction actuelle, qui affaiblit sérieusement le pouvoir des syndicats et leur influence parmi des couches larges de la population laborieuse et des opprimés. En construisant cette alliance, les ouvriers apprendront à penser socialement et à agir politiquement. Il leur sera plus facile de comprendre pourquoi leurs organisations de classe doivent appuyer, participer et donner une direction aux luttes des femmes, des Québécois, des Noirs, des jeunes et de tous les opprimés.

Le texte de Michel Dugré est accompagné par deux séries de textes illustrant la continuité du mouvement communiste international sur la question de l'alliance des ouvriers et des agriculteurs dans la lutte pour le pouvoir.

La première série est constituée de deux résolutions de l'Internationale communiste (IC), l'une adoptée par le Deuxième Congrès de l'IC en 1920, l'autre par son Quatrième Congrès en 1922. L'IC a été fondée à la fin de la Première Guerre mondiale à l'appel des dirigeants de la Révolution russe, les bolchéviques. Pendant les premières années de son existence, elle a regroupé des révolutionnaires du monde entier et a contribué à les armer avec un programme et une stratégie pour construire des partis communistes dans leurs pays respectifs.

La deuxième série de textes porte sur l'expérience de la révolution cubaine. Les réalisations de la révolution socialiste cubaine et de sa direction marxiste fournissent le meilleur exemple de réalisation d'une alliance des travailleurs et des agriculteurs de toute l'histoire. Voilà pourquoi nous avons inclus dans ce numéro de *Nouvelle Internationale* des extraits de deux discours du président cubain Fidel Castro.

Ces textes sont précédés d'une présentation de Mary-Alice Waters, co-rédactrice de *Nouvelle Internationale*. Son texte est d'abord paru dans l'édition du printemps 1985 de *New International*.

* * *

Nous avons apporté de légères corrections de style et de présentation aux documents de l'Internationale communiste et aux discours de Fidel Castro que nous avons reproduits ici. Nous avons traduit de l'anglais un certain nombre de citations que nous n'avons pu trouver en français.

Juillet 1986

Note de la réimpression de 1991: la Ligue ouvrière révolutionnaire est devenue la Ligue communiste du Canada en janvier 1990.

MARGRETHE SIEM/THE MILITANT

Johannesburg, mars 1990. À un concert en l'honneur de Nelson Mandela, libéré le mois précédent après 27 ans dans les prisons de l'apartheid.

La révolution à venir en Afrique du Sud

Jack Barnes

Le rapport suivant a été adopté par le Comité national du Parti socialiste des travailleurs (SWP) des Etats-Unis, en août 1985.

LES ETATS-UNIS sont le plus puissant exploiteur impérialiste et le principal gendarme dans le monde. Cela explique pourquoi les luttes révolutionnaires, peu importe où elles se développent, ont des répercussions directes sur la politique ici. Du fait de son ampleur et des enjeux énormes qu'elle présente pour les impérialistes et la population laborieuse du monde entier, la lutte révolutionnaire en Afrique du Sud a un impact profond sur ce pays.

Plus que jamais auparavant, nous avons la responsabilité et la possibilité de construire un mouvement pour exiger de Washington qu'il rompe tous ses liens avec l'apartheid. Pour profiter de cette ouverture, les révolutionnaires aux Etats-Unis doivent avoir une compréhension claire du caractère de la révolution en cours en Afrique du Sud. Pour contribuer efficacement à la construction de la solidarité ici, nous devons comprendre le cheminement des différentes classes dans cette révolution.

Il faut que le Parti socialiste des travailleurs se débarasse des vestiges d'attitudes gauchistes et sectaires qui pourraient l'empêcher de continuer à se tourner vers l'extérieur dans une perspective ouvrière. En ayant une compréhension juste de la révolution sud-africaine aujourd'hui, les membres du parti qui sont dans les syndicats industriels seront mieux à même de travailler avec tous les travailleurs qui veulent faire sentir le poids du mouvement ouvrier dans la campagne pour une Afrique du Sud libre. L'objectif, c'est que le mouvement ouvrier se joigne à cette lutte, qu'il la rende plus puissante, qu'il l'aide à progresser — et qu'il se transforme et se renforce en le faisant.

Dans ce rapport, nous allons aborder quatre aspects de la révolution sud-africaine.

● Premièrement, nous identifierons le caractère historique de la révolution en Afrique du Sud.

C'est une révolution pour renverser l'Etat d'apartheid et détruire le système d'apartheid.

C'est une révolution pour ouvrir la voie à l'établissement, pour la première fois, d'un Etat national sud-africain non racial.

Cette nouvelle nation va inclure en premier lieu les Africains qui proviennent de plusieurs tribus distinctes. Ce sont les descendants de ceux et de celles qui vivaient là et travaillaient la terre avant l'arrivée des colons blancs. Les Africains constituent la vaste majorité de la population en Afrique du Sud aujourd'hui. La nouvelle nation inclura aussi ceux et celles que le système d'apartheid classe dans la catégorie des Métis et des Indiens. Ceux-ci constituent, avec les Africains, la population noire opprimée. La nouvelle nation intégrera finalement en son sein les Blancs qui accepteront de vivre et de travailler avec les mêmes droits que les autres citoyens — pas plus, pas moins — dans une Afrique de Sud démocratique.

C'EST UNE RÉVOLUTION pour que la majorité noire acquière le droit de posséder, de travailler et de faire fructifier la terre qui lui a été enlevée par le régime d'apartheid. Une révolution pour que les Africains puissent devenir des fermiers libres produisant des récoltes destinées à la vente sur un marché intérieur en expansion. Une révolution enfin pour mettre en oeuvre une véritable loi sur la propriété foncière, garantissant un accès à la terre à ceux qui veulent la travailler.

C'est une révolution pour abolir toutes les restrictions sur le droit des Noirs sud-africains de vivre, de travailler et de se déplacer là où ils le désirent. Pour établir une totale égalité sur le marché du travail. Pour garantir tous les droits des syndicats et du mouvement ouvrier.

C'est une révolution qui vise à remplacer l'Etat de la minorité blanche par une république démocratique basée sur le principe: une personne, un vote. Son objectif, pour reprendre les termes utilisés par le Congrès national africain, c'est une Afrique du Sud démocratique, non raciale, une et indivisible.

C'est une révolution dans laquelle les exploités visent à remplacer le régime d'apartheid de la minorité par leur propre pouvoir, celui de la grande majorité. Ils utiliseront alors ce nouveau pouvoir révolutionnaire pour s'assurer qu'aucun vestige du système d'apartheid ne demeure intact et que le programme démocratique de la révolution soit appliqué.

D'un point de vue historique, les objectifs de la révolution sud-africaine en font une révolution démocratique-bourgeoisie. C'est une révolution démocratique, une révolution nationale. Les masses laborieuses luttent pour la mener jusqu'à la victoire et pour créer le premier véritable Etat national sud-africain.

La révolution sud-africaine actuelle n'est pas une révolution anticapitaliste. Elle va ouvrir la voie à la transition vers une révolution anticapitaliste, mais personne ne peut prédire la durée de cette transition. Celle-ci sera déterminée par le rapport de force entre les classes créé en Afrique du Sud et dans le monde par le renversement révolutionnaire de l'Etat d'apartheid.

• Deuxièmement, nous examinerons le rôle de la classe ouvrière et de la paysannerie sud-africaines dans la révolution.

La classe ouvrière progresse à pas de géant vers la direction de la révolution nationale et démocratique, une révolution qui vise à renverser l'Etat d'apartheid et à le remplacer par une dictature démocratique des ouvriers et des paysans sud-africains. Aucune aile de la bourgeoisie sud-africaine ou des forces politiques libérales ne peut conduire cette révolution démocratique à la victoire.

C'est le développement du capitalisme sud-africain lui-même qui a dévolu ce rôle de direction à la classe ouvrière. Les capitaliste étrangers et sud-africains ont tiré des surprofits du travail des ouvriers noirs. Ils ont profité des formes d'oppression particulières que le système d'apartheid utilise pour recruter et faire travailler sa main-d'oeuvre. Mais en le faisant, ils ont créé une classe ouvrière sud-africaine nombreuse et puissante, qui constitue l'avant-garde des fossoyeurs de l'apartheid.

• Troisièmement, nous verrons comment s'organise la lutte contre l'apartheid en Afrique du Sud aujourd'hui. Nous allons porter une attention particulière au rôle de direction joué par le Congrès national africain (ANC).

L'ANC a conquis dans la lutte sa position d'organisation d'avant-garde de la révolution démocratique en Afrique du Sud. Les révolutionnaires aux Etats-Unis et dans le reste du monde doivent agir en tenant compte de ce fait lorsqu'ils participent à la lutte contre l'apartheid.

• Finalement, nous replacerons la révolution sud-africaine dans son contexte international. Cette révolution a un impact international qui se fait sentir non seulement en Afrique australe et dans tout le continent africain, mais également dans la lutte que livrent les travailleurs et les agriculteurs contre l'impérialisme — aux Etats-Unis et ailleurs dans le monde.

Ceci nous permettra de lier notre compréhension de la révolution sud-africaine aux tâches du Parti socialiste des travailleurs dans la campagne pour une Afrique du Sud libre. Nous examinerons de quelle façon ces tâches s'intègrent dans la construction d'un parti ouvrier révolutionnaire aux Etats-Unis aujourd'hui.

I. LA RÉVOLUTION EN AFRIQUE DU SUD: UNE RÉVOLUTION NATIONALE ET DÉMOCRATIQUE

L'APARTHEID EST plus qu'un système légal d'oppression ayant de très profondes conséquences économiques et sociales. Lorsqu'on parle de l'apartheid, on parle aussi d'un *Etat*. C'est cet Etat particulier que j'appelle Etat d'apartheid pour bien souligner sa nature spécifique.

Le maintien de l'apartheid dépend complètement de l'existence de l'Etat d'apartheid, et vice versa. Toute la structure de l'Etat est conçue pour exercer la force et la violence qui sont nécessaires à l'imposition et au maintien d'une forme particulière d'exploitation du travail, basée sur l'oppression spécifique de la grande majorité de la population laborieuse.

Cet Etat sud-africain, qui est un Etat capitaliste, n'est pas un Etat national, du moins pas dans le vrai sens du terme. Seule une petite minorité de la population en Afrique du Sud bénéficie de tous les droits reconnus aux citoyens. Cette minorité, qui comprend environ 5 millions de personnes sur une population totale d'environ 33 millions, est définie par la loi comme étant celle des personnes «de la race blanche».

Il n'y a pas d'*Etat national* sud-africain. Il y a un Etat de la «race blanche». A l'intérieur du territoire contrôlé par l'Etat d'apartheid, dans ce qui constitue aujourd'hui le «pays» appelé Afrique du Sud, l'immense majorité de la population n'a aucun droit constitutionnel. Les Noirs n'ont dans la pratique aucun droit à la citoyenneté dans le pays où ils vivent et travaillent.

La majorité noire elle-même se compose de plusieurs peuples dont aucun ne constitue une nation. Au sein de la population noire, il existe de grandes différences de statut légaux que le régime perpétue et cherche à accroître par des lois, des mesures économiques, etc. Les Africains constituent de loin la plus importante section de la population noire. Au nombre de 24 millions, les Africains sont les descendants directs des premiers habitants de ce qui est aujourd'hui l'Afrique du Sud. Ils ont encore moins de droits que les autres composantes de la population noire. Ils constituent la cible centrale de l'apartheid. Ceux qui sont décrits par le régime d'apartheid comme des Métis sont au nombre de 3 millions. Il y a également un million d'Indiens. La plupart de leurs ancêtres ont été amenés d'Inde en Afrique avec un contrat de travail pour être employés dans les plantations de canne à sucre.

Dans le passé, on utilisait généralement le terme *Noir* pour désigner seulement les Africains. Mais depuis les années 70, les Africains, les Métis et les Indiens — ceux que l'Etat d'apartheid désigne comme «non-blancs» — se considèrent de plus en plus comme des Noirs. Cette évolution dans la signification du terme *Noir* reflète le développement de l'unité et du niveau de conscience parmi ceux qui luttent contre l'Etat d'apartheid.

Le système d'apartheid a un objectif central et primordial: organiser et perpétuer la surexploitation des producteurs africains par le Capital. Il dénie aux Africains le droit de posséder et de travailler la terre. Il les empêche d'entrer librement en concurrence, avec les mêmes droits que les

Blancs, pour vendre leur force de travail.

L'APARTHEID a transformé la population africaine en ce qu'on pourrait appeler, faute d'un meilleur terme, un *état*. Par *état*, nous voulons parler ici d'une partie de la population dont les droits sociaux et légaux sont limités de façon draconienne par rapport aux autres section de la population. C'est un statut imposé par le pouvoir en place. On associe habituellement ce terme à la société féodale, pas à la société capitaliste. Néanmoins il exprime la réalité de l'apartheid. De plus, il souligne le fait que l'apartheid est un phénomène profondément différent de l'oppression raciale qui existe aujourd'hui aux Etats-Unis.

L'apartheid a chassé presque tous les Africains de leurs terres. Il leur nie le droit d'en posséder. Les lois de l'Etat ne reconnaissent aux Africains aucun droit légal à l'égalité. Quand on naît Africain, on naît dans cette position sociale. Celle-ci est permanente, inscrite dans la loi et imposée par la violence et la force organisées de l'Etat.

C'est dans ce sens que nous disons que les Africains constituent un *état* sous l'apartheid. C'est un *état* semblable, bien que différent, à celui constitué par la paysannerie en Russie tsariste jusqu'à la deuxième décennie du vingtième siècle.

C'est là le coeur du système d'apartheid. Sur lui se greffe une structure plus large de lois et d'institutions qui définissent les droits politiques, sociaux et économiques non seulement des Africains, mais également de ceux qui sont catalogués comme des Indiens et des Métis en Afrique du Sud. La loi impose aussi aux Métis et aux Indiens une position inférieure dans la société sud-africaine. Chaque Africain, chaque Indien, chaque Métis en Afrique du Sud a un statut légal et social qui lui dénie toute égalité avec les Blancs, peu importe la classe sociale de ces derniers.

Le système d'apartheid empêche la création d'une nation sud-africaine, c'est-à-dire une nation moderne avec des classes productrices modernes. L'apartheid cherche à perpétuer et à institutionnaliser les différences tribales avec le système des bantoustans (les réserves que le régime appelle «national homeland» [patries nationales]) et par d'autres moyens. L'apartheid empêche le développement et la différenciation des classes modernes. Ce processus permettrait à des millions d'Africains, en tant que composante de la nation sud-africaine, de devenir des fermiers libres, de produire et de vendre leurs récoltes sur le marché. Il permettrait à des millions d'autres de vendre leur force de travail avec les mêmes droits que tous les autres travailleurs salariés.

Il n'existe pas encore de nation sud-africaine. Mais elle est en train de se forger dans la lutte pour se libérer de l'apartheid. Cette nation comprendra les Africains, les Métis et les Indiens. Elle comprendra aussi tous les Blancs qui accepteront de vivre et de travailler avec les mêmes droits que tout le monde dans une république sud-africaine démocratique et non raciale.

Un véritable Etat national en Afrique du Sud ne pourra naître qu'avec le renversement révolutionnaire de l'Etat d'apartheid et l'instauration d'un nouveau pouvoir d'Etat. C'est dans ce sens qu'on peut correctement décrire la révolution sud-africaine comme une révolution nationale. Il est important de garder cette définition en tête. Dans le monde d'aujourd'hui, on utilise en effet le terme *révolution nationale* presqu'exclusivement pour décrire les luttes de libération qui visent à mettre fin à la domination coloniale ou néocoloniale imposée par un autre pays. En Afrique du Sud, ce n'est pas l'occupation du pays par une puissance impérialiste étrangère qui empêche la création de la nation. C'est l'Etat d'apartheid lui-même. Pour faire une révolution nationale et démocratique en Afrique du Sud, il faut renverser le régime d'apartheid.

Le développement du système d'apartheid

LES ORIGINES du système d'apartheid remontent loin dans l'histoire. Elles datent de l'instauration de l'Etat colonial qui a établi la domination de la minorité blanche sur la majorité africaine. Cet Etat a émergé parallèlement à l'extension des rapports de propriété capitalistes qui étaient devenus prédominants au début du vingtième siècle.

Cependant, il a fallu attendre la fin de la Deuxième Guerre mondiale avant que l'Etat raciste actuel ne prenne complètement forme. Cet Etat est né sous l'égide de l'impérialisme américain, qui était sorti vainqueur de ses rivaux impérialistes à la fin de la guerre. L'Etat d'apartheid s'est consolidé avec la protection de la bourgeoisie yankee, «l'ennemie de l'humanité», comme le disent si bien les sandinistes. Les Etats-Unis et leurs alliés «impérialistes démocratiques» venaient de remporter une guerre qui était censée débarasser le monde du fascisme. C'est pourtant grâce à leur soutien total que la bourgeoisie nazie sud-africaine a pu émerger dans toute sa splendeur. C'est ainsi que le règne du *sjambok* (fouet) a été consacré.

La mise en place de l'apartheid n'a été achevée qu'après la guerre. L'apartheid est devenu alors un système universel contrôlant d'un bout à l'autre tous les aspects de la vie politique, sociale et économique. Avec la victoire du Parti national aux élections de 1948, l'apartheid est devenu la politique officielle de l'Etat. C'était la réponse des Blancs au pouvoir en Afrique du Sud à l'industrialisation relativement rapide qui s'était produite durant les années trente et pendant les années de guerre. Cette industrialisation avait eu pour effet de développer la classe ouvrière noire et de la concentrer de plus en plus dans les zones urbaines.

Ce n'est que dans la période d'après-guerre que l'Afrique du Sud est devenue la puissance impérialiste secondaire qu'elle est aujourd'hui. Le capitalisme sud-africain a atteint un haut niveau d'industrialisation et de monopolisation. Le capital financier, produit de la fusion du capital bancaire et du capital industriel, a dirigé le processus. La bourgeoisie sud-africaine a commencé à investir beaucoup de capitaux dans d'autres pays. L'Etat d'apartheid a commencé à jouer son rôle dans l'imposition militaire de la domination impérialiste dans toute l'Afrique australe.

Le maillon faible dans la chaîne des puissances impérialistes

L'AFRIQUE DE SUD est une puissance impérialiste qualitativement plus faible que le Japon et que les principales puissances d'Europe et d'Amérique du Nord. Mais en tant que puissance impérialiste, elle constitue un maillon de la chaîne impérialiste mondiale. L'Afrique du Sud est un bastion de la réaction et de la force militaire exercée contre les peuples de tout un sous-continent: de la Namibie et de l'Angola au Zaïre, en passant par le Zimbabwe et la Tanzanie; de l'Atlantique sud jusqu'à l'Océan indien.

Cette chaîne de la domination impérialiste mondiale menace de se rompre à son maillon le plus faible, de la même façon qu'elle s'est rompue en 1917 à ce qui était alors son maillon le plus faible: la Russie impérialiste, absolutiste et arriérée.

L'Afrique du Sud fait partie de la force policière mondiale du système impérialiste. En tant que gendarme subalterne, elle défend à la fois ses propres intérêts et assume sa part dans la division du travail avec les autres puissances impérialistes. En outre, il ne faut pas oublier que l'Afrique du Sud est une des puissances nucléaires de l'impérialisme.

Mais le régime de Pretoria paye cher l'exercice de son pouvoir impérialiste. Ce prix, c'est l'interpénétration croissante de la révolution mondiale et de la situation politique en Afrique du Sud. Chaque progrès enregistré par la lutte de libération en Namibie est un coup contre la classe dirigeante en Afrique du Sud. Chaque pas en avant au Burkina Faso, en Ethiopie, dans les Seychelles, ou n'importe où ailleurs dans la région du monde où l'impérialisme sud-africain joue un rôle majeur, contribue à affaiblir l'Etat sud-africain.

L'Angola constitue le meilleur exemple de ce fait politique. Au cours des dix dernières années, le peuple et les forces armées de l'Angola ont défendu la souveraineté de l'Angola et infligé des défaites à l'armée impérialiste sud-africaine. Ils l'ont fait avec le soutien des volontaires internationalistes cubains. La défaite de l'armée d'invasion du régime d'apartheid à la fin de 1975 et au début de 1976 a constitué un tournant majeur pour la révolution en Afrique australe. Une des conséquences de ce désastre imprévu pour l'Etat sud-africain a été la révolte des jeunes qui a commencé dans la ville noire de Soweto et qui a secoué tout le pays, plus tard en 1976.

Le président P.W. Botha aime se vanter publiquement du fait que l'Etat sud-africain peut se battre seul contre le monde entier, si cela est nécessaire. La réalité montre que c'est le contraire qui est vrai. L'image d'invincibilité et d'autonomie politiques, militaires et économiques que le régime d'apartheid cherche à se donner est fausse. Le sort du régime d'apartheid est complètement lié à celui de ses partenaires impérialistes.

Loin d'être invincible, l'Etat d'apartheid est au contraire vulnérable. C'est pourquoi Washington, Londres, Paris et les autres capitales impérialistes sont si inquiètes face au développement de la lutte révolutionnaire sud-africaine. La concentration du pouvoir dans les mains d'un Etat qui proclame la suprématie des Blancs, les contradictions et le caractère unilatéral du développement de l'impérialisme sud-africain qui en découlent: voilà des indications non pas de la force, mais en dernière analyse de la faiblesse du maillon sud-africain dans la chaîne impérialiste.

Des parallèles avec la ségrégation raciale dans le Sud des Etats-Unis

LE SYSTÈME de ségrégation raciale dans le Sud des Etats-Unis offre une analogie utile avec l'apartheid. Cela peut sembler contredire la remarque que nous avons faite précédemment sur le caractère unique de l'apartheid. Mais il n'y a pas de contradiction si on utilise correctement cette analogie. Elle nous est particulièrement utile ici, aux Etats-Unis. Elle permet de relier la lutte en Afrique du Sud avec la bataille historique que la population laborieuse de ce pays a livrée contre la ségrégation raciale, une bataille qu'elle n'a gagnée que très récemment, dans les années cinquante et soixante.

A son apogée, le système de ségrégation raciale dans les Etats de l'ancienne Confédération sudiste visait à institutionnaliser, à inscrire dans la loi et à rendre permanentes l'expropriation et l'oppression de la population noire. Cette population, formée par les esclaves affranchis et leurs descendants, se voyait exclue de toutes les activités économiques, sociales et politiques auxquelles se livraient les Blancs. De par sa nature même, ce système se voulait universel. Il cherchait à créer le plus de difficultés possibles aux Noirs qui désiraient devenir des fermiers libres. Il avait aussi pour objectif de rendre impossible pour les Noirs de vendre leur force de travail aux capitalistes au même titre que les travailleurs blancs.

La ségrégation raciale aux Etats-Unis a été imposée et perpétuée par la force et la violence organisées de l'Etat et des bandes extra-légales, comme les détachements terroristes du Ku Klux Klan. Entre l'écrasement de la Reconstruction radicale à la fin des années 1870 et la victoire du mouvement des droits civiques presqu'un siècle après, il était difficile de trouver un shérif dans le Sud des Etats-Unis qui n'était pas également un organisateur du Ku Klux Klan local. La force et la violence légales de l'Etat allaient de pair avec la force et la violence extra-légales.

Pour perpétuer cette tyrannie reconnue par la loi, il était essentiel de nier les droits civiques des travailleurs et des fermiers noirs. Ceci passait par l'interdiction du droit de vote. Ici aussi, cette interdiction était imposée par le biais d'une série d'institutions légales (comme les taxes électorales, les tests de lecture et d'écriture, les listes de jury établies sur une base raciale) et par les attaques nocturnes destinées à terroriser ceux qui essayaient de rompre ces obstacles. C'est pour cette raison que le slogan «Une personne, un vote!» est devenu aussi central dans la lutte pour les droits civiques. C'est un slogan dont on peut entendre l'écho aujourd'hui dans les villes et les campagnes d'Afrique du Sud.

Le mouvement des droits civiques a souvent fait le parallèle entre le système de ségrégation raciale aux Etats-Unis et l'apartheid, entre Selma en Alabama et Johannesburg en Afrique du Sud. Cette comparaison s'appuyait sur la réalité. L'Afrique du Sud n'était pas aussi éloignée que cela.

La logique de la ségrégation raciale aux Etats-Unis n'était pas le retour à l'esclavage. Non, poussée jusqu'au bout, la logique de ce système c'était l'apartheid: l'asservissement des Noirs au rang d'*état*, sans le droit de posséder la terre et sans le droit de rivaliser à égalité avec les travailleurs blancs sur le marché du travail. (Lénine a souligné «la similitude ... frappante» entre la condition des Noirs dans le Sud des Etats-Unis au début de ce siècle et celle de la paysannerie dans la Russie tsariste.[1] Les métayers noirs, a-t-il indiqué, étaient «exploités selon un mode féodal ou semi-féodal, par les anciens propriétaires d'esclaves.»[2])

Il est utile de comparer la lutte en Afrique du Sud avec celle que mènent les travailleurs et les agriculteurs des Etats-Unis pour défendre les acquis de leurs luttes antérieures. Cette comparaison aide à comprendre la profondeur de l'identification de nombreux travailleurs et agriculteurs des Etats-Unis aux batailles actuelles en Afrique du Sud.

L'apartheid aujourd'hui

L'APARTHEID VA néanmoins au delà de ce qu'ont pu réaliser les architectes du système de ségrégation raciale dans le Sud des Etats-Unis. Contrairement à l'apartheid, ce système de ségrégation raciale *n'est pas* devenu complètement imbriqué dans toute la structure étatique aux Etats-Unis. Il était le produit de la défaite sanglante de la Reconstruction radicale dans les Etats de l'ancien système esclavagiste. Pour cette raison, les puissantes luttes pour les droits civiques dans les années cinquante et soixante ont pu détruire le système de ségrégation raciale sans remettre en question la structure d'Etat de l'impérialisme américain lui-même.

C'est là que s'arrête l'analogie entre l'apartheid et le système de ségrégation raciale aux Etats-Unis. L'apartheid est l'institutionalisation légale de l'expropriation complète de la population africaine; c'est le contrôle de l'Etat sur tous les aspects de son travail et de sa vie. Pendant des milliers d'années, les populations africaines ont pu cultiver la terre de manière productive et développer une culture. Leurs outils, leurs terres et leur bétail leur ont été arrachés, d'abord au cours de guerres de conquête sanglantes, puis par l'institutionalisation et la mise en place du régime d'apartheid.

Après avoir été violemment dépossédée de ses terres et de ses outils, la population africaine a été forcée d'aller travailler dans les mines, les usines et les plantations capitalistes. Mais les Africains n'étaient pas des prolétaires libres. Ils ont connu tous les aspects négatifs de la prolétarisation en perdant tout ce qu'ils possédaient et en étant chassés de leurs terres. Ils n'ont obtenu aucune des libertés qui, sous d'autres conditions, ont accompagné la prolétarisation. Les Africains n'ont pas pu se libérer de l'enchaînement à la terre. Ils n'ont pas pu vendre leur force de travail sur un pied d'égalité avec les autres travailleurs. Ils ont perdu le droit de changer de travail, de déménager ou de se déplacer à l'intérieur du pays ou même à l'étranger pour trouver du travail dans les meilleures conditions et pour le meilleur salaire possibles. Ils n'ont pas pu se débarasser de toutes les charges, restrictions et préjugés réactionnaires de la société féodale.

Où peuvent travailler les Africains? Où peuvent-ils vivre? Combien de temps peuvent-ils rester dans les cités «blanches»? Où et quand peuvent-ils voyager? C'est l'Etat de la minorité blanche qui exerce son contrôle sur toutes ces questions. La grande majorité des Africains ne peut vivre en dehors des bantoustans qu'en obtenant un emploi déterminé avec l'autorisation des autorités du régime. Un Africain qui quitte ou perd son emploi, ou qui est renvoyé doit retourner dans son bantoustan à la campagne. Des millions d'Africains passent leur temps à faire la navette entre les bantoustans ruraux appauvris et les mines, les plantations capitalistes des Blancs et les cités noires.

La classe ouvrière noire est numériquement importante en Afrique du Sud. Seul un pourcentage relativement faible de ces travailleurs salariés constitue un prolétariat héréditaire africain dans le vrai sens du terme. Un Africain peut très bien travailler la plus grande partie de sa vie dans les mines. Il doit pourtant, dans tous les cas, retourner dans la réserve rurale où vit sa famille. Ce sont les autorités du régime d'apartheid qui décident si ses enfants peuvent quitter le bantoustan pour vendre leur force de travail et qui décident de la durée de leur absence. Tous les aspects de la vie en Afrique du Sud sont dominés, modelés et restreints par le système d'apartheid. La loi impose une stricte ségrégation au niveau du logement, du système de santé et d'éducation. La permission d'exercer une profession ou un métier dépend de la race à laquelle on appartient. La question de savoir si on a le droit de rester dans une ville après la tombée du jour dépend de la couleur de la peau. L'Etat limite le choix de vos amis et de celles et ceux avec lesquels vous pouvez vivre.

Rien n'illustre mieux cette situation que le système des laissez-passer. Si vous êtes Africain, vous devez posséder un laissez-passer et l'avoir tout le temps sur vous. La police peut demander à le voir à n'importe quelle heure du jour ou de la nuit. Ce document doit tout inclure depuis vos reçus d'impôts jusqu'à votre dossier de travail, en passant par la signature de votre patron actuel. Le laissez-passer est un instrument majeur de contrôle de la vie, de l'emploi et des déplacements de la population africaine. Des actes aussi anodins que celui de marcher dans la rue peuvent devenir des délits s'ils ne se font pas dans le cadre des lois et des règlements de l'apartheid, des lois et des règlements qui sont constamment modifiés. On dit avec raison qu'il est impossible à un Africain d'aller d'un bout de la ville à un autre sans «enfreindre la loi».

C'est pour toutes ces raisons que le système des laissez-passer a toujours constitué une cible privilégiée de la lutte contre le pouvoir de la minorité blanche. L'opposition au système des laissez-passer a été au coeur de la Campagne de Défi lancée par l'ANC en 1952. Lorsque ce système de laissez-passer a été imposé aux femmes, au milieu des années 50, celles-ci ont réagi par une série de protestations. Au début des années soixante, le régime d'apartheid a brutalement réprimé un autre mouvement de protestation. Il y a eu le massacre de Sharpeville en 1960. L'ANC et d'autres organisations ont été bannies cette même année. Nelson Mandela et d'autres dirigeants de la lutte contre l'apartheid ont été arrêtés et emprisonnés quelques années plus tard.

LE SYSTÈME d'apartheid n'est pas simplement «le capitalisme et le racisme» comme c'est le cas aux Etats-Unis. L'apartheid n'est pas simplement la ségrégation raciste et l'inégalité. Ce n'est pas seulement une police raciste. Ce ne sont pas simplement des écoles séparées. Ce ne sont pas simplement des quartiers dangereux à traverser si on est Noir. Ce n'est pas simplement la discrimination dans les emplois et dans l'éducation. C'est toute une structure étatique qui relègue les Africains dans la condition d'un *état* et qui institutionalise cette situation.

Depuis la fin de la Deuxième Guerre mondiale, l'Etat d'apartheid est devenu encore plus purement l'Etat de la race blanche. Il s'est développé au-delà de l'Etat colonial blanc, au-delà des formes déjà existantes d'oppression raciste et de la simple domination du Capital sur le Travail pour en arriver à la réalité actuelle. Cette histoire et cette réalité ont déterminé les objectifs de la révolution sud-africaine aujourd'hui.

Deux choses existent côte à côte en Afrique du Sud aujourd'hui. Il y a l'Etat de la minorité blanche. Et il y a une nation en pleine formation, qui se bat pour exister, par le seul moyen mis à sa disposition: la lutte pour renverser l'Etat d'apartheid et le remplacer par une république démocratique dont les citoyens et citoyennes seront tous ceux et toutes celles qui vivent en Afrique du Sud.

La terre et la nation

LA CHARTE de la liberté, qui a été rédigée en 1955 et qui est défendue par le Congrès national africain (ANC), proclame: «Notre peuple a été privé, par une forme de gouvernement fondée sur l'injustice et l'inégalité, de son droit naturel à la terre, à la liberté et à la paix.» Elle exige que cessent toutes les restrictions raciales sur le droit à la terre.

Quand on réfléchit aux moyens de construire l'alliance ouvrière et paysanne en Afrique du Sud, il faut partir du fait que la grande majorité des Africains en Afrique du Sud ne peuvent pas cultiver la terre. Et ce n'est pas parce qu'ils n'arrivent pas à joindre les deux bouts, ou parce qu'ils sont très endettés, ou qu'ils sont l'objet de discrimination de la part des banques, des compagnies de transport et des grossistes. Mais parce qu'ils *n'ont aucun droit de propriété sur la terre*. Ils peuvent travailler sur des plantations appartenant à des Blancs. Quelques-uns peuvent se saisir «illégalement» d'un lopin de terre et le cultiver «illégalement» pendant un certain temps. Mais en vertu de la loi, ils n'ont pas les droits de propriété sur la terre qu'ont les fermiers libres.

Il n'en a pas toujours été ainsi en Afrique du Sud. En fait, au dix-neuvième siècle et au début du vingtième siècle, il y avait encore, dans certaines régions d'Afrique du Sud, un nombre important de paysans africains qui possédaient leurs terres et produisaient pour le marché. L'expropriation massive de ces paysans africains a débuté en 1913 avec la «loi sur la terre des Indigènes» (Natives' Land Act) plus justement connue par les Noirs sud-africains sous le nom de «loi d'expropriation».

Aujourd'hui, les Africains ne peuvent posséder et cultiver un lopin de terre que dans les bantoustans, territoires soi-disant indépendants, et dans quelques rares zones rurales, dont le nombre diminue constamment et qui sont connues en Afrique du Sud sous le nom de «zones noires» (Black spots). Les bantoustans ne recouvrent que 13,7 % du territoire de l'Afrique du Sud. Il s'agit du sol le plus pauvre. La surpopulation et l'épuisement des sols font qu'un très petit nombre d'Africains arrivent à tirer du sol un peu plus qu'une maigre subsistance.

On ne peut avoir une idée juste de la réalité sud-africaine si on ne comprend pas les conséquences économiques et sociales de l'interdiction, qui est faite par la force aux Africains, de posséder et de cultiver la terre. On ne peut se faire une idée juste de l'Afrique du Sud si on ne pense qu'à son industrie et ses mines, qu'à ce que l'on connaît des villes et des fermiers blancs dans les campagnes. On ne voit alors que l'Afrique du Sud de l'Etat blanc, de la minorité blanche. On n'aperçoit pas l'Etat national sud-africain qui est encore à naître.

On ne peut pas encore apercevoir cet Etat national parce que la nation ne s'est pas encore développée. Les richesses ne sont pas extraites de la terre par le peuple, la majorité noire. Les Africains ne peuvent pratiquement pas produire pour le marché. Malgré le poids du capitalisme industriel moderne en Afrique du Sud, la simple circulation des marchandises et le développement d'un marché interne n'en sont qu'à un stade primitif pour la majorité noire.

Quel que soit le montant de leurs économies, quelle que soit leur volonté et celle de leur famille de travailler dur, quel que soit celui qui est d'accord pour leur fournir un prêt, *les Africains ne peuvent pas cultiver la terre*.

L'accès à la terre est inséparable de la résolution de la question nationale. On ne peut résoudre aucune de ces questions sans détruire la structure de l'Etat d'apartheid. Celui-ci est un obstacle à la formation d'un Etat national sud-africain.

C'est à cela que se réfèrent les militants noirs de la liberté quand ils disent que l'Etat d'apartheid doit être *renversé*. La minorité blanche au pouvoir peut actuellement et pourra à l'avenir être contrainte de faire des réformes. Elle l'a été dans le passé. Mais l'Etat d'apartheid sud-africain ne peut pas être réformé. Il devra être poussé à l'effondrement. Il ne pourra pas être modifié.

Des droits de citoyens à part entière

EN PLUS de la lutte pour le droit à la terre et pour le droit de créer une nation et un Etat national, il faut aussi parler de la lutte pour les pleins droits politiques et civiques pour tous les êtres humains. C'est une lutte pour que tous et toutes jouissent des mêmes droits et privilèges ainsi que d'une égale protection légale. C'est une lutte pour établir la règle: une personne, un vote, dans une Afrique du Sud unitaire. C'est une lutte pour des droits historiquement établis par la révolution démocratique-bourgeoise.

Citons la Charte de la liberté:

«Toute personne doit avoir le droit de voter et d'être éligible à tout organe législatif.

«Toute personne doit avoir le droit de prendre part à la gestion des affaires publiques de son pays.

«Les droits doivent être égaux pour tous, sans distinction de race, de couleur ou de sexe.

«Tous les conseils consultatifs, conseils ou autres organes au pouvoir de la minorité doivent être remplacés par des organismes démocratiques d'administration autonome.»

Les peuples de la terre ont gagné et gagnent encore ces droits par leurs luttes. Ces droits font partie de ce que les travailleurs et les agriculteurs du monde entier considèrent maintenant comme des droits inaliénables. Ce sont ces droits que les Noirs veulent arracher à la classe au pouvoir pour les offrir à toute la population en Afrique du Sud.

La terre, une nation, une république démocratique. Ces trois choses sont totalement liées.

La Charte de la liberté

LES OBJECTIFS de la révolution nationale et démocratique en Afrique du Sud sont énoncés dans la Charte de la liberté. Ce texte a été adopté en 1955 à un «Congrès du peuple», auquel ont participé des délégués venant de tout le pays et faisant partie d'un large éventail de groupes. Le congrès avait été convoqué par l'ANC et des organisations alliées.

La Charte de la liberté est un programme complet pour la révolution nationale et démocratique en Afrique du Sud. Elle énumère de façon succinte une série de revendications sur les droits politiques, les droits sur la terre, les droits syndicaux, le droit à un salaire égal pour un travail égal, le droit au logement, aux soins médicaux, le droit à l'éducation et plusieurs autres droits. C'est le programme du mouvement démocratique révolutionnaire en Afrique du Sud. C'est aussi le programme minimum d'un parti ouvrier révolutionnaire, d'un parti communiste, en Afrique du Sud aujourd'hui.

L'ANC a beaucoup progressé dans les trente années qui ont suivi l'adoption de la Charte de la liberté. Il a connu d'importantes clarifications programmatiques et politiques. Une toute nouvelle génération de dirigeants est apparue. Mais malgré tous ces changements, l'ANC ne s'est pas éloigné de la Charte de la liberté. Au contraire, il a évolué vers une conception de classe plus claire de la direction et des méthodes nécessaires pour appliquer la Charte, et vers de meilleurs moyens de présenter les idées contenues dans la Charte à tout le peuple d'Afrique du Sud.

Aujourd'hui, beaucoup d'autres organisations politiques sud-africaines ont adopté la Charte de la liberté. Certaines de ces organisations jouent un rôle de direction dans le Front démocratique uni (UDF), une coalition contre l'apartheid qui regroupe près de 600 organisations représentant deux millions de membres.

Je souligne l'importance de la Charte de la liberté parce que nous, au

Parti socialiste des travailleurs, avons assumé la responsabilité politique et diffusé des textes qui avaient une attitude gauchiste et sectaire à son égard. C'est le cas, par exemple, de la première édition du livre édité par Pathfinder, *South Africa: White Rule, Black Revolt* [L'Afrique du Sud: pouvoir blanc, révolte noire] d'Ernest Harsch qui a été publié en 1980.

Voici ce que disait cette édition à propos de la Charte:

«La Charte de la liberté, adoptée officiellement par l'ANC en 1956, a marqué un retrait partiel par rapport aux positions nationalistes africaines mises de l'avant quelques années auparavant. Alors que le Programme d'action [de la fin des années quarante] avait insisté sur l'obtention de l'autodétermination et de l'indépendance politique «sous la bannière du nationalisme africain», la Charte de la liberté a à peine effleuré l'aspect nationaliste de la lutte de libération. Elle s'est abstenue de prôner sur-le-champ le pouvoir de la majorité noire, parlant plutôt d'un «Etat démocratique fondé sur la volonté du peuple» et soulignant que «l'Afrique du Sud appartient à tous ceux qui y vivent, aux Blancs comme aux Noirs.»

Ce à quoi ce paragraphe se réfère, bien qu'il ne le présente pas de façon exacte, c'est le fait que l'adoption de la Charte faisait partie d'un processus de clarification au sein de l'ANC sur les différences avec le courant «africaniste». Ce courant a scissionné par la suite pour former, en 1959, le Congrès panafricain (PAC).

L'africanisme ou nationalisme africain a d'abord été, pendant la Deuxième Guerre mondiale, le drapeau d'une jeune génération de militants révolutionnaires dans l'ANC qui voulaient libérer l'organisation de l'emprise des dirigeants conservateurs et l'orienter vers une lutte plus militante. Nelson Mandela, Walter Sisulu et Oliver Tambo faisaient partie de ces jeunes dirigeants. Le nationalisme de ces dirigeants avait été stimulé par l'émergence des luttes d'indépendance à travers tout le continent. Leur nationalisme africain reconnaissait le lien entre la lutte pour renverser le pouvoir blanc en Afrique du Sud et la lutte de tous les peuples africains pour mettre fin à la domination coloniale des puissances européennes. Dans ce sens, l'africanisme de ces jeunes révolutionnaires était un internationalisme en plein développement.

Lorsqu'ils se sont tournés vers la lutte pour le pouvoir politique, la lutte pour renverser l'Etat d'apartheid, ces jeunes dirigeants ont mieux compris, par nécessité, le besoin d'unifier *tous* ceux qui en Afrique du Sud étaient visés par l'apartheid. Ils se sont efforcés de mener une lutte unifiée avec les organisations de Métis et d'Indiens et d'y inclure les Blancs qui étaient prêts à se joindre à la lutte révolutionnaire.

L'Alliance du Congrès, formée en 1955, a regroupé l'ANC, le Congrès indien de l'Union sud-africaine, l'Organisation des populations de couleur et le Congrès des démocrates. Cette dernière était une organisation de Blancs opposés à l'apartheid. Cette même année, le Congrès sud-africain des syndicats, une organisation ouvrière non raciale, a été créé et a rejoint l'Alliance.

A travers ce processus de luttes et de discussions, l'«africanisme» de la direction qui émergeait au sein de l'ANC s'est développé en une perspective de lutte révolutionnaire pour le pouvoir autour du programme démocratique contenu dans la Charte de la liberté.

UNE MINORITÉ de l'ANC s'est cependant opposée à la Charte de la liberté. Elle a rejeté en particulier le passage suivant de la Charte: «L'Afrique du Sud appartient à tous ceux qui y vivent, aux Blancs comme aux Noirs.» Cette minorité a opposé sa notion d'«africanisme» à la tentative d'unifier toutes les sections de la population noire opprimée dans un mouvement révolutionnaire comprenant aussi des Blancs et visant à la destruction de l'Etat de la minorité blanche et à la conquête du pouvoir par la population laborieuse. Ces opposants étaient incapables de faire la distinction entre la place qu'occupent les Africains dans l'avant-garde de cette lutte révolutionnaire (une place que leur attribue la structure de la société sud-africaine) et l'objectif du mouvement qui est l'établissement d'une république démocratique non raciale donnant à tous les mêmes droits de citoyenneté.

Ces opposants à la perspective de la Charte de la liberté tournaient le dos à la recherche d'alliés parmi toutes les races et toutes les classes progressistes dans la lutte de libération nationale. Ils opposaient leur perspective d'un mouvement composé uniquement d'Africains à celle d'un mouvement démocratique-révolutionnaire luttant pour le pouvoir d'Etat, dans le but d'obtenir l'accès à la terre et de créer une nation et une république démocratique. Dans leur cas, l'«africanisme» n'était pas un pas vers l'internationalisme mais un pas vers une orientation anti-blanche et anti-ouvrière.

Pourtant l'édition de 1980 de *South Africa: White Rule, Black Revolt* a préféré cet «africanisme» à l'orientation démocratique révolutionnaire de l'ANC. Et ce n'est pas tout. Le livre poursuit la critique de la Charte de la liberté de la façon suivante: «Bien que la Charte de la liberté fasse vaguement référence à la nationalisation, Mandela a pris soin d'expliquer «qu'il ne s'agit d'aucune façon d'un plan pour une société socialiste.»

Cette critique est du vrai sectarisme gauchiste.

(Pour qu'il n'y ait aucun malentendu, je devrais préciser qu'on ne peut considérer Ernest Harsch comme étant le seul responsable de déclarations de ce genre, bien que, comme le reste d'entre nous, il ait été généralement d'accord avec ces déclarations au moment où elles ont été écrites. Le livre a été rédigé par une équipe de rédacteurs. Il reflétait, si ce n'est où nous en étions réellement en 1980, du moins d'où nous venions.)

Quelle est cette «vague» référence à la nationalisation dans la Charte de la liberté? Sous le titre «Le peuple doit avoir sa part du patrimoine national», la Charte déclare: «La richesse nationale de notre pays, patrimoine de tous les Sud-Africains, doit être rendue au peuple.

«La propriété des richesses minérales que recèle le sol, ainsi que celle des banques et des industries à caractère de monopole, doit être transférée à la communauté.

«Pour contribuer au bien-être public, il convient d'exercer un contrôle sur toutes les autres industries et sur le commerce.

«Tous doivent jouir du même droit d'exercer un commerce là où ils le désirent, de se livrer à des activités industrielles ou d'adopter tout métier, manuel ou non, comme toute profession.»

Cela n'est pas vague, mais alors pas du tout. Il s'agit d'un point concret et spécifique dans un programme démocratique révolutionnaire. Ce n'est pas une revendication socialiste. Elle ne demande pas l'expropriation du capital industriel. Ce n'est pas un appel à la dictature du prolétariat. En effet. Nelson Mandela avait raison de dire que la Charte de la liberté n'est pas «un plan pour un Etat socialiste».

Et elle ne doit pas l'être.

Premièrement, tous les plans pour un Etat socialiste sont des schémas sectaires. Et ce, toujours. Deuxièmement, un mouvement révolutionnaire de masse en Afrique du Sud aujourd'hui ne peut pas et ne pourra pas se construire autour d'un programme socialiste. Un parti communiste peut et pourra se construire autour d'un programme socialiste, mais il adoptera aussi la Charte de la liberté comme son programme minimum. Un mouvement communiste en Afrique du Sud éclaterait en mille morceaux s'il essayait d'imposer l'ensemble de son programme socialiste à la révolution nationale et démocratique qui est à l'ordre du jour aujourd'hui en Afrique du Sud.

Quelles étaient nos erreurs en 1980?

D'un côté, nous avions tendance à nous aligner avec ceux qui reprochaient à l'ANC de ne pas être plus «africaniste», plus nationaliste. Nous avions tendance à considérer la lutte nationale en Afrique du Sud non pas comme une expression profonde de la lutte des classes, mais comme une chose, d'une certaine manière, plus fondamentale que la lutte des classes.

En même temps, nous étions attirés par ceux qui reprochaient à l'ANC de mener la lutte autour d'un programme national et démocratique plutôt qu'autour d'un programme socialiste. Nous n'envisagions pas la révolution dans le cadre de la lutte pour le pouvoir politique, ni dans le cadre de la lutte du peuple tout entier pour renverser l'Etat d'apartheid sous la direction de la classe ouvrière. Nous voulions réaliser la révolution socialiste, la «vraie» révolution.

Comme si la lutte pour renverser l'Etat d'apartheid n'était pas une «vraie» révolution! Comme si la révolution démocratique-bourgeoise en Afrique du Sud aujourd'hui méritait moins notre appui, comme si elle avait moins de répercussions internationales que la future révolution socialiste vers laquelle elle inaugurera une transition. Comme si l'avantgarde prolétarienne pouvait avancer vers la révolution socialiste en Afrique du Sud autrement qu'en faisant tout en son pouvoir pour mener la révolution nationale et démocratique de la manière la plus complète, la plus révolutionnaire.

C'est seulement à travers cette lutte pour mener la révolution nationale et démocratique à la victoire qu'un parti ouvrier révolutionnaire pourra se construire en Afrique du Sud. C'est parmi les travailleurs qui dirigent la révolution démocratique que ce parti d'avant-garde prolétarien pourra se forger. Comment pourrait-il en être autrement?

OÙ VOULAIT en venir Mandela quand il disait que la Charte de la liberté n'est pas un plan pour un Etat socialiste? Voilà ce qu'il dit:

«Bien que la Charte proclame des changements démocratiques très profonds, elle n'est aucunement un plan pour un Etat socialiste mais plutôt un programme pour l'unification de divers groupes et classes au sein de la population sur une base démocratique. En système socialiste, les travailleurs exercent le pouvoir d'Etat. Ils possèdent, avec les paysans, les moyens de production, la terre, les usines. Toute la production est faite en fonction des besoins et non pas des profits. La Charte n'envisage pas de transformations politiques et économiques aussi profondes. Sa déclaration «Le gouvernement doit appartenir au peuple» exprime le transfert du pouvoir non pas à une seule classe sociale mais à toute la population de ce pays, aussi bien aux ouvriers qu'aux paysans, aux membres des professions libérales et à la petite bourgeoisie.

«Il est vrai qu'en demandant la nationalisation des banques, des mines d'or et de la terre, la Charte assène un coup fatal aux monopoles miniers et financiers et aux grands fermiers qui pendant des siècles ont pillé le pays et condamné son peuple à la servitude. Mais une telle mesure est nécessaire. Car il est inconcevable, en fait impossible, qu'on puisse réaliser le programme de la Charte sans démanteler ces monopoles et rendre la richesse nationale de ce pays au peuple. La destruction de ces monopoles signifie la fin de l'exploitation de vastes sections de la population par les magnats des mines et les seigneurs terriens. Elle entraînera une hausse générale du niveau de vie de la population. C'est précisément parce que la Charte offre des possibilités immenses d'améliorer les conditions matérielles générales de toutes les classes et de tous les groupes qu'elle recueille un appui aussi large.»[3]

L'explication que donne Nelson Mandela de la Charte de la liberté témoigne d'une compréhension claire des forces de classes dans la révolution sud-africaine (sauf si on pense qu'il inclut les capitalistes au pouvoir actuellement en Afrique du Sud parmi les «classes et groupes» qui bénéficieront du renversement de l'apartheid!). A plusieurs égards, Mandela a été plus clair que le livre que nous avons aidé à publier et diffuser.

Nous devrions noter ce que cela nous révèle sur nous-mêmes concernant nos origines, l'évolution de notre compréhension et la direction dans laquelle nous allons. La première édition, d'où j'ai tiré les citations précédentes, a été publiée il y a tout juste cinq ans. Lorsqu'elle a été épuisée, en 1983, Ernest Harsch a voulu lui apporter des changements très importants. Pathfinder a plutôt décidé de ne faire que quelques changements, en limitant le nombre de pages à refaire, pour réduire les coûts et gagner du temps. Nous ne sentions pas encore le besoin d'effectuer une correction politique profonde comme celle que nous sommes capables de faire maintenant.

Pas une «étape» de la révolution socialiste

IL Y A une autre erreur que nous pouvons commettre, même en essayant de rectifier nos anciennes conceptions gauchistes et sectaires sur la révolution sud-africaine. Nous pourrions dire: «Oui, les tâches essentielles de la révolution en Afrique du Sud ont un caractère clairement national et démocratique. Oui, les révolutionnaires sud-africains feraient une erreur complètement gauchiste s'ils essayaient de mener la lutte autour d'un programme socialiste. Mais ne faut-il pas tenir compte du développement capitaliste d'une industrie et d'un secteur minier modernes de même que du poids numérique de la classe ouvrière noire? Dans les conditions actuelles, le renversement de l'Etat impérialiste sud-africain, l'Etat d'apartheid, ne va-t-il pas instaurer la dictature du prolétariat? Cela ne va-t-il pas inaugurer ce que nous pourrions appeler l'étape démocratique de la révolution socialiste?»

La réponse est: «Non». Ce qui est à l'ordre du jour en Afrique du Sud, c'est une révolution démocratique-bourgeoise et non pas l'étape démocratique d'une révolution socialiste. C'est une révolution démocratique-bourgeoise qui sera faite et dirigée par la population laborieuse. Elle inaugurera la transition vers la révolution socialiste. Mais ce ne sont pas de simples étapes d'une révolution unique; ce sont deux révolutions.

Si l'avant-garde de la classe ouvrière ne distingue pas clairement la révolution démocratique-bourgeoise de la révolution socialiste, elle ne sera pas capable de mener les travailleurs dans la réalisation de la première révolution. Elle finira seulement par reporter la deuxième. L'avant-garde communiste doit toujours avoir clairement en tête les tâches de la classe ouvrière dans la révolution démocratique-bourgeoise.

C'est seulement ainsi qu'elle pourra se renforcer et attirer les dirigeants prolétariens qui surgiront et se formeront au cours du combat révolutionnaire contre l'apartheid.

Ce que nous venons de voir concernant les rapports entre les classes en Afrique du Sud aujourd'hui devrait rendre clair le fait que le caractère de classe de la révolution sud-africaine est qualitativement différent de celui de la révolution socialiste qui est à l'ordre du jour dans des pays impérialistes tels que les Etats-Unis, le Canada, le Japon ou la France. Le caractère de la révolution sud-africaine ressemble beaucoup plus à celui de la lutte révolutionnaire pour renverser le régime tsariste dans la Russie impérialiste. Comme l'ont expliqué les bolchéviques, cette dernière était une révolution démocratique-bourgeoise. La révolution socialiste, comme le soulignait Lénine, n'était pas encore à l'ordre du jour en Russie. Seule une profonde révolution démocratique pourrait rendre possible la révolution socialiste. Au cours de cette révolution démocratique, l'avant-garde prolétarienne dirigerait la population laborieuse vers l'établissement d'une dictature démocratique des ouvriers et des paysans.

Révolutions démocratiques-bourgeoises et révolutions anticapitalistes

ON PEUT MIEUX saisir le caractère de la révolution sud-africaine en examinant ce qui la distingue des *révolutions anticapitalistes* qui ont mené, au cours des vingt-cinq dernières années, à l'instauration de gouvernements ouvriers et paysans à Cuba, à Grenade et au Nicaragua. De telles révolutions sont à l'ordre du jour dans un grand nombre de pays semi-coloniaux opprimés par l'impérialisme.

Prenons l'exemple du Nicaragua. La lutte pour le pouvoir, qui a culminé dans l'insurrection victorieuse de juillet 1979, et les mesures appliquées par le gouvernement sandiniste depuis ont toutes eu un caractère essentiellement anti-impérialiste et démocratique.

En 1979, les ouvriers et les paysans nicaraguayens ont renversé la dictature de Somoza et mis fin à la domination néo-coloniale de leur pays par l'impérialisme américain. Pour réaliser ces tâches, le gouvernement ouvrier et paysan a exproprié la famille Somoza et ses collaborateurs directs; il a nationalisé certains intérêts impérialistes comme les principales ressources minérales de la nation.

Le gouvernement révolutionnaire a instauré des droits démocratiques et syndicaux étendus. Il a mis en place des programmes sociaux pour améliorer la santé, l'éducation et les conditions de vie des travailleurs et des paysans et développer leur propre confiance politique. Il a lancé et il a développé une réforme agraire radicale dans le but de fournir des terres aux ouvriers agricoles qui n'en avaient pas et aux familles paysannes dont les terres étaient trop petites pour qu'elles puissent en tirer un revenu suffisant et produire un surplus pour le marché. Des fermes d'Etat et des coopératives ont aussi été constituées.

Washington a organisé et financé les *contras* pour mener une guerre dont l'objectif est le renversement du gouvernement sandiniste. Avec l'intensification de cette guerre, la défense de la souveraineté du Nicaragua est devenue de plus en plus la tâche centrale du gouvernement révolutionnaire.

Le gouvernement sandiniste a exproprié les banquiers nicaraguayens. Il a établi des restrictions sur le commerce extérieur et sur la façon dont les propriétaires nicaraguayens de fermes et d'entreprises capitalistes pouvaient investir leur capital. Néanmoins, les capitalistes possèdent toujours environ 60 % de l'industrie, ainsi qu'une partie importante de la production de coton, de café et d'autres produits agricoles.

Ces aspects de la révolution nicaraguayenne sont similaires à ce qu'on peut s'attendre à voir dans la prochaine révolution sud-africaine. Mais il y a également des différences qualitatives.

Malgré l'état arriéré de l'économie du pays et le poids des tâches anti-impérialistes et démocratiques, la révolution nicaraguayenne est une révolution *anticapitaliste*. La révolution en Afrique du Sud est, par contre, une révolution démocratique-bourgeoise. Quelles sont les différences? La réponse à cette question nous ramène à la nature du système d'apartheid et de sa structure d'Etat.

En Afrique du Sud, la vaste majorité de la population n'a pas pu jusqu'à maintenant établir un Etat national. Il s'agit là d'une tâche centrale de la révolution sud-africaine. Ce n'est pas le cas au Nicaragua. Les sandinistes doivent absolument intégrer les populations noires et indiennes de la Côte atlantique dans la nation nicaraguayenne, tout en garantissant leurs droits linguistiques et culturels. Cela concerne 110 000 personnes sur une population totale de trois millions de Nicaraguayens. Néanmoins, la révolution sandiniste commence avec un Etat national nicaraguayen. Sous la tyrannie de Somoza, tous les Nicaraguayens étaient citoyens du pays. Ils jouissaient tous formellement d'une même protection et d'un même traitement devant la loi. Ils avaient le droit formel de vote, même si les élections sous Somoza étaient truquées.

Les Nicaraguayens étaient exploités en tant qu'ouvriers ou paysans. Ils subissaient une oppression et une discrimination due à leur position sociale, leurs opinions politiques et leur origine raciale. Mais la loi ne restreignait pas leur droit de voyager. Elle ne leur imposait pas un endroit où vivre ou travailler, un endroit où rester après la tombée de la nuit. Les travailleurs nicaraguayens étaient privés de droits syndicaux. Mais aucun statut spécial permanent ne limitait leur mobilité d'emploi et leur accès au travail ou leurs salaires. Aucune loi n'établissait de statut séparant une couche d'une autre dans la classe ouvrière. Il n'y avait pas d'*état* séparé incorporant la vaste majorité de la population laborieuse.

Le Nicaragua sous Somoza était donc en ce sens une république bourgeoise, même si c'en était une qui était extrêmement répressive, antidémocratique et exploitée par l'impérialisme. Le régime sud-africain, par contre, n'est pas une république, même dans ce sens très large. Il ressemble plus à des structures étatiques telles que celles qui existaient dans la Grèce et la Rome antiques, où seule une minorité de la population avait le droit de posséder la terre, de voter et de jouir des autres prérogatives de la citoyenneté. La vaste majorité de la population était constituée d'esclaves ou de travailleurs sans aucun droit de citoyenneté.

La question agraire était également différente au Nicaragua. Avant la révolution, la production agricole s'y faisait tout d'abord dans de grandes exploitations capitalistes, employant des ouvriers salariés. Il y avait également une importante couche de paysans possédant leur terre. La majorité d'entre eux possédait de tout petits lopins de terre sur lesquels ils pouvaient à peine survivre. Mais il y avait également une couche de paysans moyens plus aisés, ainsi qu'une plus petite couche de paysans capitalistes exploiteurs. Autrement dit, il y avait au sein de la nation nicaraguayenne un processus de développement et de différenciation de classes modernes, à la ville comme à la campagne.

PAR CONTRE, en Afrique du Sud, il n'y a pas de développement de classes et de rapports de classe modernes parmi la majorité noire à la campagne. La production agricole de la minorité blanche s'effectue dans des fermes capitalistes et sur des terres appartenant à des petits producteurs indépendants produisant pour le marché. Mais les lois empêchent la vaste majorité de la population de posséder la terre et de produire pour le marché.

Les principaux obstacles au développement de la nation sud-africaine ne viennent pas de vestiges *précapitalistes*, comme l'étaient les rapports semi-féodaux à la campagne dans la Russie tsariste, ou comme le sont les rapports sociaux et économiques très arriérés qui prédominent encore aujourd'hui dans de nombreux autres pays africains et dans plusieurs îles du Pacifique. Les principaux obstacles que doit renverser la révolution nationale et démocratique en Afrique du Sud, ce sont les structures de l'apartheid qui ont été *créées* par les capitalistes blancs au pouvoir.

Pour mener leur révolution nationale et démocratique contre la domination impérialiste et l'héritage du sous-développement, les travailleurs et les agriculteurs nicaraguayens font aussi face à de nombreuses difficultés matérielles objectives. Mais, contrairement aux travailleurs sud-africains, ils n'ont pas eu à faire sauter des obstacles à la création d'une nation et au développement d'une différenciation de classe moderne.

Pour cette raison, lorsque la révolution a triomphé en juillet 1979, une

La révolution à venir en Afrique du Sud 33

révolution anticapitaliste était à l'ordre du jour au Nicaragua, même si c'était une révolution dans laquelle les tâches anti-impérialistes et démocratiques ont été prédominantes durant toute la période initiale.

Cependant, le fait que les ouvriers et les paysans nicaraguayens aient accompli une révolution anticapitaliste ne signifie pas que le Nicaragua soit aujourd'hui un Etat ouvrier, avec une dictature du prolétariat. Ce n'en est pas un. Les fondements économiques d'un tel Etat sont la propriété étatique, le monopole de l'Etat sur le commerce extérieur et une planification importante de l'économie. Ces caractéristiques n'existent pas encore au Nicaragua.

Le passage de l'actuel gouvernement ouvrier et paysan à un Etat ouvrier ne pourra se faire au Nicaragua que par un important développement de l'organisation et de la mobilisation des masses, menant à un deuxième tournant qualitatif dans le processus révolutionnaire: l'expropriation de la bourgeoisie. Etant donné le faible développement des forces productives au Nicaragua, la faiblesse numérique de la classe ouvrière et les pressions militaires et économiques de l'impérialisme, la direction sandiniste a évité avec raison toute mesure prématurée en direction de ce deuxième tournant qualitatif. Elle fait tout son possible pour donner le temps aux ouvriers et aux paysans d'élever leur niveau de conscience et de mieux se préparer pour relever le défi du passage à un Etat ouvrier. Cette direction essaye de profiter au maximum des rapports de force qui existent à l'échelle mondiale et qui permettent au Nicaragua d'obtenir une aide décisive de la part de nombreux Etats ouvriers.

Contrairement au Nicaragua, l'Afrique du Sud devra passer par une révolution démocratique-bourgeoise avant d'en arriver à une révolution anticapitaliste. Ne pas comprendre cette distinction qualitative, c'est ignorer la situation dans laquelle l'Etat d'apartheid a mis les masses sud-africaines. C'est interpréter le caractère de la révolution sud-africaine de façon gauchiste et sectaire. Les ouvriers et les paysans opprimés en Afrique du Sud doivent créer une nation, garantissant à tous ses membres des droits civiques universels. Ils doivent instaurer une république démocratique. La grande majorité des masses laborieuses doit accéder pour la première fois dans l'histoire à la production et l'échange marchands.

Seule la victoire de cette révolution nationale et démocratique pourra assurer le passage à la révolution socialiste en Afrique du Sud. Il n'est pas utile de chercher à prévoir la durée de cette transition. Ce qu'il faut, c'est comprendre ce qu'est réellement l'Afrique du Sud, de la comprendre dans tous ses aspects: les bantoustans aussi bien que les zones industrielles et les cités noires autour de Johannesburg, du Cap ou de Durban; les Africains qui veulent accéder à la terre aussi bien que les fermes capitalistes appartenant aux Blancs; le système de travail migratoire et les dortoirs qui ressemblent à des prisons aussi bien que les installations modernes pour l'extraction de l'or et des diamants. C'est seulement ainsi que nous pouvons comprendre le véritable caractère de la révolution en Afrique du Sud.

Le fait qu'il existe une classe ouvrière importante et de plus en plus combative en Afrique du Sud ne place pas la révolution socialiste à l'ordre du jour. Le poids du prolétariat ne dit rien, en soi, sur le caractère historique de la révolution. Ce qu'il détermine, c'est la place de la classe ouvrière dans la direction de cette révolution. Si la classe ouvrière est capable d'établir une alliance avec les masses rurales opprimées, si elle arrive à élaborer une stratégie en vue de la prise du pouvoir qui ne s'appuie pas sur les libéraux bourgeois, elle jouera alors le rôle central dans la direction de la révolution démocratique-bourgeoise en Afrique du Sud.

Combien de temps va durer la transition entre le début de la révolution démocratique et le commencement de la révolution anticapitaliste? Neuf mois? C'est ce qui s'est passé en Russie — de la révolution de février 1917, qui a renversé le tsar, à la révolution d'octobre dirigée par les bolchéviques qui a porté au pouvoir les députés des soviets d'ouvriers, de soldats et de paysans.

La période entre le renversement de l'apartheid et le début de la révolution anticapitaliste sera peut-être plus courte en Afrique du Sud. Elle sera peut-être plus longue. Il est plus que vain que d'essayer de le prévoir.

Ce que doit faire l'avant-garde prolétarienne, ce n'est pas de prévoir la durée mais de comprendre le rapport entre les deux révolutions. La classe ouvrière, en s'alliant avec les paysans et les masses populaires, s'efforce de pousser la nation qui naît à réaliser la révolution démocratique de la manière la plus complète et la plus intransigeante, jusqu'à ce qu'elle débouche sur l'instauration d'une dictature démocratique non raciale du prolétariat et de la paysannerie. En procédant ainsi, elle ouvre la voie à une transition vers la révolution socialiste. Si l'avant-garde prolétarienne essayait de sauter par-dessus cette révolution démocratique, pour arriver plus vite à la révolution socialiste, elle se retrouverait encore plus éloignée de cet objectif. Elle doit passer *à travers* la révolution démocratique.

Lénine a expliqué cela à maintes reprises lorsqu'il parlait de la révolution contre le régime des capitalistes et des propriétaires fonciers dans la Russie tsariste: «Nous ne pouvons pas nous évader du cadre démocratique bourgeois de la révolution russe, mais nous pouvons l'élargir dans des proportions énormes; nous pouvons et nous devons, dans ce cadre, combattre pour les intérêts du prolétariat, pour ses besoins immédiats et pour assurer les conditions dans lesquelles il pourra se préparer à la victoire totale.»[4] En suivant cette orientation, a indiqué Lénine, «nous n'ajournons pas [la révolution socialiste], nous faisons le premier pas vers elle par le seul moyen possible et par le seul chemin sûr, à savoir: par le chemin de la république démocratique.»[5]

Quel sera le caractère du nouveau pouvoir d'Etat qui résultera de la révolution démocratique en Afrique du Sud? Y aura-t-il un gouvernement révolutionnaire provisoire constitué d'une coalition de forces dont les représentants des ouvriers révolutionnaires auront gagné ou s'efforceront de gagner la direction? Y aura-t-il une sorte de double pouvoir? Comment se résoudront les contradictions entre la démocratie révolutionnaire et la concentration extrême des richesses dans les mains des familles capitalistes blanches? Nous ne pouvons pas prédire les réponses à ces questions, pas plus que les bolchéviques n'auraient pu prévoir que la révolution de février 1917 donnerait lieu à une division du pouvoir entre le Gouvernement provisoire capitaliste, d'une part, et les soviets des représentants des ouvriers, des paysans et des soldats, d'autre part.

Ce que nous pouvons faire, et ce que nous devons faire, c'est de toujours viser clairement l'établissement d'une dictature révolutionnaire démocratique des masses laborieuses d'Afrique du Sud. Le renversement de l'Etat d'apartheid amènera-t-il au pouvoir un tel gouvernement révolutionnaire populaire? Cela sera déterminé par le rapport de force entre les classes au sein du mouvement démocratique révolutionnaire. Ce mouvement sera mené par les masses populaires; les forces prolétariennes en son sein seront à l'avant-garde de la lutte pour renverser l'Etat, pour prendre le pouvoir, pour organiser et armer la population laborieuse et pour utiliser le pouvoir de la majorité afin de réaliser le programme de la Charte de la liberté.

Le rapport de force qui existe en Afrique du Sud aujourd'hui est de bon augure pour le succès de la révolution nationale et démocratique et pour son accomplissement de la manière la plus conséquente. Il est également un bon présage pour les luttes des ouvriers et des paysans qui iront de l'avant dans les nouvelles conditions créées par la chute de l'Etat d'apartheid.

II. LA PLACE DE LA CLASSE OUVRIÈRE ET DE LA PAYSANNERIE DANS LA RÉVOLUTION SUD-AFRICAINE

EN PLUS DE comprendre le caractère de la révolution à l'ordre du jour, nous devons aussi saisir la place qu'occupent la classe ouvrière et la paysannerie dans la direction de cette révolution.

La puissance et le poids décisifs de la classe ouvrière en Afrique du Sud déterminent le type de direction qui peut et qui doit être établi pour que la révolution triomphe. Ces facteurs déterminent le type d'alliances de classe possible. Ils déterminent le degré de confiance et la capacité de cette direction à appeler et à attirer tous ceux qui veulent agir pour renverser l'Etat d'apartheid et qui rejettent fermement toute dépendance et toute subordination à l'égard de la bourgeoisie libérale.

La crise révolutionnaire en Afrique du Sud va provenir du conflit irréconciliable entre la minorité blanche au pouvoir, qui rêve d'apartheid, et les luttes de la classe ouvrière noire que ce «rêve» a contribué à faire naître.

En quoi consistait ce rêve? Il nous semble insensé. C'est comme si on ressuscitait les Etats confédérés au vingtième siècle et qu'on leur donnait quelques théoriciens, sociologues et urbanistes nazis, des terres et des ressources parmi les plus riches sur terre. Les plus grandes puissances impérialistes leur donneraient leur appui. Puis on leur dirait: «Allez-y, organisez la société de vos rêves.»

La minorité blanche au pouvoir a rêvé de tenir la vaste majorité de la population, c'est-à-dire la population africaine, à l'écart des grands centres urbains. Son intention n'était donc pas seulement d'empêcher une nation de se développer en faisant appel à des méthodes de division, dont la création des bantoustans, ces soi-disant «territoires nationaux». Son intention n'était pas seulement de voler la terre aux Africains et de les forcer à vendre, pour survivre, la seule chose qu'on ne pouvait leur voler: leur force de travail. Son objectif n'était pas seulement de faire baisser la valeur de cette force de travail en institutionnalisant l'oppression à tous les niveaux et dans toutes les sphères d'activité. Ce n'était pas seulement de maintenir ce système en privant les Africains de tous les droits civiques et en les excluant de tous les aspects de la vie politique.

Le rêve de cette minorité était de faire tout cela *et* de maintenir les Africains hors des villes. Son rêve, c'était que les Africains puissent, d'une façon ou d'une autre, venir dans les villes le matin, préparer le déjeuner, changer les couches, faire la lessive, travailler dans les usines et les bureaux, produire toutes les richesses . . . et disparaître à la tombée du jour.

C'est ce que les artisans de l'apartheid ont essayé de créer par la violence, par la terreur et par des lois et des structures légales complexes. Leur objectif était de constituer l'Etat de la petite minorité blanche pour réaliser l'apartheid qui permettait ainsi aux Blancs, possédant les terres, les ressources minérales et les usines, de s'enrichir. Ils voulaient faire cela tout en réservant aux seuls Blancs les centres urbains où sont concentrées les richesses et la culture capitalistes.

Cela peut sembler absurde. Mais telle était la logique de ce rêve. Le Parti national d'Afrique du Sud était conscient des problèmes qui surgiraient s'il suivait une autre voie: c'est-à-dire s'il accordait à tous les Sud-Africains la liberté de mouvement, l'accès à la terre et le droit de posséder leur maison, le droit de vote et le droit de s'organiser et de lutter pour la liberté.

Mais le rêve a fait long feu. Il a créé la chose même qu'il essayait d'empêcher. Pour produire les richesses, les Blancs au pouvoir ont dû se doter d'une main-d'oeuvre. Ils ont dû créer une classe ouvrière en expansion ayant de nombreuses qualifications, une certaine continuité et un peu de stabilité. Ils ont créé une main-d'oeuvre de plus de huit millions de Noirs qui représentent 80 % de la main-d'oeuvre totale.

Pour faire face au développement de cette classe, pour limiter sa puissance et essayer de l'empêcher d'utiliser sa force économique et sociale grandissante, la bourgeoisie a dû concevoir des lois et des règles de plus en plus complexes. Elle a développé le système de contrôle des travailleurs le plus élaboré et le plus étendu jamais vu dans le monde. Elle a créé le système de travail migratoire qui oblige des millions de travailleurs noirs à faire un va-et-vient constant entre les bantoustans et les villes «blanches», sans aucun droit civique. Ces travailleurs sont à la merci des employeurs et de l'Etat d'apartheid. Ils doivent demander une autorisation même pour passer la nuit dans la ville. Des millions d'entre eux n'ont pas le droit de vivre avec leurs familles, là où ils travaillent. Inscription obligatoire aux bureaux du travail de l'Etat, contrôles informatisés des ressources en main-d'oeuvre, déplacements migratoires forcés: le rêve est devenu un véritable cauchemar.

L'apartheid a créé des millions d'«étrangers en situation illégale» dans leur propre pays. Cela permet une autre comparaison entre le système d'apartheid et les luttes de la population laborieuse aux Etats-Unis. Nous savons comment sont utilisés ces «étrangers en situation illégale» ici. La classe dirigeante n'essaye pas d'empêcher l'entrée de travailleurs sans papiers. Aucune bourgeoisie ne s'est jamais inquiétée de la présence de trop de travailleurs qui rivalisent les uns contre les autres dans la vente de leur force de travail. Le but des menaces faites aux travailleurs sans papiers (ici et en Afrique du Sud), c'est de les maintenir dans un statut de parias. Ceci permet de baisser la partie «morale», déterminée historiquement, de la valeur de leur force de travail. Ces pressions sont intériorisées par les individus et la classe dans son ensemble, de telle sorte que ceux qui sont «illégaux» *s'attendent* à être payés moins et *acceptent* un salaire inférieur.

Le prolétariat noir d'Afrique du Sud se bat pour devenir ce que Friedrich Engels a appelé des «hors-la-loi libres», des travailleurs qui ont été dépossédés de leurs terres et de leurs outils, mais qui ont en même temps été libérés de toutes leurs chaînes traditionnelles. Aujourd'hui les travailleurs noirs d'Afrique du Sud sont des «hors-la-loi enchaînés». Ils ne bénéficient pas des libertés qui accompagnent la condition prolétarienne dans la plupart des pays capitalistes, même dans les régimes les plus répressifs. Les travailleurs noirs en Afrique du Sud aujourd'hui revendiquent le droit de vendre leur force de travail au plus offrant, le droit à la mobilité, le droit de vivre et de travailler là où ils le désirent.

La grande prolétarisation et l'urbanisation de la population noire, les gigantesques concentrations de capital et par conséquent de travailleurs, ont miné le système d'apartheid. Elles sont en train de mettre fin à ce rêve.

L'organisation des travailleurs noirs

A PARTIR DE ses expériences et de ses luttes, cette classe ouvrière avance de plus en plus vers la direction de la lutte pour renverser l'Etat d'apartheid.

Le syndicat des mineurs d'Afrique du Sud a été l'un des premiers à donner une contribution financière au syndicat des mineurs britanniques lorsque ces derniers se sont mis en grève l'an dernier. Cet exemple en dit long sur le niveau de conscience du prolétariat noir en Afrique du Sud. Il donne une idée du niveau de développement atteint par le mouvement ouvrier là-bas, malgré tous les obstacles, distorsions et problèmes particuliers imposés par l'apartheid. Parmi ces problèmes, il y a l'existence de syndicats séparés pour les Noirs et les Blancs et l'existence de doubles structures syndicales.

Dans les dix dernières années, des syndicats semi-légaux et légaux, dirigés et organisés par des Noirs, ont gagné le droit d'exister. Ils utilisent toutes les ouvertures légales que la bourgeoisie a été obligée de leur accorder et ils essayent d'arracher un peu plus d'espace légal. Depuis 1976, le nombre des travailleurs noirs syndiqués est passé de quelques dizaines de milliers à plus d'un demi-million aujourd'hui. Les campagnes de syndicalisation et les grèves sont devenues la principale expérience d'organisation, d'éducation et de combat que connaît la classe ouvrière. Grâce à cette expérience, la classe ouvrière accroît sa confiance et sa cohésion.

Naturellement, les syndicats ne sont pas et ne peuvent pas être des formations politiques destinées à organiser l'avant-garde de la lutte démocratique révolutionnaire. Ils s'efforcent de devenir de véritables organisations syndicales de la classe ouvrière dans son ensemble. Ils cherchent à unifier les travailleurs de toutes les industries, et pas seulement les travailleurs les plus conscients. Le but des syndicats n'est pas de se transformer en partis d'avant-garde révolutionnaires. Ils visent plutôt à se renforcer eux-mêmes en tant que *syndicats* en défendant les intérêts de la classe ouvrière et en développant sa capacité à penser socialement et à agir politiquement.

Le but de l'apartheid n'est pas seulement de séparer les Noirs des Blancs. Il vise aussi à maintenir les divisions entre Africains: entre les Xhosas et les Zoulous, entre les Zoulous et les Sothos, entre les Sothos et les Tswanas. Il veut maintenir les divisions entre les Africains, les Indiens et les Métis.

Le régime d'apartheid a accordé aux Indiens et aux Métis quelques privilèges relatifs. Il a tout fait pour diviser les Africains selon leurs langues, leurs régions et leurs tribus d'origine. Il a acheté des collaborateurs africains qui acceptent des postes dans les structures de l'Etat d'apartheid. Il a créé des réseaux d'informateurs, une arme indispensable pour le régime répressif que l'apartheid a créé.

Mais le développement de la classe ouvrière a contribué à limiter toutes ces divisions. Il a rassemblé des travailleurs africains de différentes origines dans les mêmes syndicats, les mêmes industries, quelquefois même dans les mêmes usines. Il a amené ces travailleurs, qui subissent tous la même oppression raciste et qui sont tous relégués dans le même *état*, à avoir des contacts quotidiens avec des travailleurs indiens et métis. Au cours des luttes de classe menées par ces travailleurs pour défendre leurs intérêts communs, les différences se sont effacées de plus en plus pour laisser place à une nouvelle base commune.

Les travailleurs et les droits sur la terre

IL NOUS FAUT aussi examiner un autre aspect du développement de la classe ouvrière. La population africaine a été prolétarisée dans le sens classique du terme. Ce processus ne se limite pas à une transformation des Africains en travailleurs industriels. Les Africains ont été dépossédés de leurs terres familiales et communautaires, de leurs animaux et de leurs outils. Ils ont été expropriés. Ils ont été massivement chassés de la terre.

Un des objectifs de la révolution sud-africaine est de «déprolétariser» une partie de cette classe, c'est-à-dire de gagner le droit de devenir des agriculteurs propriétaires. La conquête du droit pour tous les Noirs de travailler la terre et de produire pour le marché est une des tâches centrales de cette révolution.

Cette question nous ramène donc elle aussi au caractère national et démocratique de la révolution. Une des tâches de l'alliance des ouvriers et des paysans en Afrique du Sud, c'est de conquérir le droit pour les prolétaires qui veulent devenir des agriculteurs, de le devenir. Cela exige le renversement révolutionnaire de l'Etat impérialiste. C'est une combinaison concrète de tâches que les artisans de l'apartheid ont léguées aux masses laborieuses d'Afrique du Sud.

A mesure que la classe ouvrière, en tant que classe, est apparue encore plus dans la direction de la lutte de libération en Afrique du Sud, les femmes ont occupé une place encore plus importante dans la lutte. La combativité impétueuse de la jeunesse et sa confiance en elle-même s'accroissent à mesure que celle-ci assimile les leçons de ses expériences et qu'elle continue à lutter pour se rapprocher du mouvement ouvrier.

La dictature démocratique révolutionnaire des travailleurs et des agriculteurs

L'AVANT-GARDE prolétarienne du mouvement démocratique révolutionnaire en Afrique du Sud se bat pour que la majorité vienne au pouvoir. Elle se bat pour une dictature révolutionnaire de cette majorité, pour instaurer et défendre le pouvoir de la majorité. L'avant-garde mobilisera les puissantes ressources de cette majorité pour briser toute résistance de la part de l'ancien système et pour réorganiser la société sud-africaine. Elle désarmera l'ancien Etat et rasera toutes ses vieilles structures. Elle créera les conditions qui permettront aux êtres humains de se libérer de ce que les anciennes structures ont fait d'eux pour commencer à se développer. Elle rendra possible la formation de la nation sud-africaine, ouvrant la voie à une différenciation progressive des classes. Cette différenciation permettra à tous de travailler la terre, d'occuper des professions libérales, de devenir des commerçants ou d'être des travailleurs salariés. Tout cela se fera *sans distinction de race*.

Il s'agit d'une perspective véritablement révolutionnaire. Elle concentre la lutte démocratique pour créer la nation sud-africaine, pour donner l'accès à la terre, pour gagner la bataille d'«une personne, un vote». Elle montre la voie en avant pour conquérir ces objectifs et les défendre par n'importe quel moyen. Elle reconnaît qu'aucun secteur de la bourgeoisie n'accordera ces revendications, et encore moins ne mènera une lutte pour les obtenir. La clé de la victoire, c'est une alliance combative des travailleurs et des producteurs agricoles.

Cette perspective révolutionnaire rejette le mythe libéral selon lequel il sera possible de réformer l'Etat d'apartheid jusqu'à ce qu'il disparaisse. Elle rejette la voie de la conciliation et des compromis avec le pouvoir raciste. Elle refuse l'orientation qui consiste à faire confiance ou à se laisser diriger par la bourgeoisie libérale. C'est la perspective de la prise de pouvoir politique par la population laborieuse et les masses populaires.

Nous ne devrions pas être surpris de voir se dérouler en Afrique du Sud la lutte pour une dictature démocratique révolutionnaire des masses laborieuses, du prolétariat et de la paysannerie. L'Afrique du Sud n'est pas le premier pays impérialiste dans lequel l'avant-garde ouvrière révolutionnaire tente de concrétiser cet objectif. Les bolchéviques l'ont fait dans la Russie tsariste, le maillon faible de la chaîne impérialiste au début du siècle. Ils ont mené une révolution dont la victoire a marqué le cours de l'histoire mondiale.

C'est précisément ce qui se passe actuellement en Afrique du Sud. L'objectif de l'avant-garde du prolétariat est d'établir l'alliance des masses laborieuses. Cette alliance est capable de prendre le pouvoir politique. Elle *utilisera* le pouvoir de la majorité pour aller de l'avant et gagner tous les objectifs économiques, politiques et sociaux du peuple. Les masses laborieuses noires d'Afrique du Sud ne se battent pas pour établir un nouvel Etat basé sur l'exploitation et l'oppression dans lequel seule la couleur de la peau de la classe au pouvoir aurait changé. Ce n'est pas et cela ne peut pas être le but de cette révolution nationale et démocratique en Afrique du Sud.

III. LE RÔLE D'AVANT-GARDE DU CONGRÈS NATIONAL AFRICAIN

LE PARTI socialiste des travailleurs estime que le Congrès national africain est l'avant-garde de la révolution démocratique en Afrique du Sud. L'ANC a conquis cette position dans la lutte.

A mesure qu'une lutte révolutionnaire se développe et que la direction évolue, l'une ou l'autre des organisations en lice cesse d'être l'une des organisations d'avant-garde et devient *l'avant-garde* elle-même. C'est le cas de l'ANC.

Cela ne signifie pas que l'ANC ne connaît plus de divisions ni de faiblesses et qu'elle n'a pas d'autres problèmes à surmonter. Cela ne veut pas dire qu'il n'y aura pas de nouveaux développements au cours de la lutte. Cela ne signifie pas qu'il n'y a pas d'autres organisations révolutionnaires ou que nous ne soutenons que les luttes dirigées par les partisans de l'ANC. Nous reconnaissons simplement le fait que, dans le cours de la lutte démocratique révolutionnaire en Afrique du Sud, une avant-garde démocratique s'est formée et est reconnue par la vaste majorité des militants anti-apartheid. Cette avant-garde est de plus en plus organisée au sein de l'ANC.

A Cuba, le Mouvement du 26 juillet est aussi devenu, à un certain moment, la direction de la révolution cubaine. Cela ne s'est pas produit parce que le Mouvement du 26 juillet était plus connu que les autres groupes ou qu'il avait un plus grand sens de la publicité, comme le prétendaient ses opposants. Il était simplement devenu l'organisation qui dirigeait la révolution. Il avait gagné cette position d'avant-garde dans la lutte. Tout révolutionnaire à Cuba devait en tenir compte. Tous les courants révolutionnaires à l'extérieur de Cuba devaient également reconnaître cette réalité et agir en conséquence.

Cela ne veut pas dire qu'il n'y avait pas d'autres organisations révolutionnaires à Cuba. Il y en avait au moins une autre, le Directoire révolutionnaire. Il y avait aussi le parti stalinien, le Parti socialiste populaire (PSP), qui se considérait comme une organisation révolutionnaire. L'attitude politique du Mouvement du 26 juillet à l'égard des organisations qui étaient révolutionnaires, ou qui prétendaient l'être, a toujours été un des points forts de la direction castriste. Elle a été un modèle de ce point de vue. Elle l'était déjà avant le lancement de la guérilla, et cela a continué jusqu'à la prise du pouvoir et après. La direction du Mouvement du 26 juillet a toujours cherché systématiquement à intégrer dans la direction de la révolution tous ceux qui pouvaient l'être. La fusion du Mouvement du 26 juillet avec le PSP et le Directoire révolutionnaire, au début des années soixante, a été une étape décisive pour la révolution. Mais cette fusion, initiée et dirigée jusqu'au bout par le Mouvement du 26 juillet, a simplement confirmé le fait que le Mouvement du 26 juillet avait gagné le droit de diriger les ouvriers et les paysans cubains dans la révolution.

A un certain moment, cela a également été vrai pour le Front de libération nationale (FLN) en Algérie. Le SWP a enregistré ce fait et a agi en conséquence. Des divergences sont apparues à l'époque sur cette question dans la direction du SWP. Nous avons eu tout un débat là-dessus.

Durant la guerre que l'Angola menait pour arracher son indépendance au Portugal, le Mouvement populaire pour la libération de l'Angola (MPLA) est aussi devenu à un certain moment l'avant-garde politique de la lutte. La même chose s'est aussi produite avec le Front sandiniste de libération nationale au Nicaragua. Dans les cas de l'Angola et du Nicaragua, nous avons mis du temps, au SWP, à reconnaître la nature de la direction forgée au cours de la lutte révolutionnaire. Nous en avons tiré d'importantes leçons par la suite.

L'ANC dirige la révolution démocratique en Afrique du Sud. Les masses noires reconnaissent l'ANC comme la direction de la révolution sud-africaine. La Charte de la liberté est devenue la plate-forme reconnue de la lutte révolutionnaire contre l'apartheid. C'est cela qui a été conquis. Et cela demeurera vrai, sauf s'il y a des changements dans la lutte elle-même.

L'ANC a gagné le droit de s'adresser aux peuples du monde au nom de la lutte pour la liberté en Afrique du Sud. Il a gagné le droit de parler aux Nations-Unies au nom de l'Afrique du Sud. Il a gagné le droit d'être reconnu comme la direction de la révolution sud-africaine par les formations d'avant-garde dans tous les pays. Tous ceux et celles qui, partout dans le monde, soutiennent la lutte pour une Afrique du Sud démocratique doivent en tenir compte.

Nous pouvons attendre d'être plus familiers avec la lutte en Afrique du Sud avant de chercher à nous entendre sur la question qui est de savoir à quel moment, au cours des dernières décennies, l'ANC est devenu la direction de la révolution sud-africaine. Mais selon nous, il est indéniable que l'ANC est aujourd'hui la direction de la révolution sud-africaine et c'est cette idée que nous proposons d'adopter ici. C'est sur cette base que le SWP a agi et qu'il continuera d'agir.

La lutte en Afrique du Sud a connu une longue évolution. L'ANC s'est transformé au cours des dernières décennies, en même temps que la structure de classe et les rapports de force se modifiaient en Afrique du Sud.

L'ANC a connu une évolution politique. Son orientation de classe a évolué. Des dirigeants plus jeunes ont émergé. Cela est venu en partie d'un important développement des relations de l'ANC avec des forces communistes d'avant-garde partout dans le monde: de Cuba et Grenade jusqu'au Vietnam et au Kampuchea.

LES COURANTS opposés à l'ANC ont aussi évolué, mais dans une autre direction. Pendant un certain temps, le plus important de ces courants a été le Congrès panafricain (PAC) formé en 1959 par un groupe qui avait quitté l'ANC.

Le PAC a maintenu une base significative en Afrique du Sud dans les années soixante et a joué un rôle majeur dans des actions de protestations contre l'apartheid. Mais il a été marqué dès le départ par des positions anticommunistes et anti-ouvrières. Nous avons observé par le passé que les fondateurs du PAC se sont opposés avec acharnement à la Charte de la liberté et à sa perspective de république démocratique sud-africaine non raciale, garantissant les mêmes droits à tous ceux qui veulent y vivre et travailler, qu'ils soient noirs ou blancs. Ils préféraient à cela une perspective «Pour Africains seulement». Ils rejetaient toute collaboration avec les révolutionnaires blancs et avec les autres Sud-Africains blancs qui auraient pu être amenés à soutenir les objectifs démocratiques révolutionnaires de la lutte contre l'apartheid.

Avant leur scission de l'ANC, les fondateurs du PAC ont mené une campagne anticommuniste contre leurs adversaires dans l'organisation, accusant certains dirigeants de l'ANC d'être des communistes. Certains des fondateurs du PAC ont dénoncé la Charte de la liberté comme un document suggéré par Moscou.

Aujourd'hui le PAC n'a presque plus de base en Afrique du Sud. Il a connu de dures scissions internes, et il n'existe pratiquement plus qu'en exil. Mais ceci n'empêche pas ses représentants d'essayer de parler au nom de la révolution sud-africaine quand ils prennent la parole aux Etats-Unis.

Ceux qui ont pris part au mouvement de la Conscience noire et aux luttes massives des étudiants, au milieu et à la fin des années soixante-dix, ont aussi connu une évolution. Beaucoup de ces dirigeants et cadres ont rejoint l'ANC. L'ANC a réagi en cherchant à les intégrer dans tous les aspects de son travail et à tous les niveaux de sa direction.

D'autres dirigeants du mouvement de la Conscience noire ont créé l'Organisation du peuple azanien (AZAPO) en opposition à l'ANC. L'AZAPO est la principale force derrière le groupement connu sous le nom de Comité du Forum national. L'AZAPO et le Comité du Forum national condamnent la tentative de l'ANC de faire des alliances avec des Blancs opposés à l'apartheid. Et, d'un point de vue gauchiste, ils reprochent également à la Charte de la liberté de ne pas avancer de revendications socialistes.

L'ANC a également connu quelques scissions au cours des quinze dernières années. Il y a eu la scission au début des années soixante-dix d'une aile nationaliste qui se décrivait publiquement comme l'«ANC (African Nationalist)». Il y a eu la scission plus récente d'une aile gauchiste qui pendant quelque temps a été connue sous le nom de «La tendance marxiste dans l'ANC». Il y a des choses qui sont les mêmes partout dans le monde!

Les dirigeants de l'ANC ont lutté. Ils ont étudié et tiré les leçons des expériences révolutionnaires dans d'autres pays. Leur évolution politique a fait partie d'une évolution internationale. A travers le monde, une couche de dirigeants révolutionnaires est arrivée à saisir la différence entre les Pol Pot, Bernard Coard, Salvador Cayetano Carpio et Anibal Escalante, d'une part, et Fidel Castro, Raul Castro, Maurice Bishop et eux-mêmes, d'autre part.

Les dirigeants de l'ANC ont évolué dans leur compréhension du rôle de la guérilla depuis qu'ils ont pris l'initiative de créer l'organisation armée, Umkhonto we Sizwe (Le fer de lance de la nation), en 1961. Leurs expériences leur ont permis de mieux comprendre comment mener la lutte armée tout en étant orientés vers le mouvement de masse, le mouvement ouvrier et les zones urbaines. Ils saisissent mieux comment l'armement du peuple viendra de la détermination des masses d'organiser leur propre défense contre la violence de l'Etat d'apartheid.

L'ANC s'est implanté dans la classe ouvrière et les masses laborieuses rurales parce que c'est la seule façon de diriger la révolution nationale et démocratique pour renverser l'Etat d'apartheid. Pour réussir, cette lutte devra être dirigée par la population laborieuse.

L'ANC a développé en même temps une certaine expérience dans la constitution d'alliances avec des libéraux dans les Eglises et les organisations des professions libérales. Il y a deux façons qualitativement différentes de faire ces alliances. On peut le faire pour compenser une faiblesse ou pour arriver à un compromis. On peut le faire aussi à partir d'une position de force, en s'appuyant sur le mouvement de masse pour avancer sur la voie révolutionnaire. La puissance du mouvement des masses laborieuses contre l'apartheid donne à la direction de l'ANC l'assurance qu'il est possible d'encourager la formation d'organisations auxiliaires dans lesquelles se côtoient des forces libérales blanches et noires, même avec tous les problèmes et complications qui accompagnent ce pas en avant.

LE FAIT que certains dirigeants religieux noirs et certains libéraux blancs en Afrique du Sud soutiennent la lutte ne doit pas nous faire peur. Cela indique que la victoire de la révolution est proche. Lorsque des libéraux bourgeois et petits-bourgeois nicaraguayens ont commencé à se lier à la lutte menée par les sandinistes, cela n'a pas signifié que les sandinistes étaient en train de renoncer à la lutte révolutionnaire pour renverser Somoza. Cela a été une indication de l'imminence de la victoire. On peut dire la même chose de Cuba dans la période qui a mené au renversement de Batista.

Il ne s'agit pas ici de prédire à quel moment se produira le renversement de l'apartheid. Au contraire. Nous ne sommes pas à la veille de cet évènement historique et nous ne savons pas à quel moment il s'accomplira. Ce que nous voulons souligner ici, c'est qu'il y a une différence entre une direction politique qui plie ou capitule devant le libéralisme et une direction qui, par différents moyens, essaie d'entraîner dans le mouvement ceux qui, quelles que soient leur race ou leur classe, soutiendront *dans l'action* la lutte révolutionnaire.

Seule une direction sûre d'elle peut faire cela. Seule une avant-garde qui est capable de forger une direction multinationale peut accomplir cela en toute confiance. La récente décision de permettre l'accès de l'ANC et de ses organes de direction aux individus de toutes les races qui sont engagés dans la lutte constitue un acquis important pour l'ANC. Cette décision a été prise à la conférence consultative nationale de l'ANC qui s'est tenue à Lusaka en juin 1985. La conférence a décidé d'élargir le Comité exécutif national, le faisant passer de vingt-deux à trente membres. Ce comité comprend maintenant deux Métis, deux Asiatiques et un Blanc.

Durant la plus grande partie de son histoire, l'ANC a formé des alliances avec des organisations de Métis et d'Indiens, ainsi que des organisations blanches qui soutenaient la lutte. Mais jusque dans les années 60, l'ANC était lui-même une organisation composée uniquement d'Africains. A partir de ce moment, il a commencé à accepter des Métis, des Indiens et des Blancs dans ses groupes en exil. Cependant, l'organisation clandestine en Afrique du Sud et tous les organes de direction ont continué à être réservés exclusivement aux Africains.

Ces dernières restrictions ont maintenant été levées. Ce changement reflète le fait que les Africains, les Métis et les Indiens les plus conscients politiquement se considèrent maintenant comme faisant partie d'une même nation sud-africaine en devenir. L'ANC reconnaît que les 24 millions d'Africains sont et doivent demeurer l'épine dorsale de la lutte de libération. Mais il cherche maintenant à se constituer en avant-garde qui reflète, dans ses rangs et sa direction, la composition des opprimés et de tous ceux qui veulent lutter jusqu'au bout pour renverser l'apartheid.

IV. LES RÉPERCUSSIONS INTERNATIONALES DE LA RÉVOLUTION SUD-AFRICAINE

LORSQU'ON CONSIDÈRE la révolution sud-africaine et sa place

dans la lutte mondiale contre l'impérialisme, une chose nous saute immédiatement aux yeux: c'est l'entrée dans la bataille d'un nouvel allié de la révolution nicaraguayenne, de Cuba et des révolutionnaires salvadoriens. Un nouvel allié de la révolution en Amérique centrale et dans les Caraïbes a surgi dans le champ de bataille.

La révolution sud-africaine oblige les ennemis de l'humanité que sont les Yankees à disperser leur attention et leurs moyens. Elle accroît les divergences tactiques au sein de la bourgeoisie américaine sur la voie à suivre. Elle réduit également ses choix. L'administration Reagan doit ainsi payer un prix plus élevé pour ses déclarations et ses actes racistes des plus scandaleux.

Les dirigeants cubains ont expliqué à maintes reprises comment la révolution vietnamienne a permis à la révolution cubaine de respirer. C'est une chose qu'il faudrait toujours avoir à l'esprit. Sans la révolution vietnamienne, rappellent les Cubains aux peuples du monde, la révolution cubaine aurait peut-être été renversée par Washington dans les années soixante.

Il y a également un lien plus direct entre Cuba et la révolution sud-africaine. Des volontaires cubains se sont battus côte à côte avec l'armée angolaise pour repousser une invasion de l'Angola par l'Afrique du Sud en 1975-1976. Ce désastre militaire des impérialistes sud-africains a encouragé et inspiré une combativité renouvelée parmi les jeunes de Soweto en 1976. Il a donné un nouvel élan au mouvement révolutionnaire en Afrique du Sud. L'Etat d'apartheid n'était pas invincible!

Un nombre important de gouvernements a condamné l'agression caractérisée de l'Afrique du Sud contre l'Angola. Mais c'est *Cuba* qui a répondu à l'appel du gouvernement de l'Angola et qui a envoyé des unités de combat pour combattre l'invasion de l'armée de l'apartheid. Et dix ans après, à la demande de l'Angola, les volontaires internationalistes cubains sont toujours à leurs postes de combat. Malgré toutes les pressions et les menaces de Washington, le gouvernement cubain a refusé de revenir sur son aide internationaliste à l'Angola. Ces faits se sont gravés dans la conscience des révolutionnaires noirs d'Afrique du Sud, de Namibie, d'Angola et dans celle des masses laborieuses de toute l'Afrique.

Les ouvriers et les paysans en Afrique, et les impérialistes également, voient facilement les liens entre la révolution en Afrique du Sud et le reste du continent. L'Etat sud-africain est la puissance impérialiste dont le rôle particulier est de contribuer à maintenir l'asservissement de toute l'Afrique australe par l'impérialisme mondial. La possibilité de l'affaiblissement et surtout du renversement de cet Etat a d'immenses ramifications pour les exploiteurs, de Washington jusqu'à Paris et Tokyo.

La progression de la révolution en Afrique du Sud va aussi avoir un impact sur le Vietnam. Elle va lui permettre d'accroître sa marge de manoeuvre face à la pression implacable de l'impérialisme américain. Elle renforcera la lutte de libération nationale du peuple palestinien contre l'Etat israélien qui est un allié du régime d'apartheid.

Une direction prolétarienne

LA LUTTE nationale et démocratique qui se déroule en Afrique du Sud est d'une importance déterminante dans la formation d'une direction communiste dans ce pays. L'ANC n'est pas une organisation communiste. Il ne s'efforce pas de le devenir. C'est une organisation démocratique révolutionnaire. C'est l'avant-garde politique de la révolution nationale et démocratique en Afrique du Sud.

Cependant, dans la lutte révolutionnaire dirigée actuellement par l'ANC, une avant-garde communiste va se développer et être mise à l'épreuve. Cela se produira au moment où des forces plus jeunes surgiront dans la lutte, lorsque de plus en plus de dirigeants émergeront des rangs de la classe ouvrière. Ce renforcement d'une direction communiste en Afrique du Sud s'accompagnera d'une convergence avec les forces communistes à l'échelle mondiale.

Les progrès de la révolution sud-africaine et de sa direction modifient ce qu'il est maintenant possible et nécessaire de faire dans la construction d'une avant-garde mondiale de la révolution. Elle nous éloigne un peu plus de ce que Lénine décrivait, en se référant à la Deuxième Internationale faillie, comme une Internationale de la race blanche. Elle permet de franchir un pas de plus vers le type de direction révolutionnaire véritablement *mondiale* que l'Internationale communiste cherchait à établir à l'époque de Lénine. Et cela a des conséquences importantes pour la formation de directions communistes, dans tous les pays où est posée la nécessité de construire un parti de combat prolétarien multinational: du Brésil au Canada, de la Nouvelle Zélande à la Grande-Bretagne et, bien sûr, ici aux Etats-Unis.

Les progrès de la révolution sud-africaine auront un impact sur le mouvement communiste partout dans le monde. Ils donnent l'occasion aux forces communistes d'avant-garde en Europe de l'Est d'élever le niveau de conscience de la classe ouvrière en plaçant l'internationalisme prolétarien au centre de leur programme. Ils leur permettent d'établir des liens avec les travailleurs et les agriculteurs qui se trouvent sur d'autres fronts de la révolution mondiale.

La lutte révolutionnaire en Afrique du Sud donne la possibilité aux militants du monde entier qui ont une orientation de classe d'assimiler d'importantes leçons politiques. Elle aide l'avant-garde communiste à se débarrasser du sectarisme gauchiste qui est un véritable problème, particulièrement dans les pays impérialistes, et qui affecte aussi notre mouvement.

Partout où des travailleurs luttent pour leurs droits, ils seront attirés par la lutte de libération des masses laborieuses en Afrique du Sud. Cette révolution encourage les mineurs britanniques, les travailleurs du pétrole au Texas, les travailleuses du vêtement à New York, les électriciens de Toronto, les mineurs de cuivre boliviens, les travailleurs de l'automobile brésiliens et les travailleurs du textile à Bangkok. La lutte pour renverser l'apartheid stimule les paysans qui luttent pour la terre et la liberté, des Phillipines au Guatemala et les fermiers qui luttent contre leur endettement, des Etats-Unis au Japon.

La lutte contre l'apartheid assène un coup à tous les réactionnaires et à tous les préjugés réactionnaires. Même Sa Sainteté, en tournée récente en Afrique, s'est sentie obligée de s'excuser du rôle joué par l'Eglise chrétienne dans l'organisation de la traite des esclaves dans le monde. Mieux vaut tard que jamais.

La réaction aux Etats-Unis

LE DÉVELOPPEMENT de la révolution sud-africaine, avec les ouvertures qu'elle crée aux Etats-Unis, aide énormément le SWP dans la mise sur pied d'une direction ouvrière communiste multinationale. Cette tâche historique est complètement reliée à notre réaction face à la révolution sud-africaine.

La lutte démocratique du peuple sud-africain bénéficie ici d'un soutien dont l'ampleur et la profondeur ne connaissent pratiquement pas de limite. Nous devons écarter de notre pensée l'idée qu'il y a des limites à ce que les opposants à l'apartheid peuvent faire. Les jounaux ont publié un article cette semaine sur lequel nous devrions réfléchir. On y décrit le travail effectué par des sénateurs américains auprès de leurs collègues afin de recueillir des fonds pour reconstruire la maison de Winnie Mandela que des racistes ont fait exploser. Un groupe d'hommes politiques bourgeois des deux partis impérialistes américains est en train de recueillir de l'argent pour reconstruire la maison de gens que l'apartheid décrit comme des terroristes et des communistes! Ce n'est pas un problème. Pas pour Winnie Mandela. C'est une occasion à saisir!

Les portes sont grandes ouvertes dans les syndicats afin d'aider à organiser des actions contre le régime d'apartheid. Etant donnée la situation politique actuelle aux Etats-Unis, les travailleurs les plus conscients n'arrivent pas à ouvrir seuls ces portes. Ils ont besoin de forces beaucoup plus puissantes, telle la lutte révolutionnaire en Afrique du Sud. Mais lorsque ces portes s'ouvrent dans le mouvement syndical, les travailleurs les plus conscients peuvent et doivent s'y engouffrer. Lorsque cela se produit, il devient beaucoup plus difficile pour les dirigeants du mouvement ouvrier qui favorisent la collaboration de classe de refermer complètement ces portes.

Le développement de la lutte en Afrique du Sud a un profond impact sur la classe ouvrière dans ce pays. Beaucoup de membres de syndicats, de travailleurs et d'agriculteurs de toutes sortes en viennent à la conclusion qu'ils doivent se lever et dire «non» à l'apartheid. Ils doivent le faire pour de simples raisons de solidarité humaine. Ils doivent le faire pour eux-mêmes et leurs camarades de travail. Jusqu'à tout récemment, beaucoup d'entre eux prêtaient peu d'attention à ce qui se passait en Afrique du Sud — c'était le cas pour la plupart des travailleurs. Mais maintenant l'heure est arrivée. La lutte nous a obligés à y prêter attention. L'Etat d'apartheid doit être détruit.

Les masses noires d'Afrique du Sud ont gagné le droit d'être libres. Les masses laborieuses noires d'Afrique ont conquis ce droit. On n'a pas un droit simplement parce qu'on est opprimé. On peut moralement avoir une cause juste. Mais pour gagner un droit, pour le mériter, il faut se battre. Le peuple sud-africain est en train de gagner son droit à la liberté. Les travailleurs aux Etats-Unis, comme partout ailleurs, doivent lutter avec leurs frères et soeurs d'Afrique du Sud pour renverser les esclavagistes de notre époque.

Nous, travailleurs et agriculteurs des Etats-Unis, Blancs comme Noirs, voyons cette révolution à travers l'expérience de nos propres luttes, et avec raison. La révolution sud-africaine est une révolution qui poursuit les mêmes objectifs que le mouvement pour les droits civiques aux Etats-Unis. C'est une révolution avec des enjeux énormes. Sa victoire exigera aussi une vraie guerre civile. Or, le rapport de force et l'histoire sont tels qu'il est maintenant possible pour la révolution en Afrique du Sud de se doter d'une direction comme celle de Malcom X: c'est-à-dire d'une direction qui est prolétarienne, qui comprend la nécessité d'être internationaliste et qui s'engage à renverser l'apartheid par tous les moyens nécessaires.

Le mouvement ouvrier et la lutte contre l'apartheid

LES MILITANTS syndicaux du mouvement pour une Afrique du Sud libre ne doivent pas se préoccuper des motifs des bureaucrates syndicaux qui sont obligés de participer à une manifestation pour une Afrique du Sud libre. Leurs motifs ne nous intéressent pas. Certains souhaitent simplement que tous les Noirs s'asseoient et se tiennent tranquilles, en Afrique du Sud et également dans leurs syndicats. Et alors? Certains espèrent que quelques réformes suffiront pour permettre au régime sud-africain de rabattre le couvercle sur la marmite. C'est aussi ce que souhaitent les politiciens libéraux vers lesquels ils se tournent.

Mais il nous faut distinguer entre ce qu'ils veulent et ce que le rapport de force actuel leur impose de *faire* pour aider la lutte pour la liberté en Afrique du Sud. C'est cela qui a changé et c'est cela qui compte pour les travailleurs qui soutiennent la révolution sud-africaine.

Lorsque des bureaucrates syndicaux font des déclarations qui aident la lutte pour une Afrique du Sud libre, les militants syndicaux devraient les citer. Ils devraient les rapporter à leurs réunions syndicales. Ils devraient proposer que des syndicalistes sud-africains et des porte-parole de l'ANC soient invités à leurs assemblées syndicales pour expliquer leur lutte, ou que des films ou des bandes vidéo sur la lutte contre l'apartheid soient présentés. Ils devraient aider à faire passer des motions de soutien à des actions de protestation. Ils devraient proposer que le syndicat contribue financièrement à la construction du mouvement, qu'il lui fournisse des bureaux et des téléphones. Ils devraient construire la participation active de leur syndicat dans les manifestations.

Les syndiqués qui s'opposent à l'apartheid doivent avoir le courage de leurs opinions et franchir les portes qui sont en train de s'ouvrir dans le mouvement ouvrier aujourd'hui. Il n'y a pratiquement rien sur l'Afrique du Sud qui ne peut être fait tout de suite dans les syndicats. Il n'y a rien que les opposants à l'apartheid ne peuvent pas proposer, ne peuvent demander à d'autres de faire, et ne peuvent engager d'autres à accomplir.

Le mouvement tout entier marche derrière une simple banderole:

Libérez immédiatement Nelson Mandela! Liberté en Afrique du Sud! Non à l'esclavage! Démantelez l'apartheid! Une personne, un vote! Pour une Afrique du Sud libre!

Ces mots d'ordre et d'autres semblables seront ceux du mouvement. Et c'est bien ainsi. C'est une lutte politique, une lutte pour le pouvoir politique.

Rupture de tous les liens entre les Etats-Unis et l'Afrique du Sud!

DANS CE MOUVEMENT, nous devons tout faire pour souligner l'importance des exigences à l'égard de Washington. C'est notre devoir envers la révolution sud-africaine. Les militants anti-apartheid de ce pays doivent avant tout concentrer leur action sur un objectif: un boycott total, une rupture complète avec l'Afrique du Sud. Pour une rupture immédiate de tous les liens économiques, diplomatiques, culturels, sportifs et militaires avec l'Etat d'apartheid!

Le monde entier condamne Pretoria. Le régime d'apartheid est une tache sur l'humanité. C'est l'ennemi des droits humains les plus élémentaires. C'est la combinaison moderne des Etats confédérés et de l'Etat fasciste. Ce régime doit être boycotté par tout le monde. Les gouvernements qui prétendent parler au nom de leurs peuples doivent rompre immédiatement tous leurs liens avec l'apartheid.

La bourgeoisie sud-africaine, qui a mis en place le régime d'apartheid, n'est pas la seule à connaître des difficultés dans ses tentatives de réforme de l'apartheid. La bourgeoisie américaine, cette ennemie de l'humanité, traverse aussi un moment difficile alors qu'elle essaye de se dépêtrer de ses relations avec son homologue sud-africaine. Leurs sorts sont complètement liés.

Il faudra une mobilisation et une lutte gigantesques pour obliger la bourgeoisie américaine à rompre ses liens avec l'apartheid. Mais déjà des divisions tactiques apparaissent en son sein. Le développement de la lutte en Afrique du Sud va les accroître, tout comme la mobilisation de ceux qui dans ce pays sont déterminés à agir contre l'apartheid.

Libérez Nelson Mandela!

PARFOIS un seul être humain, un individu, peut représenter beaucoup. C'est le cas de Nelson Mandela. D'où l'importance de revendiquer sa libération. C'est une revendication simple, claire, humaine. Libérez cet homme qui a consacré sa vie à la lutte pour une Afrique du Sud démocratique où tous ceux et toutes celles qui y vivent seraient égaux. Cessez les attaques contre sa maison! Laissez le partir! Levez les atteintes à la liberté de mouvement de Winnie Mandela! Laissez-la parler librement!

Comme l'expliquait Marx devant l'Association internationale des travailleurs, notre objectif est d'avoir une grande noblesse morale, notre objectif est de donner l'exemple à toute la classe ouvrière. Notre but est que le mouvement ouvrier prenne cette position et dirige toute l'humanité dans la lutte.

Un des obstacles à la réalisation d'un tel objectif, c'est le réflexe sectaire qui consiste à penser que notre rôle dans cette lutte est d'expliquer que si la révolution avance vraiment en Afrique du Sud, alors une grande partie de la propriété capitaliste sera expropriée et nous lutterons tous pour le socialisme. Non. Laissons à la droite et aux amis de l'apartheid à Washington le soin de faire croire que c'est cela l'enjeu. Laissons-les essayer de détourner l'attention de la lutte démocratique pour renverser l'apartheid.

Quelquefois nous pouvons donner l'impression à nos camarades de travail que la seule lutte pour laquelle nous, les socialistes, sommes prêts à nous engager avec enthousiasme, c'est la lutte pour le socialisme. Nous pouvons leur donner l'impression que nous ne ne sommes pas vraiment prêts à nous engager à fond dans une lutte pour la démocratie. C'est une attitude erronée. Ce n'est pas une attitude communiste. C'est une attitude sectaire. C'est une attitude qui empêchera la construction d'un parti communiste. Ce qui nous intéresse en ce moment en Afrique du Sud c'est la lutte politique pour renverser l'apartheid. Seule cette bataille permettra de placer à l'ordre du jour la lutte pour le socialisme en Afrique du Sud.

Nous devons combattre toute idée que «ce n'est qu'une» révolution démocratique, que «notre rôle» s'épanouit lorsque la «vraie» révolution, la révolution socialiste prolétarienne, commence. Non. *C'est notre révolution*. C'est la révolution de la population laborieuse d'Afrique du Sud. Aucune autre force ne la dirigera. Aucune autre force ne la mènera de la manière la plus révolutionnaire et la plus complète possible pour aller dans le sens des intérêts de la majorité laborieuse. C'est une révolution que tous les travailleurs communistes doivent appuyer et faire avancer. Ils doivent se solidariser avec cette révolution et en tirer des enseignements.

Les faits sur l'apartheid et la révolution

NOTRE PRESSE peut donner l'exemple en diffusant la vérité sur l'Etat raciste de la minorité blanche aux travailleurs et aux agriculteurs des Etats-Unis. Ces derniers ont besoin de faits pour s'armer dans leur combat pour forcer le gouvernement américain à rompre tous ses liens avec l'apartheid. Nous devons nous frayer un chemin à travers les mensonges et les dissimulations de la presse impérialiste. Nous devons:

Dire la vérité sur l'interdiction qui est faite à la population noire de posséder la terre.

Dire la vérité sur le système de laissez-passer.

Dire la vérité sur les bantoustans, sur les méthodes de contrôle du travail, sur la violence et la terreur exercées quotidiennement contre ceux qui luttent pour la liberté.

Dire la vérité sur la signification de la lutte pour le droit de vote universel.

Dire la vérité sur la Charte de la liberté en reprenant chacun de ses points et en expliquant sa signification.

Dire la vérité sur la négation des droits syndicaux élémentaires.

Dire la vérité sur la lutte héroïque des jeunes, des écoliers qui ont indiqué la voie à suivre à leurs parents.

Dire la vérité sur la lutte des femmes en Afrique du Sud.

Et ne jamais oublier de dire la vérité sur le rôle de Cuba lorsqu'il est venu en aide à l'Angola, qu'il l'a aidé à infliger une défaite sur le champ de bataille à l'armée impérialiste sud-africaine donnant ainsi un bon coup d'épaule à la libération de toute l'Afrique.

Nous devons faire tout cela dans un langage clair en fournissant des informations de base. Nos lecteurs les plus importants sont nos camarades de travail et ceux qui commencent tout juste à lutter sur cette question. Nous ne devrions pas passer notre temps à essayer de convaincre

La révolution à venir en Afrique du Sud 53

des radicaux de soutenir cette révolution. Ce n'est pas notre problème. Nous voulons que nos camarades de travail voient dans le *Militant* et *Perspectiva Mundial* des sources régulières d'informations donnant des réponses claires et des explications concrètes sur chaque aspect de l'apartheid et de la lutte contre ce système.

Nous devons prendre soin de ne pas imposer notre conscience aux travailleurs et aux agriculteurs des Etats-Unis. Nous ne devons pas penser, par exemple, que les travailleurs et les agriculteurs peuvent résister à tout le tapage au sujet de la violence des «Noirs contre les Noirs» en Afrique du Sud. La bourgeoisie fait beaucoup d'efforts, parfois avec un certain succès, pour convaincre des millions de gens aux Etats-Unis que les Noirs sud-africains sont arriérés, divisés en tribus et imbus de violence. Elle essaye de faire croire que malgré tous les problèmes avec l'apartheid, les Noirs finiront par s'égorger entre eux par millions si la minorité blanche perd son pouvoir. Les libéraux blancs et les petits-bourgeois de toutes les races sont très sensibles à cette campagne. Même ceux d'entre eux qui trouvent l'apartheid répugnant et qui peuvent être convaincus d'appuyer la lutte contre ce système, sont préoccupés par ce spectre d'un bain de sang et d'une grande destruction au lendemain de la chute de l'apartheid.

Cette campagne de frayeur a un certain effet parce que, entre autres raisons, elle fait vibrer une fibre raciste dans ce pays. Nous devons la prendre au sérieux et continuer à y répondre, semaine après semaine, clairement et non pas de façon agitatoire. Nous devons répondre avec des faits. Nous devrions, chaque semaine, prendre un aspect et l'expliquer. Par exemple, dire la vérité sur les tueries des onze derniers mois, des onze dernières semaines. Dire qui a été tué et par qui. Nous devons démêler pour les travailleurs la confusion créée délibérément par les journalistes de la presse capitaliste. Lorsqu'un policier noir essaye de vous tirer dessus et que vous l'abattez avant, ils disent que cela constitue le meurtre «d'un Noir par un Noir».

Nous aurons à considérer les divisions et les conflits parmi les différentes composantes de la population noire. L'apartheid essaye d'utiliser ces divisions pour maintenir son pouvoir. Nous devons expliquer que l'ANC essaye de mener la population vers la fin de cette violence et de ces meurtres et vers l'instauration d'une Afrique du Sud démocratique. L'ANC livre une bataille politique contre Gatsha Buthelezi, chef officiel d'un bantoustan. Buthelezi et ses hommes de main mènent des attaques contre des Noirs, en même temps qu'ils collaborent avec le régime d'apartheid et qu'ils cautionnent sa conduite.

Nous devons expliquer la haine justifiée qu'éprouvent ceux qui luttent pour la liberté en Afrique du Sud à l'égard des informateurs noirs à la solde du régime d'apartheid. Nous devons expliquer comment l'apartheid, comme tous les régimes oppressifs actuels et passés, s'est servi des informateurs non seulement pour désorganiser les luttes des opprimés, mais aussi pour permettre aux autorités et aux unités terroristes extra-légales d'emprisonner, de torturer et d'assassiner les militants de la liberté.

Ce serait une erreur de sous-estimer l'impact de la campagne que mène la bourgeoisie autour de la violence des «Noirs contre des Noirs» en Afrique du Sud. C'est une des armes les plus efficaces de l'arsenal de la bourgeoisie. Elle la brandit à toutes les occasions.

La réponse à cette campagne va de pair avec une explication de la lutte des Noirs sud-africains pour instaurer une république démocratique. Cela fait partie de notre démarche pour expliquer de façon populaire le contenu de la dictature démocratique que le mouvement révolutionnaire sud-africain veut mettre en place.

Nous ne devons également pas prendre pour acquis que nos camarades de travail et tous ceux qui habitent ce pays comprennent en quoi une rupture *inconditionnelle et totale* de tous les liens économiques, politiques, culturels et autres entre les Etats-Unis et l'apartheid serait à l'avantage des Noirs sud-africains. Les partisans de l'apartheid en Afrique du Sud et aux Etats-Unis recourent à des arguments sophistiqués pour convaincre les travailleurs et les agriculteurs américains que les Noirs souffriraient d'un tel boycott, qu'ils perdraient leur emploi. Ils disent que les compagnies américaines seraient en mesure de donner le «bon exemple» en accordant à tous un traitement égal et juste, etc.

Il faut aborder de front tous ces arguments. Nous devons expliquer clairement pourquoi ils sont erronés. Nous devons expliquer que les principales organisations qui luttent contre l'apartheid en Afrique du Sud revendiquent le boycott total de l'apartheid. Cette revendication reflète les aspirations de la grande majorité des Noirs sud-africains. Nous devons expliquer que toutes les mesures qui affaiblissent l'Etat d'apartheid et qui accélèrent sa chute servent les véritables intérêts de la population noire.

Nos réponses à ces questions se feront sentir au-delà des seules forces que nous pouvons influencer directement. D'autres forces, ici et ailleurs dans le monde, des militants dans le mouvement pour une Afrique du Sud libre, des alliés dans le mouvement ouvrier, suivront de près notre presse sur ce sujet. Ils verront ce que nous disons, le ton employé, notre maîtrise des faits. Cela aura valeur d'exemple et indiquera à d'autres ce qu'il faut faire.

N'importe quel beau parleur peut dénoncer l'apartheid. Mais il faut beaucoup de travail pour dénicher l'information, démêler les mensonges de la bourgeoisie et présenter, chaque semaine, des informations exposant la nature de l'apartheid de façon claire et convaincante aux travailleurs, aux agriculteurs et aux jeunes dans ce pays.

Une partie de ce travail consistera à faire voler en éclat le mythe de l'invincibilité de l'Etat d'apartheid sud-africain et la croyance profondément enracinée que la lutte actuelle ne pourra atteindre ses objectifs.

L'Etat d'apartheid sud-africain n'est pas invincible. Les troupes cubaines et angolaises qui ont repoussé l'invasion sud-africaine en 1975-1976 ont apporté la preuve que l'armée de l'apartheid pouvait être vaincue. Les Noirs sud-africains qui luttent pour renverser l'apartheid apportent chaque jour de plus en plus la preuve que cet Etat haï n'est pas invincible. Ils peuvent vaincre, et ils vont vaincre.

La confiance dans la révolution, la confiance dans les capacités de la population laborieuse d'Afrique du Sud, la confiance dans la direction de la classe en cours de formation, c'est cela qui doit être assimilé par tous les partisans de la lutte contre l'apartheid. Les gens entreront en action parce qu'ils seront convaincus que l'heure de cette lutte est venue. Oui, cette lutte peut être victorieuse. Oui, ce sera une lutte victorieuse. Oui, j'ai raison de l'appuyer et d'y prendre part.

EN CONCLUSION A LA DISCUSSION

AU DÉBUT de la pause-repas, le camarade Aubin, qui représente le Bureau du Secrétariat unifié de la Quatrième Internationale, m'a demandé de consacrer une partie de ma conclusion à une évaluation de la ligne sur l'Afrique du Sud présentée dans *International Viewpoint* [une revue publiée à Paris par le Bureau du Secrétariat unifié][6]. J'ai dit au camarade Aubin que j'examinerai quelques-uns des articles majeurs récemment parus dans *International Viewpoint* et que j'émettrai quelques opinions initiales. Cette évaluation ne sera naturellement pas complète, à cause du trop court délai.

L'objectif de ce rapport au Comité national est d'exposer dans ses grandes lignes le point de vue du Comité politique sur une série de questions centrales de la révolution sud-africaine. Nous avons présenté notre position sans polémiquer avec d'autres positions alternatives. Nous n'avons pas essayé de préparer une telle polémique et nous ne voterons pas sur cette partie de la conclusion. Mais nous allons nous assurer que tous les camarades ici présents aient des exemplaires des articles que je vais citer. Cela nous permettra à tous de les lire dans les quelques semaines à venir.

Je commencerai par un article récent paru dans le numéro du 3 juin 1985 d'*International Viewpoint*. L'article, signé par Ndabeni, décrit ce qu'il appelle une rivalité croissante entre le Front démocratique uni (UDF) et le Forum national (NF). Le Forum national comprend des organisations telles que l'Organisation du peuple azanien (AZAPO) et la Ligue d'action du Cap qui se considèrent elles-mêmes comme des concurrentes de l'ANC pour la direction de la lutte contre l'apartheid.

Cet article d'*International Viewpoint* souligne que l'UDF et le Forum national ont tous deux participé à la campagne contre les élections à l'assemblée législative de l'apartheid tenues en août 1984. Mais, se plaint l'article, «l'UDF disposait d'une meilleure machine publicitaire et s'est accaparée le plus de crédit. Les membres de la Ligue d'action du Cap et de l'AZAPO, organisations affiliées au NF et qui avaient affronté la police pendant la campagne contre les élections, ont été particulièrement consternés d'apprendre le lendemain matin dans les journaux ou à la télévision qu'ils faisaient partie de l'UDF.»

Ce que nous voyons ici, c'est un effort de la part d'*International Viewpoint* pour escamoter le fait que ce sont l'ANC et l'UDF, et non pas le Forum national, qui ont la plus grande influence dans le mouvement de masse. On retrouve le même point de vue dans d'autres articles récents d'*International Viewpoint* qui cherchent à présenter le Forum national et l'UDF comme des aspirants d'importance plus ou moins égale à la direction de la lutte, le Forum national ayant une meilleure ligne et l'UDF étant souvent sur le point de trahir. Ceci est faux à plusieurs égards.

L'ANC s'est constitué comme l'avant-garde de la direction large de la lutte contre l'apartheid. Ceci se reflète, entre autres choses, dans son aptitude à établir des alliances avec d'autres forces qui ont rallié la bannière de l'UDF. *International Viewpoint* doit être la seule publication sérieuse dans le monde à prétendre que le soutien de masse pour l'UDF et l'ANC, qui est qualitativement plus grand que celui pour le Forum national, est le résultat d'un bon appareil publicitaire et de bons rapports avec la presse bourgeoise. Les articles qui déplorent le fait que l'UDF «s'accapare le crédit» font apparaître *International Viewpoint* non seulement comme sectaire, mais également comme une source d'information peu digne de foi sur l'Afrique du Sud.

L'article du 3 juin continue en reprenant les calomnies sur les méthodes violentes employées par l'UDF. Selon cet article, «[i]l paraîtrait, d'après des informations disponibles, que la plupart des provocations [c'est-à-dire les affrontements physiques entre les partisans de l'UDF et les partisans du Forum national] sont venues de l'UDF, qui semble déterminée à s'établir comme la seule organisation anti-apartheid légitime dans le pays. Il y a eu des attaques physiques non seulement contre l'AZAPO mais aussi contre des membres de la FOSATU [la Fédération des syndicats sud-africains] et d'autres syndicats.»

Mais *International Viewpoint* ne donne aucun indice sur la nature de ces «informations disponibles» ou sur leur provenance. Ce genre d'argument ne pourra convaincre que ceux qui croient au départ que l'ANC est un obstacle au développement de la révolution sud-africaine. Nous n'avons jamais vu le moindre fait étayant cette accusation.

La position hostile adoptée par *International Viewpoint* à l'égard de l'ANC et de l'UDF apparaît aussi dans le numéro du 15 juillet 1985 [voir

Inprecor du 22 juillet 1985]. Un article signé par Peter Blumer aborde ce qu'il considère comme un grand problème, à savoir la participation de personnalités et d'organisations religieuses dans l'UDF. Dans la partie intitulée [dans *International Viewpoint*] «Le jeu des modérés», l'article parle des divisions au sein de la bourgeoisie sud-africaine et de ses alliés impérialistes sur «les moyens d'éviter une explosion révolutionnaire [en Afrique du Sud].

«L'objectif actuel n'est donc pas de faire simplement pression sur Pretoria pour calmer la situation. Il est aussi de récupérer une partie du mouvement anti-apartheid noir et de l'affaiblir en le divisant et en poussant certains de ses éléments à accepter une solution de compromis. Un tel projet n'a de sens aujourd'hui que parce qu'une partie du mouvement populaire sud-africain est dominé par les Eglises, dont la principale figure est l'évêque Desmond Tutu.»

Desmond Tutu est une des personnalités publiques qui ont apporté leur appui à l'UDF. Ceci a ouvert la voie à une participation plus grande des membres de l'Eglise dans les luttes de masse contre l'apartheid. Mais *International Viewpoint* utilise ce fait pour laisser entendre que ceux qui cherchent à faire participer des personnalités religieuses dans le Front démocratique uni font le «jeu des modérés».

International Viewpoint passe ainsi à côté d'un fait très important concernant Desmond Tutu et l'UDF. Ce qui se produit, c'est que les forces démocratiques révolutionnaires au sein de l'UDF sont en train d'arracher des gens à l'influence de Tutu et à sa perspective libérale et de les gagner à une perspective révolutionnaire. C'est clairement ce que pense Tutu de tous les membres de son Eglise qui vont trop loin et c'est ce qui l'inquiète.

L'article d'*International Viewpoint* poursuit: «Les Eglises sont très investies aussi dans le Front uni démocratique (UDF) dont elles partagent la direction réelle avec le courant «chartiste» [Charte de la liberté] pro ANC. Les Eglises ont, par contre, fort peu d'influence sur le mouvement syndical [. . .]

«En utilisant les Eglises sud-africaines qui s'opposent à la politique de division de l'actuel gouvernement sud-africain, les tenants de la politique de division du mouvement populaire essayent de tirer l'UDF vers la droite. Ce faisant, ils pourraient aussi s'en prendre à l'ANC qui devrait alors choisir entre, d'une part, maintenir son influence au sein de l'UDF en faisant les concessions nécessaires à cet effet ou, d'autre part, renoncer à cet instrument pour l'organisation de ses partisans.»

On voit enfin de quoi il s'agit: l'UDF ira vers la droite. L'ANC sera mis à l'épreuve. Il ira soit à droite, soit abandonnera l'UDF. Selon cette analyse, si l'ANC continue d'appuyer l'UDF, ce sera la preuve que les puissances impérialistes et la bourgeoisie sud-africaine ont réussi à récupérer l'ANC.

Mais aucune preuve n'est offerte pour étayer la thèse que l'UDF *va* à droite. La puissance de la lutte révolutionnaire entraîne de plus en plus de forces, y compris de nombreuses personnalités religieuses, dans le mouvement contre l'apartheid. Certains ont adhéré à l'UDF. Ces adhésions signifient-elles que l'UDF va à droite?

Quelle méthode! L'ANC peut trahir, dit *International Viewpoint*. Bon, d'accord. Il se pourrait que demain ceux qui occupent la troisième rangée dans cette salle se tournent contre la révolution. C'est «possible», n'est-ce-pas? Mais dire une pareille chose est vraiment saugrenu. Qu'est-ce-que ces camarades de la troisième rangée ont fait qui pourrait laisser supposer qu'ils vont abandonner le mouvement révolutionnaire? Ils sont ici aujourd'hui, ils participent à la discussion, et sont des militants révolutionnaires. Pourquoi les pointer du doigt? Pourquoi commencer à spéculer sur ce qu'ils pourraient faire? Qu'y a-t-il dans leurs activités, leur attitude, leurs positions qui puisse amener quelqu'un à dire cela?

QU'EST-CE QUE l'ANC a dit, publié ou *fait* qui ait amené *International Viewpoint* à commencer à spéculer sur des concessions sans principes?

International Viewpoint a émis d'autres accusations, encore plus sérieuses, contre l'UDF et l'ANC. Ces accusations sont liées à la visite du sénateur Edward Kennedy en Afrique du Sud au début de l'année. Kennedy, un homme politique du Parti démocrate, a visité l'Afrique du Sud en réponse à une invitation du révérend Allan Boesak qui est un dirigeant métis de l'UDF. L'AZAPO s'est opposée à cette visite et a attaqué Kennedy et ceux qui ont parlé à la même tribune que lui dans des réunions contre l'apartheid en Afrique du Sud.

International Viewpoint note que «Winnie Mandela, la femme du leader emprisonné de l'ANC, a été l'une des promotrices de ce voyage et accepta du sénateur américain un buste de John F. Kennedy.» (Passons sur les faits erronés — c'était un buste non pas de John Kennedy, mais de Robert Kennedy. Celui-ci a fait une visite très remarquée à Soweto il y a dix-neuf ans. Il est considéré par les libéraux du Parti démocrate comme un héros de la lutte pour les droits civiques aux Etats-Unis parce qu'il était le procureur général des Etats-Unis au moment où la lutte massive pour les droits civiques a atteint son plus haut niveau dans les années soixante.)

Winnie Mandela a «accepté» le buste. Qu'est-ce-qu'elle aurait dû faire? Le refuser? Est-ce-qu'elle aurait dû refuser de parler à Kennedy?

International Viewpoint décrit la visite de Kennedy dans le passage intitulé [dans *International Viewpoint*] «Opération de division du mouvement des opprimés». L'article décrit la visite comme une tentative de l'impérialisme de diviser les forces contre l'apartheid. «Toutefois, des forces comme l'Organisation du peuple d'Azanie (AZAPO), courant à l'origine du mouvement de la conscience noire, le Forum national (NF) — regroupement concurrent de l'UDF — , et certains syndicats ont considéré Kennedy comme étant un représentant de l'impérialisme et n'ont pas soutenu cette opération.» (*International Viewpoint* ne précise pas quels syndicats et quelles autres organisations, en dehors de l'AZAPO et du Forum national, ont pris cette position).

Commençons par le plus simple: Kennedy est un homme politique bourgeois important issu d'une famille bourgeoise. Ce n'est pas seulement un représentant des impérialistes. C'*est* un impérialiste. Ce n'est pas un secret.

International Viewpoint qualifie cette visite d'«opération» suggérant par là un complot pour perturber le mouvement. Mais qui doit être tenu responsable de cette «opération»? Winnie Mandela? Allan Boesak? D'autres personnalités importantes associées à l'UDF qui ont invité Kennedy? *International Viewpoint* déclare: «Alors que le débat politique fait rage entre les différents courants au sein du mouvement syndical, entre certains syndicats et l'UDF, etc., des opérations du type de celle du voyage de Kennedy sont tout indiquées pour exacerber les conflits.»

On peut être ou ne pas être d'accord avec la tactique de Winnie Mandela, d'Allan Boesak et des autres qui ont invité Kennedy. Mais quel était leur but? Inviter en Afrique du Sud un membre d'un parti d'opposition bourgeois d'un autre pays qui a demandé publiquement au gouvernement américain d'imposer des sanctions contre l'Afrique du Sud. Ils ne cherchaient pas seulement à développer des activités publiques contre l'apartheid en Afrique du Sud, mais également à trouver un moyen de toucher la population américaine en lui rappelant que le soutien du gouvernement américain au régime raciste se fait avec l'accord du Congrès. Le Congrès américain n'a rien fait pour lier les mains de Reagan.

International Viewpoint oublie de mentionner ce qu'a dit publiquement Winnie Mandela au sujet de la visite de Kennedy. «Nous n'avons jamais pensé que notre salut viendrait de quelqu'un d'autre, a-t-elle expliqué. Nous pensons que notre salut est entre nos mains. Nous ne pensons pas que [Kennedy] puisse en tant que tel apporter nécessairement un changement significatif. Mais nous pensons par contre qu'il pourrait à son retour profiter de sa visite pour informer la population américaine de la situation qui règne ici.»

Personne ne peut sérieusement prétendre que Fidel Castro participe à une opération impérialiste lorsqu'il invite des hommes politiques bourgeois, démocrates et républicains, à visiter Cuba et à rencontrer des dirigeants cubains. Les Cubains espèrent que cela incitera ces représentants politiques à faire des déclarations publiques en faveur de la normalisation des relations entre les Etats-Unis et Cuba. Aucun révolutionnaire n'a de mal à voir l'intérêt de telles démarches. Mais pourquoi Winnie Mandela ne peut-elle faire quelque chose de similaire sans s'exposer à des calomnies sur sa participation consciente ou inconsciente à l'«opération Kennedy» dans les pages d'*International Viewpoint*? Les militants contre l'Etat d'apartheid ne devraient-ils pas profiter des divisions parmi les dirigeants politiques bourgeois, en Afrique du Sud et dans le camp de ses alliés impérialistes?

International Viewpoint présente l'AZAPO comme une organisation qui peut prétendre à la direction de la révolution sud-africaine, au moins au même titre que l'ANC. Si la population noire en Afrique du Sud et le reste du monde ne le perçoivent pas de cette façon, c'est tout simplement à cause de la supériorité de l'appareil publicitaire de l'ANC. *International Viewpoint* continue à accuser l'UDF de recourir à des provocations physiques, sans fournir la moindre preuve. Cela va encore plus loin avec les insinuations, visant des dirigeants de l'ANC et de l'UDF, à propos de l'«opération Kennedy».

Quelle est la réaction des militants révolutionnaires dans le monde qui lisent ces accusations dans les pages d'une des principales publications en anglais de la Quatrième Internationale? Quelle est la réaction des travailleurs engagés dans le mouvement pour une Afrique du Sud libre? Ce n'est pas Winnie Mandela qui est discréditée par ce genre d'articles. Son envergure sur le plan moral vient de sa volonté inébranlable de lutter contre l'apartheid jusqu'à son renversement.

Le caractère de la révolution

QU'EST-CE-QUI explique l'hostilité politique d'*International Viewpoint* envers la ligne et l'orientation de l'ANC et son attirance vers des groupements tels que l'AZAPO? A mon avis, cela découle de la ligne sectaire et gauchiste développée dans la dernière période par *International Viewpoint* sur le caractère de la révolution sud-africaine. *International Viewpoint* prétend, bien que cela ne soit généralement pas formulé directement ou clairement, que ce qui est à l'ordre du jour n'est pas une révolution démocratique bourgeoise dirigée par les exploités, mais une révolution socialiste prolétarienne. Non pas une dictature démocratique du prolétariat et de la paysannerie, mais la dictature du prolétariat.

On peut en voir un bon exemple dans un article majeur paru le 10 décembre 1984 dans *International Viewpoint* et signé par Peter Blumer et Tony Roux [Voir *Inprecor* du 3 décembre 1984].

L'un des buts de cet article est de montrer que l'Afrique du Sud n'est en aucun sens un pays impérialiste, mais qu'il est plutôt un «pays dépendant semi-industrialisé». Il s'agit d'une caractérisation que ces auteurs appliqueraient aussi à des pays semi-coloniaux tels que l'Argentine et le Mexique. On pourrait penser que la question de savoir si la bourgeoisie sud-africaine est impérialiste est une simple question théorique. Mais cette question théorique a beaucoup à voir avec les questions politiques abordées ici.

Selon les articles d'*International Viewpoint*, nous devons commencer par comprendre que l'Afrique du Sud est «une société capitaliste semi-industrialisée, dépendante des investissements et aides impérialistes et soumise à l'évolution de ses exportations d'or, en dépit d'un développement industriel important.»

L'idée que l'Afrique du Sud dépend de l'aide économique impérialiste est simplement fausse. A quel moment l'Afrique du Sud a-t-elle obtenu une aide économique dernièrement? De plus, l'Afrique du Sud n'est pas totalement à la merci des fluctuations du prix de l'or. L'économie sud-africaine n'est pas une économie de «monoculture», confrontée au désastre qui frappe beaucoup de pays semi-coloniaux lorsque le prix de leur principal produit d'exportation diminue.

International Viewpoint essaye ensuite de montrer qu'étant donnée la structure de classe de l'Afrique du Sud aujourd'hui, la révolution doit être socialiste et non pas démocratique bourgeoise. «Le prolétariat industriel et minier, déclare *International Viewpoint*, constitue désormais la force motrice du processus d'unification des opprimés et des exploités dans le cadre de la lutte nationale pour la conquête du droit à constituer une seule et unique nation, ce que la politique d'apartheid et des bantoustans interdit aujourd'hui. Pour y parvenir, il faudra donc balayer l'apartheid et la domination capitaliste.»

Mais cet article passe à côté de la solution. Pour pouvoir parvenir à cela, il sera nécessaire de *renverser l'Etat d'apartheid*. Cela sera la révolution démocratique. C'est l'objectif que poursuit l'ANC. Et cela *balayera* l'apartheid.

Mais cela ne balayera pas les rapports capitalistes. Le renversement de l'Etat d'apartheid inaugurera une situation qu'un camarade a décrit correctement dans la discussion, comme une situation «déplaisante» pour les capitalistes. Elle sera certainement déplaisante pour eux, étant donné le caractère extrêmement injuste de la distribution des richesses en Afrique du Sud. Mais c'est le problème de la bourgeoisie. Ce ne sera pas une situation déplaisante pour les ouvriers et les paysans qui entreprendront tout ce que le rapport de force leur permettra d'entreprendre.

Le lien entre l'élimination de l'apartheid et l'élimination du capitalisme n'est pas simplement un «et» dans une phrase. Les deux tâches ne sont pas identiques et la première ne se réduit pas à une «étape» de la deuxième. Il faut que l'avant-garde soit claire sur le caractère démocratique de la révolution sud-africaine et sur la perspective d'unification des masses laborieuses dans la lutte pour le pouvoir d'Etat. Sinon la révolution démocratique sera défaite. Dans ce cas, les conditions pour mener la révolution socialiste seront inexistantes.

L'article signé par Blumer et Roux dans *International Viewpoint* devient plus explicite dans les phrases suivantes: «Dans ce contexte particulier, la lutte de libération des masses noires ne peut pas prendre la forme classique de la destruction d'un pouvoir colonial résultant d'une domination étrangère. Elle ne peut pas se limiter à une lutte pour des revendications d'ordre essentiellement démocratique et national. Elle doit immédiatement intégrer des revendications sociales dont la dynamique est anticapitaliste.»

C'est vrai que la lutte en Afrique du Sud n'est pas une lutte d'indépendance contre un pouvoir colonial. Ce n'est pas dans *ce sens* que c'est une révolution nationale et démocratique. Le pouvoir impérialiste ne se trouve pas dans une métropole située ailleurs. Il se trouve en Afrique du Sud même. Néanmoins, la révolution sud-africaine qui est à l'ordre du jour se fera pour des revendications démocratiques et nationales. C'est pour cela que la lutte a lieu aujourd'hui.

La révolution nationale et démocratique va-t-elle «intégrer des revendications sociales dont la dynamique est anticapitaliste»? Oui. La participation croissante du mouvement ouvrier dans la révolution démocratique aura pour effet d'intégrer dans cette révolution des luttes (et des victoires) pour les droits syndicaux et pour l'amélioration des conditions de vie de la population laborieuse. Et ces revendications ne sont pas les seules revendications sociales autour desquelles il y aura des luttes. La Charte de la liberté réclame une campagne d'alphabétisation, des soins médicaux gratuits pour tous, des congés de maternité payés intégralement, des réductions dans les loyers, et ainsi de suite. Elle revendique la nationalisation de toutes les mines en Afrique du Sud et de toutes les terres recélant des ressources minérales. Elle prône également la nationalisation des secteurs monopolisés du capital et du système bancaire.

La Charte de la liberté n'est pas un programme socialiste. Elle ne prône pas la nationalisation de toute l'industrie, l'expropriation de la bourgeoisie ou la dictature du prolétariat. Mais elle contient certainement des revendications sociales qui touchent au bien-être et à l'organisation de toute la population laborieuse.

TEL EST le contenu du programme de l'ANC. C'est autour de ce programme que l'ANC s'est construit depuis trente ans. C'est un programme auquel il a réaffirmé son appui à maintes reprises. On peut prétendre que les dirigeants de l'ANC ne vont pas l'appliquer. Mais je pense que s'ils ont la capacité et la détermination nécessaires pour diriger la population laborieuse dans le renversement de l'Etat sud-africain (ce qui constituera une des plus grandes victoires de notre époque pour l'humanité) ils vont probablement appliquer leur programme. Pour y arriver, il faudra une puissante révolution. Mais *pas* une révolution socialiste.

«Dans une telle situation, poursuit *International Viewpoint*, il est donc impossible de concevoir l'organisation d'un mouvement de libération nationale de type classique comparable à ceux qui sont nés des luttes anticoloniales dans des sociétés beaucoup moins industrialisées et qui ont été généralement fondés sur les masses paysannes et plébéiennes.»

Mais pourquoi la révolution sud-africaine ne peut-elle pas être dirigée par un mouvement comme le Mouvement du 26 juillet (ce mouvement a dirigé la révolution qui a renversé la dictature de Batista et qui a ouvert la voie au gouvernement ouvrier et paysan à Cuba)? Pourquoi pas?

Cet article du numéro du 10 décembre 1984 d'*International Viewpoint* déclare aussi que le «courant chartiste», c'est-à-dire ceux qui se basent sur le programme de la Charte de la liberté, «se revendique d'une étape démocratique dans le processus révolutionnaire». Par contre, le Forum national et l'AZAPO opposent au courant chartiste «un programme plus radical, explicitement socialiste.»

International Viewpoint voit un problème dans le fait que les chartistes proposent «une étape démocratique dans le processus révolutionnaire». Pour être plus précis, l'ANC propose une révolution démocratique. Nous aussi, c'est ce que nous proposons: une *révolution démocratique*.

International Viewpoint rejette la possibilité d'une révolution nationale et démocratique victorieuse en Afrique du Sud. Cette revue suggère que seule une révolution qui instaure la dictature du prolétariat, un Etat ouvrier, peut éliminer l'apartheid. Cela mène à la conclusion que l'ANC ne peut pas diriger et ne dirigera pas la lutte pour renverser l'Etat d'apartheid, parce que son programme est la Charte de la liberté et non pas un programme socialiste.

Mais on ne pourra pas construire une direction communiste en Afrique du Sud si on essaye de sauter par-dessus la révolution démocratique pour arriver plus vite à la révolution socialiste. C'est seulement à travers la lutte pour mener la révolution démocratique, pour appliquer son programme minimum jusqu'au bout, que pourra se constituer un parti communiste en Afrique du Sud.

Un article de Ndabeni, paru dans le numéro du 22 avril 1985 d'*International Viewpoint* [voir *Inprecor* du 13 mai 1985], poursuit dans la même veine: «Tandis que la lutte de libération nationale constitue un but en soi pour les «chartistes», le NF se propose de s'attaquer plus directement au système capitaliste lui-même . . . La libération à elle seule, explique le NF, a fait peu de choses pour aider les travailleurs opprimés dans la plupart des pays africains aujourd'hui indépendants. La lutte contre l'apartheid n'est donc dès lors que le point de départ dans l'effort d'émancipation des masses populaires opprimées.»

«La libération à elle seule» n'aide pas les «travailleurs opprimés»? Pourtant, les «travailleurs opprimés» qui sont à l'avant-garde de la lutte pour la «libération à elle seule», en Afrique du Sud, en Amérique latine ou en Asie, ne voient pas les choses de la même façon. Pour les Sud-Africains noirs, se libérer de l'apartheid est un objectif pour lequel il vaut la peine de se battre et de mourir. Ce n'est pas simplement un «point de départ». C'est un conflit historique sans le triomphe duquel aucun progrès n'est possible pour l'humanité en Afrique du Sud. Il réclame par conséquent la pleine participation de tous les travailleurs qui ont une conscience de classe dans l'avant-garde de la lutte démocratique.

L'article d'*International Viewpoint* propose de «s'attaquer plus directement au système capitaliste» au lieu de lutter pour renverser l'Etat sud-africain. Quelle confusion! La lutte pour le pouvoir politique, pour le renversement de l'Etat d'apartheid est une tâche politique concrète. Mais, en termes politiques, que signifie «s'attaquer plus directement au système capitaliste»? Comment va-t-on réaliser cela en Afrique du Sud? La logique est d'opposer le mot d'ordre d'une Afrique du Sud socialiste à la lutte pour amener au pouvoir une république démocratique non raciale basée sur les ouvriers et les paysans sud-africains. En Afrique du Sud aujourd'hui, c'est du pur sectarisme gauchiste.

Ces articles vont dans le même sens que la résolution adoptée par la majorité du Secrétariat unifié en janvier 1983 et publiée dans *International Viewpoint*, le 7 mars 1983. Je n'étais pas d'accord avec la résolution à l'époque et je pense que les articles publiés par *International Viewpoint* et qui développent la ligne de la résolution prouvent de façon convaincante la nécessité de corriger cette ligne.

Cette résolution commet une autre erreur sérieuse qui est également visible dans les articles d'*International Viewpoint*. La résolution déclare que la direction de l'ANC est «dominée par le Parti communiste». Passons sur l'inexactitude factuelle de cette accusation dont le but est d'accorder du crédit à l'accusation faite à l'ANC de s'orienter «vers une collaboration avec des secteurs libéraux blancs». Nous avons déjà traité cette question politique.

Mais l'erreur qui consiste à affirmer que la direction de l'ANC est dominée par le Parti communiste est d'un ordre différent. Cela ne peut que renforcer les anticommunistes. C'est une des accusations souvent faites par les opposants de l'ANC. C'est un prétexte invoqué par le régime pour justifier l'interdiction de l'ANC et l'emprisonnement de Nelson Mandela et d'autres dirigeants de l'ANC. C'est une accusation qui ne devrait jamais être répétée dans les pages d'une publication de la Quatrième Internationale ou de n'importe quelle autre organisation qui s'oppose à l'apartheid.

Résolution de la question de la terre

UNE DES QUESTIONS parmi celles qui ont été soulevées pendant la la discussion était de savoir si la révolution en Afrique du Sud enlèverait la terre aux agriculteurs blancs exploités. Est-ce ainsi qu'on rendra des terres disponibles pour les Africains pauvres qui veulent travailler la terre? Non. L'ANC ne propose pas de prendre la terre des agriculteurs blancs qui la travaillent. Au contraire. L'ANC garantit qu'il *ne prendra pas* les terres des agriculteurs exploités, qu'ils soient blancs ou noirs.

D'où viendra la terre? Elle proviendra de l'expropriation des expropriateurs, c'est-à-dire des grands agriculteurs capitalistes et des grands propriétaires fonciers qui exploitent les travailleurs agricoles. La révolution ne prendra la terre d'aucun producteur agricole. La révolution assurera l'accès à la terre à tous ceux, quelle que soit leur race, qui veulent la travailler et produire.

L'histoire n'a jamais décidé à l'avance de quelle manière la terre allait être partagée. Mais toute l'histoire nous a enseigné une chose: les paysans qui veulent cultiver la terre vont prendre la terre. Les mineurs noirs, les ouvriers des usines et les ouvriers agricoles qui veulent travailler dans l'agriculture vont se procurer la terre.

On ne peut pas éviter de permettre à ceux qui veulent travailler la terre et élever du bétail de produire pour le marché. La lutte révolutionnaire pour faciliter l'accès à la terre, qui permettra à la nation sud-africaine de se développer, ne peut pas être contournée. Toute tentative dans ce sens, par exemple en prenant immédiatement des mesures pour imposer les fermes d'Etat et les coopératives comme forme dominante de production agricole, serait une utopie gauchiste désastreuse.

L'ANC et les libéraux

UNE DEUXIÈME question a été soulevée dans la discussion concernant ce qu'on appelle souvent, à tort, l'alliance entre l'ANC et les libéraux, en particulier les libéraux blancs. Ce qui distingue fondamentalement l'ANC des libéraux, c'est que l'ANC veut renverser l'Etat. Ce n'est pas le cas des libéraux. Ce ne sera jamais le cas. Le programme de l'ANC n'est pas un programme libéral. C'est un programme démocratique révolutionnaire. N'accordons pas trop de crédit au libéralisme. Le libéralisme n'est pas révolutionnaire, même lorsqu'il s'agit «seulement» d'une révolution démocratique et non pas d'une révolution socialiste. Les libéraux n'étaient pas révolutionnaires en Russie sous le tsar, à Cuba sous Batista ou au Nicaragua sous Somoza.

Avec le développement de la crise révolutionnaire, certains libéraux sont poussés vers le mouvement de masse. Ils ne peuvent jamais faire avancer le mouvement, mais ils peuvent être entraînés par lui. La direction politique d'avant-garde de la révolution démocratique doit pouvoir se servir de cet appui et l'organiser pour renforcer la lutte révolutionnaire.

L'ANC travaille avec des organisations anti-apartheid plus larges. L'UDF est la plus importante de ces organisations. L'ANC accepte le soutien de quiconque est prêt à *agir* pour appuyer la lutte pour un programme démocratique révolutionnaire. L'UDF comprend de nombreux libéraux, y inclus de nombreuses personnalités religieuses, qui s'opposent au système d'apartheid.

L'ANC fait de grands efforts pour recruter des gens parmi ces autres organisations et courants politiques engagés dans la lutte. Mais l'ANC n'est pas une organisation libérale. Certains de ses membres ont commencé en tant que libéraux, mais en demeurant dans l'ANC, ils sont devenus des révolutionnaires.

Comme nous l'avons vu, la direction majoritairement africaine de l'ANC est suffisamment confiante pour ouvrir les rangs de son organisation, à l'intérieur et à l'extérieur du pays, aux gens de toute race qui ont prouvé leur capacité à faire partie d'une organisation révolutionnaire. Tous ces gens peuvent aspirer à des responsabilités de direction. Ils peuvent y arriver en démontrant à leurs camarades leurs capacités d'assumer celles-ci.

A ce propos, il faut que nous soyons vigilants par rapport à la «nouvelle» idée qui fait de l'alliance avec les libéraux la clé de la révolution mondiale. Parmi ceux qui se considèrent marxistes, certains ont déclaré que c'était là une des principales leçons à tirer des récentes luttes révolutionnaires, notamment celle du Nicaragua. Ils disent que la contribution la plus précieuse qu'ait faite le FSLN au marxisme a été sa politique d'alliance avec la bourgeoisie libérale, les forces libérales de l'Eglise, et ainsi de suite. Les sandinistes auraient retiré de leur vocabulaire des mots aussi désuets que «la classe ouvrière», «la paysannerie», «les capitalistes» ou «les propriétaires fonciers». Ils auraient trouvé une façon plus populaire de parler. Ils seraient arrivés au pouvoir en cimentant une alliance avec les libéraux.

Ce n'est évidemment pas ce qui s'est réellement passé au Nicaragua. Le FSLN a dirigé les ouvriers et les paysans dans une lutte révolutionnaire pour renverser Somoza. Avec le développement de la crise révolutionnaire, certains libéraux ont accepté la direction du FSLN. Le FSLN n'a jamais accordé de soutien politique à un parti capitaliste. Il a encore moins décidé d'adhérer à l'un d'eux. Ce n'est pas non plus ce que fait l'ANC.

Aussi, lorsque des gens parlent d'une «alliance avec les libéraux» en Afrique du Sud, nous devons leur demander d'être plus précis. Il n'y a pas, et il ne peut pas y avoir, d'alliance politique entre l'ANC et le libéralisme. C'est le rejet de toute subordination au libéralisme qui a permis à l'ANC de commencer à prendre la direction de la lutte révolutionnaire en Afrique du Sud.

Le refus d'admettre que l'ANC est l'avant-garde de la lutte contre l'apartheid n'a de sens que si l'on considère qu'il y a un problème fondamental dans l'orientation stratégique de l'ANC. Il n'y a aucune autre base sur laquelle puisse se justifier un tel refus. On ne peut pas le faire sur la base de la taille, de l'influence, des capacités de lutte ou du soutien des masses. Seuls ceux qui sont en désaccord avec le caractère de la révolution que l'ANC s'efforce de mener peuvent le faire. C'est le cas de l'AZAPO.

Le rôle des syndicats

CERTAINS OPPOSANTS de l'ANC ont essayé d'opposer la direction qui émerge dans les syndicats non raciaux au rôle d'avant-garde politique de l'ANC. Mais ceci est un piège.

Nous rejetons toutes les notions ouvriéristes ou syndicalistes qui assignent aux syndicats un rôle qu'ils ne jouent pas, et qu'ils ne peuvent pas jouer: un rôle d'avant-garde politique *alternative* dans la révolution nationale et démocratique en Afrique du Sud. Ce sont des syndicats ouvriers qui luttent pour avoir le droit de représenter les intérêts des travailleurs. Ils se battent pour se transformer en instruments de lutte dans l'intérêt de leurs membres, de toute la classe ouvrière et de tous les producteurs exploités. Ils luttent pour arriver à une perspective politique plus large.

Ce ne sont pas des organisations auxilliaires d'un front démocratique révolutionnaire. Ce ne sont pas des branches de l'ANC. Ces syndicats ont émergé des luttes des ouvriers noirs. Ils développent leurs relations avec la lutte politique qui transforme le pays.

L'ANC ne prétend pas diriger la plupart des principaux syndicats. D'ailleurs, il n'en dirige pas la plupart. Mais aucun autre courant politique alternatif n'assume la direction des syndicats non raciaux. Avec le développement de la lutte démocratique révolutionnaire, l'autorité de l'ANC dans le mouvement ouvrier continuera de s'accroître. Les syndicats eux-mêmes vont se développer et de nouveaux dirigeants prolétariens vont émerger de leurs rangs. C'est dans cette direction qu'évoluent les choses.

L'ampleur des tâches

IL NOUS faut saisir l'ampleur des tâches auxquelles est confrontée la direction de la révolution nationale et démocratique en Afrique du Sud. Nous devons rejeter toute idée que ces tâches peuvent être réalisées dans une courte période de temps.

La dictature démocratique révolutionnaire du prolétariat et de la paysannerie sud-africains aura pour tâche de créer une nation et un Etat national. Le peuple devra avoir accès à la terre. Ce qui empêche cela aujourd'hui, c'est l'Etat d'apartheid, cet Etat colonial et impérialiste qui a été constitué là-bas. Imaginons que toutes les terres aux Etats-Unis appartiennent aux descendants des premières familles puritaines et que, pendant les siècles qui ont suivi, les immigrants qui son arrivés ont été exclus de l'accès à la terre et que la loi leur interdit de la travailler à leur propre compte. Cette image peut nous aider à saisir à quel point l'apartheid représente un obstacle important.

Sans permettre l'accès à la terre, la nation ne peut pas naître. C'est ce qui rend les liens entre la lutte pour la terre et la lutte de libération nationale si importants. Et c'est ce qui explique l'importance décisive de l'alliance ouvrière et paysanne. C'est cette alliance de la population prolétarisée, l'alliance des ouvriers et des paysans d'Afrique du Sud, qu'il faut créer.

La révolution démocratique-bourgeoise en Afrique du Sud ouvrira la voie à la réalisation de ces tâches historiques.

Rupture de tous les liens des Etats-Unis avec l'apartheid!

LA NOUVELLE situation qui s'ouvre devrait nous aider, nous du Parti socialiste des travailleurs, à comprendre encore mieux les progrès que nous avons faits dans les cinq dernières années. Grâce au tournant vers les syndicats industriels, le parti s'est mis en bonne position pour accomplir ses tâches.

Nous avons été capables de faire plus qu'entrer simplement dans les syndicats industriels. Nous sommes maintenant plus en mesure de faire de la politique parmi les couches les plus larges de notre classe et, *à travers* le mouvement syndical, parmi les opprimés. Nous sommes maintenant plus en mesure de nous appuyer sur notre présence dans les syndicats pour toucher des couches plus larges. C'est à partir de cette base que nous avons commencé, sur une échelle modeste, à avoir des contacts avec les agriculteurs exploités et leurs organisations. C'est à partir de cette base que nous avons élaboré la stratégie nécessaire pour le renversement de la domination capitaliste.

En appliquant cette perspective aux Etats-Unis, nous avons approfondi nos relations avec d'autres qui suivent la même voie ailleurs dans le monde. Le début de la guerre froide, la chasse aux sorcières et la retraite politique du mouvement ouvrier nous avait imposé une existence semi-sectaire. En appliquant cette perspective, nous avons commencé à nous débarasser des obstacles que cette existence semi-sectaire a créés devant nous. En procédant ainsi, nous avons commencé à nous tourner vers l'extérieur dans une perspective ouvrière.

Le point politique décisif est celui qui a été souligné pendant cette discussion. *Pour rompre les liens qui attachent le gouvernement américain au régime sud-africain, il faudra une puissante bataille*. La tâche du peuple américain est de rompre ces liens. C'est aussi la tâche de l'avant-garde communiste dans ce pays. Aujourd'hui nous sommes mieux préparés que jamais pour comprendre cette tâche, pour nous y préparer et agir en vue de la réaliser.

Ce ne sera pas facile. La bourgeoisie est déterminée à ce que cela n'ait pas lieu. Elle est en pleine offensive: en Amérique centrale, dans les Caraïbes. C'est à cela que sert son offensive militaire et ses attaques contre nos droits et nos conditions de vie ici. Etant donné le rapport de force et étant donné ce qu'elle a pu accomplir ces dernières années, elle est déterminée à ne pas permettre que ses liens avec l'apartheid soient rompus. Elle comprend que cela ne se produira pas sans avoir des répercussions non seulement en Afrique du Sud ou sur le continent africain mais également dans le monde entier et notamment dans ce pays.

La bourgeoisie américaine luttera contre le mouvement qui exige la rupture des relations avec l'Afrique du Sud. Elle utilisera ses immenses ressources de propagande. Elle fera appel à l'anticommunisme. Elle cherchera à diviser et à perturber le mouvement. Elle misera sur toutes les craintes et préjugés racistes concernant les «horreurs» qu'engendrera le pouvoir de la majorité.

Nous devons donner l'exemple en répondant à sa propagande. Nous devons nous organiser pour expliquer la vérité en donnant des informations concrètes sur l'apartheid, en décrivant la vie quotidienne des Noirs sous l'apartheid. Nous devons expliquer pourquoi chaque être humain devrait supporter la lutte pour renverser ce système.

Nous devons exiger par-dessus tout que Washington rompe ses liens avec l'apartheid. Rupture économique. Rupture politique. Rupture militaire. Rupture dans tous les autres domaines. Le gouvernement à Washington doit rompre ses relations avec l'Etat d'apartheid. Le refus de le faire crée une situation intolérable pour l'humanité. C'est une situation intolérable pour le peuple américain.

Le régime d'apartheid est rejeté par toute l'humanité. Nous nous engageons dans une lutte mondiale centrée sur cet objectif clair, populaire et historiquement décisif.

C'est en luttant pour cet objectif, en suivant cette voie, que nous pouvons accomplir le maximum à la fois pour les camarades en Afrique du Sud et pour les luttes de la population laborieuse et des opprimés ici.

Notes

1. Lénine, *Oeuvres complètes*, Moscou, Editions du Progrès, 1976, tome 22, p. 24.
2. Ibid., p. 32.
3. Nelson Mandela, *The Struggle Is My Life*, New York, Pathfinder Press, 1986, p. 55-56.
4. Lénine, *Oeuvres complètes*, tome 9, p. 47.

5. Ibid., p. 23.
6. Certains des articles d'*International Viewpoint* cités ici ont été publiés en français dans *Inprecor*, une autre revue publiée à Paris sous la responsabilité du Secrétariat unifié de la Quatrième Internationale. Dans tous les cas, nous avons utilisé la version parue dans *Inprecor* en indiquant la référence entre crochets.

« J'ai adopté pour
idéal une société
libre et démocratique.
J'espère vivre pour
le conquérir,
mais c'est aussi
un idéal pour lequel,
s'il le faut,
je suis prêt à mourir »

— Nelson Mandela
Procès de Rivonia, 1964

La lutte est ma vie
Par Nelson Mandela
Cette nouvelle édition contient une série d'écrits, de discours et de documents retraçant de 1944 à 1990 le combat du dirigeant de la lutte contre l'apartheid.
En anglais. 281 pages.
12,95 $ US / 16,95 $

« Intensifions la lutte contre l'apartheid »
Par Nelson Mandela
Discours prononcés en Afrique du Sud, en Angola et en GrandeBretagne dans les mois qui ont suivi la libération du vice-président du Congrès national africain, en 1990.
En anglais. 74 pages. 5 $ US / 5,95 $ can
En espagnol. 108 p. 12,95 $ US / 16,95 $ can

Distribués par Pathfinder
(voir page 2)

MOYEN-ORIENT

«Il serait naïf d'accorder la moindre crédibilité aux motivations des États-Unis»
— Fidel Castro

Ces deux livres des éditions Pathfinder décrivent l'opposition du gouvernement de Cuba aux préparatifs de guerre de l'impérialisme au Moyen-Orient. Ils contiennent des discours prononcés au Conseil de sécurité de l'Organisation des nations unies par Ricardo Alarcón, l'ambassadeur de Cuba à l'ONU, ainsi que des lettres et discours du président cubain Fidel Castro.

Ces documents réfutent point par point les prétextes et les arguments que Washington a utilisés pour justifier son agression.

La version anglaise comprend 126 pages
et celle en espagnol, 135.
9,95 $ US / 12,95 $ can

EN FRANÇAIS

Cuba contre la guerre impérialiste au Moyen-Orient. Discours de Ricardo Alarcón et Isidoro Malmierca.
Dans le quatrième numéro de **Nouvelle Internationale**
13 $ US / 17 $ can

DISTRIBUÉS PAR PATHFINDER
(voir page 2)

La Charte de la liberté

Les 25 et 26 juin 1955, un «Congrès du peuple» a rassemblé près de 3 000 délégués à Kliptown, près de Johannesburg. Ce congrès avait été convoqué par quatre organisations sud-africaines: le Congrès national africain (ANC), le Congrès indien de l'Union sud-africaine, l'Organisation des populations de couleur et le Congrès des démocrates, une organisation de Blancs appuyant le mouvement de libération.
Le Congrès du peuple a adopté à l'unanimité la Charte de la liberté. Dans une conférence spéciale, au début de 1956, l'ANC a décidé d'adopter formellement comme programme la Charte de la liberté.

Nous, peuples de l'Afrique du Sud, proclamons afin que nul ne l'ignore dans notre pays comme dans le monde entier:
- L'Afrique du Sud appartient à tous ceux qui y vivent, aux Blancs comme aux Noirs, et aucun gouvernement n'est justifié à prétendre exercer l'autorité s'il ne la tient de la volonté du peuple.
- Notre peuple a été privé, par une forme de gouvernement fondée sur l'injustice et l'inégalité, de son droit naturel à la terre, à la liberté et à la paix.
- Notre pays ne sera jamais ni prospère ni libre tant que tous nos peuples ne vivront pas dans la fraternité, ne jouiront pas de droits égaux, et que les mêmes possibilités ne leur seront pas données.
- Seul un Etat démocratique fondé sur la volonté de tous peut assurer à tous, sans distinction de race, de couleur, de sexe ou de croyance, les droits qui leur reviennent de par leur naissance.

C'est pourquoi nous, peuples de l'Afrique du Sud, Blancs aussi bien que Noirs, réunis comme des égaux, des compatriotes et des frères, adoptons cette Charte de la liberté. Et nous nous engageons à lutter ensemble, en ne ménageant ni notre énergie ni notre courage, jusqu'à ce que nous ayons obtenu les changements démocratiques inscrits dans cette Charte.

Le gouvernement doit appartenir au peuple!

TOUTE PERSONNE doit avoir le droit de voter et d'être éligible à tout organe législatif.
Toute personne doit avoir le droit de prendre part à la gestion des af-

faires publiques de son pays.

Les droits doivent être égaux pour tous, sans distinction de race, de couleur ou de sexe.

Tous les conseils consultatifs, conseils ou autres organes au pouvoir de la minorité doivent être remplacés par des organismes démocratiques d'administration autonome.

Tous les groupes nationaux doivent jouir de droits égaux!

TOUS LES groupes nationaux comme toutes les races doivent être sur un pied d'égalité, aussi bien dans les administrations de l'Etat que dans les tribunaux ou les écoles.

La loi doit protéger tous les groupes nationaux contre les insultes à leur race et à leur fierté nationale.

Le droit de parler leur langue maternelle et de développer leur culture et leurs coutumes traditionnelles doit être le même pour tous.

Prêcher ou pratiquer la discrimination ou le mépris sur la base de la nationalité, de la race ou de la couleur sera un crime passible de la loi.

Toutes lois et mesures d'*apartheid* doivent être abrogées.

Le peuple doit avoir sa part du patrimoine national!

LA RICHESSE nationale de notre pays, patrimoine de tous les Sud-Africains, doit être rendue au peuple.

La propriété des richesses minérales que recèle le sol, ainsi que celle des banques et des industries à caractère de monopole, doivent être transférées à la communauté.

Pour contribuer au bien-être public, il convient d'exercer un contrôle sur toutes les autres industries et sur le commerce.

Tous doivent jouir du même droit d'exercer un commerce là où ils le désirent, de se livrer à des activités industrielles ou d'adopter tout métier, manuel ou non, comme toute profession.

La terre doit être partagée entre ceux qui la travaillent!

IL CONVIENT d'abolir toutes les restrictions à la propriété foncière imposées pour des raisons d'ordre racial et la totalité des terres doit faire l'objet d'une redistribution entre ceux qui la travaillent afin que disparaissent la famine et la pénurie de terre.

L'Etat doit venir en aide aux paysans en leur fournissant les instruments aratoires, des semences et des tracteurs et en construisant des barrages pour assurer la conservation du sol et venir en aide aux cultivateurs.

Le droit de circuler librement doit être garanti à tous ceux qui travaillent la terre.

Tous doivent jouir du même droit de s'installer sur la terre là où ils le désirent.

Nul ne doit être dépouillé de son bétail et le travail forcé, comme les fermes-prisons, doit être aboli.

Tous doivent être égaux devant la loi!

NUL NE DOIT être emprisonné, déporté ou voir sa liberté restreinte sans que sa cause ait été équitablement entendue.

Nul ne doit être condamné sur l'ordre d'un fonctionnaire du gouvernement.

Les tribunaux doivent être composés d'éléments représentatifs de tous les éléments de la population.

Nul ne doit être emprisonné si ce n'est pour un crime sérieux contre le peuple; l'emprisonnement doit viser au redressement de l'individu, ce ne doit pas être une mesure de vengeance.

Toute personne doit pouvoir entrer dans des conditions d'égalité dans la police et dans l'armée, qui doivent être les serviteurs et les protecteurs du peuple.

Toute loi qui prévoit une distinction fondée sur la race, la couleur ou les convictions doit être abrogée.

Les droits de l'homme doivent être les mêmes pour tous!

LA LOI DOIT garantir à tous le droit à la liberté d'expression, le droit de s'organiser, le droit à la liberté de réunion, le droit de publier, de prêcher, de pratiquer le culte et aussi de donner à leurs enfants l'éducation de leur choix.

La loi doit protéger le domicile privé contre les descentes de police.

Toute personne doit pouvoir se déplacer librement de la campagne vers la ville, d'une province à l'autre, et pouvoir quitter l'Afrique du Sud pour l'étranger.

Les lois relatives aux laissez-passer et autorisations et toutes autres lois limitant la liberté de déplacement doivent être abrogées.

Le travail et la sécurité doivent être assurés!

QUICONQUE TRAVAILLE doit être libre de fonder avec d'autres

des syndicats, d'élire les membres du bureau de ces syndicats et de conclure des accords sur les salaires avec les employeurs.

L'Etat doit reconnaître, parallèlement au devoir qu'a toute personne de travailler, son droit au travail et à toutes indemnités en cas de chômage.

Hommes et femmes de toutes races doivent recevoir un salaire égal à travail égal.

La semaine de travail sera de quarante heures; tous les travailleurs bénéficieront d'un salaire minimum national garanti, de congés annuels payés et de congés de maladie et toutes les mères qui travaillent auront droit à des congés de maternité à plein salaire.

Les mineurs, les domestiques, les ouvriers de ferme et les fonctionnaires jouiront des mêmes droits que tous les autres travailleurs.

Le travail des enfants, le travail dans les *compounds*, le système du *tot* et l'emploi de main-d'oeuvre sous contrat doivent être abolis.[1]

L'instruction et la culture doivent être accessibles à tous!

LE GOUVERNEMENT doit découvrir, développer et encourager les talents nationaux en vue d'enrichir notre vie culturelle.

Toute personne doit avoir accès aux richesses culturelles de l'humanité par l'échange de livres, d'idées et par les libres contacts avec d'autres pays.

L'éducation doit viser à enseigner à la jeunesse l'amour de sa patrie et de sa culture nationale, ainsi que le respect de la fraternité humaine, de la liberté et de la paix.

L'instruction doit être gratuite, obligatoire, universelle et égale pour tous les enfants.

Les études supérieures et la formation technique doivent être accessibles à tous grâce à des allocations de l'Etat et à des bourses attribuées selon le mérite.

Il doit être mis fin à l'analphabétisme chez les adultes par la mise en oeuvre d'un plan national d'éducation des masses.

Les maîtres doivent jouir de tous les droits des autres citoyens.

Dans la vie culturelle, dans les sports et dans l'éducation, toute distinction fondée sur la couleur doit être abolie.

On doit créer des logements, assurer le confort et la sécurité!

TOUTE PERSONNE doit avoir le droit d'habiter là où il lui plaît, d'être décemment logée et d'élever sa famille dans le confort et la sécurité.

Les logements inhabités doivent être mis à la disposition du peuple.
On doit faire baisser les loyers et les prix; il doit y avoir abondance de nourriture et nul ne doit plus connaître la faim.
L'Etat doit organiser un service de santé préventif.
Toute personne doit pouvoir bénéficier de soins médicaux et hospitaliers gratuits; les mères et les jeunes enfants doivent avoir droit à des soins particuliers.
On fera disparaître les taudis et l'on édifiera de nouvelles constructions dans les banlieues, où les transports, les routes, l'éclairage, les terrains de jeux, les crèches et les centres sociaux seront à la disposition de tous.
L'Etat prendra soin des vieillards, des orphelins, des invalides et des malades.
Toute personne a droit au repos, aux loisirs et aux distractions.
Les quartiers indigènes clos et les ghettos doivent être supprimés et toutes les lois qui dispersent les familles doivent être abrogées.

La paix et l'amitié doivent régner!

L'UNION SUD-AFRICAINE doit être un Etat pleinement indépendant qui respecte les droits et la souveraineté de toutes les nations.
Tous les efforts de l'Union sud-africaine doivent tendre au maintien de la paix dans le monde et au règlement de tous les différends internationaux par voie de négociation — et non par la guerre.
La paix et l'amitié parmi nous doivent être assurées par l'égalité des droits, des possibilités et du statut de tous.
Les habitants des protectorats du Bassoutoland, du Betchouanaland et du Swaziland doivent être libres de décider eux-mêmes de leur sort.[2]
Le droit de tous les peuples de l'Afrique à l'indépendance et à l'autonomie doit être reconnu et doit être à la base d'une collaboration étroite.
Et maintenant, que tous ceux qui aiment leur peuple et leur patrie disent avec nous:
«Ces droits, nous allons durant toute notre vie lutter côte à côte pour les obtenir, jusqu'à ce que nous ayons conquis notre liberté».

Notes

1. Les travailleurs sous contrat sont des ouvriers migrants venus de l'étranger ou de l'un des 10 bantoustans (réserves rurales en Afrique du Sud). Ces ouvriers qui travaillent dans des villes sont obligés de vivre dans de véritables camps de concentration appelés *compounds*. Le système du *tot*, pratiqué dans certaines fermes blanches, consiste à payer les ouvriers agricoles en partie par une ration de vin.
2. Le Bassoutoland (aujourd'hui le Lesotho) a obtenu son indépendance de la Grande-Bretagne en 1966. Le Betchouanaland (aujourd'hui le Botswana) est devenu indépendant en 1966 et le Swaziland l'est devenu en 1968.

Juin 1989. Manifestation contre les politiques agricoles du gouvernement canadien, à Jonquière au Québec.

La terre, la classe ouvrière et la lutte pour le pouvoir au Canada

Michel Dugré

LES AGRICULTEURS et les agricultrices du Canada subissent aujourd'hui la crise économique la plus grave depuis celle des années trente. Des milliers d'entre eux ont été chassés de leurs terres et ont été dépouillés de leurs moyens d'existence. Des dizaines de milliers d'autres sont menacés de subir le même sort. Les agriculteurs du Québec ont été les plus durement touchés: ils ont connu en 1984 un taux de faillites deux fois plus élevé que la moyenne canadienne.

Le revenu agricole net a brutalement diminué depuis le milieu des années 70. Cela a entraîné une baisse importante du niveau de vie des agriculteurs et de leur famille. Pour faire face à la hausse croissante des coûts de production, les agriculteurs sont obligés d'hypothéquer une partie plus importante de leurs terres. Le gouvernement capitaliste, tant au niveau fédéral que provincial, contribue à la ruine des agriculteurs en restreignant le crédit agricole, en démantelant des programmes d'aide ou en réduisant les subventions. En 1983, par exemple, le gouvernement canadien a aboli le tarif du Nid-de-Corbeau qui était devenu une subvention pour le transport des céréales.

Cette pression économique accroît les divisions de classe à la campagne entre un nombre relativement petit d'agriculteurs capitalistes et la grande majorité des agriculteurs, qui sont exploités et qui ne vivent que de leur travail et de celui des membres de leur famille.

Au cours des dernières années, ces facteurs ont poussé une couche importante d'agriculteurs exploités du Canada vers des actions militantes.

Les syndicats ont soutenu dans plusieurs cas les luttes des agriculteurs. Le Congrès du travail du Canada (CTC), par exemple, a accordé son appui au mouvement des agriculteurs contre l'abolition du tarif du Nid-de-Corbeau, la pire attaque gouvernementale contre les agriculteurs du Canada depuis la Deuxième Guerre mondiale. En 1985, les Travailleurs unis de l'automobile (TUA) ont appuyé la campagne de recrutement de la National Farmers Union (NFU). Il ont organisé une réunion conjointe avec la NFU pour l'aider à recruter de noveaux membres en Ontario. Les agriculteurs du Québec luttent aux côtés des travailleurs-

contre l'oppression nationale. L'Union des producteurs agricoles (UPA) participe à une campagne pour défendre la loi 101 (loi sur les droits linguistiques des Québécois) en collaboration avec toutes les grandes centrales syndicales au Québec.

Depuis la fin de la Deuxième Guerre mondiale, les conditions pour la constitution d'une alliance des travailleurs et des agriculteurs du Canada n'ont jamais été aussi favorables qu'aujourd'hui.

Dans cet article, nous examinerons le poids économique, social et politique des agriculteurs et des agricultrices du Canada, l'histoire des luttes pour le contrôle de la terre et la crise que subissent les agriculteurs aujourd'hui. Nous verrons aussi comment le mouvement ouvrier peut participer aux luttes actuelles des agriculteurs. La participation à ces luttes aidera la classe ouvrière à construire l'alliance qui sera nécessaire pour défendre ses intérêts et pour avancer vers le remplacement du gouvernement des exploiteurs capitalistes par un gouvernement des travailleurs et des agriculteurs.

I. LE POIDS SOCIAL DE L'AGRICULTURE ET DES AGRICULTEURS AU CANADA

LE CANADA est l'un des principaux pays producteurs et exportateurs de produits agricoles. Le secteur alimentaire (agriculture et industries connexes) représente 17% du produit national brut. Les ventes de produits agricoles se sont élevées à 20 milliards de dollars en 1984.

Le Canada est l'un des principaux pays producteurs de céréales. Il produit surtout du blé mais aussi de l'orge, de l'avoine et du seigle. Ces céréales constituent les principales cultures dans les provinces des Prairies (Manitoba, Saskatchewan et Alberta). La province de l'Ontario est une grande productrice de maïs et de soja. L'Ontario, le Québec et la Colombie-Britannique sont une grande source de fruits et légumes. Les provinces maritimes, sur la côte Atlantique, sont d'importantes productrices de pommes de terre.

Le boeuf, le porc, la volaille et les produits laitiers représentent environ la moitié de la production agricole au Canada. Le Québec et l'Ontario produisent environ les deux tiers des porcs. Ils sont aussi les principaux producteurs de volaille et de produits laitiers. L'Alberta, la Saskatchewan et l'Ontario produisent environ 70% du bétail.

Au Canada, l'agriculture emploie directement un demi-million de personnes. Mais un nombre beaucoup plus élevé travaille dans des activités connexes: transformation des aliments, préparation des engrais et des semences, production des machines agricoles, ventes au détail, etc. Ceux et celles qui participent directement à la production agricole représentent environ 5% de la population active. En Saskatchewan, environ 20% de la population vit et travaille à la ferme. Les agriculteurs et les travailleurs agricoles représentent environ un septième de tous ceux et toutes celles qui produisent directement des marchandises au Canada (cela comprend tous ceux qui travaillent dans l'industrie manufacturière, la construction, les mines, l'industrie forestière, l'agriculture, la pêche, la chasse et les transports).

Le poids social des agriculteurs, par rapport à l'ensemble des producteurs du Canada, apparaît clairement quand on examine la place de l'agriculture canadienne sur le marché mondial. Les produits agricoles comptent pour 10 % des exportations canadiennes. Près de la moitié de la production agricole canadienne est exportée.

Le Canada produit 20 % du blé vendu sur le marché mondial. Seuls les Etats-Unis exportent davantage de blé. Le Canada, avec sa population de 25 millions d'habitants, produit au-delà de trois fois plus de blé par habitant que les Etats-Unis. Le Canada fournit près de la moitié du blé importé par l'Union soviétique.

Les riches familles capitalistes, qui possèdent et dirigent les grandes entreprises canadiennes, contrôlent l'ensemble de la production et de l'exportation des produits agricoles. Les décisions qu'elles prennent servent à accroître leurs profits et non pas à satisfaire les besoins des êtres humains, que ce soit ici au Canada ou ailleurs dans le monde. Le gouvernement fédéral à Ottawa utilise son aide alimentaire internationale comme une arme commerciale et politique pour venir en aide à la bourgeoisie canadienne.

Seulement 3 % des exportations agricoles canadiennes est destiné à l'alimentation de ceux et celles qui souffrent de la faim dans le monde. Provenant des surplus agricoles, cette aide alimentaire ne sert pas à des fins humanitaires. Elle sert surtout à créer des débouchés pour les produits canadiens dans les pays coloniaux et semi-coloniaux.

L'aide alimentaire canadienne crée souvent un surplus de produits agricoles qui réduit le marché pour les petits producteurs locaux. Ces derniers sont ainsi acculés à la faillite ou forcés d'abandonner leurs terres. Le gouvernement canadien utilise presque toujours cette aide pour modifier les habitudes alimentaires des populations locales dans le but de les amener à consommer davantage de blé et devenir ainsi plus dépendantes des importations de produits canadiens. De nombreux pays, qui étaient autrefois autosuffisants en céréales, sont maintenant dépendants du blé provenant du Canada et des Etats-Unis.

L'aide alimentaire est aussi utilisée par Ottawa comme une arme politique contre les gouvernements et les peuples qui résistent et ripostent à l'oppression impérialiste. L'aide alimentaire à la République socialiste du Vietnam, par exemple, a été interrompue en 1978. Les régimes réactionnaires soumis à l'impérialisme reçoivent un meilleur traitement. Les exemples du Salvador et du Nicaragua illustrent cette politique de deux poids, deux mesures. En 1985, au moment même où le gouvernement canadien reprenait officiellement son aide bilatérale au régime pro-impérialiste salvadorien, il a brusquement réduit les quotas sur les importations de boeuf en provenance du Nicaragua révolutionnaire.

L'agriculture et la politique agricole du Canada ont d'importantes répercussions sur le marché mondial. Les agriculteurs et les agricultrices du Canada ont un poids social considérable, tant à l'échelle internationale qu'ici-même. Ils sont aussi directement affectés par les événements internationaux et les vicissitudes du marché mondial.

L'importance du Canada sur le marché mondial des produits agricoles s'est accrue en même temps que le nombre de fermes au Canada chutait considérablement. Au cours des 30 dernières années, près de la moitié des fermes ont disparu. Il ne subsiste aujourd'hui qu'environ 315 000 fermes au Canada.[1]

Mais malgré cette diminution considérable du nombre d'agriculteurs au Canada, en chiffres absolus et par rapport à l'ensemble de la population active, ces derniers conservent une place très importante dans la production économique.

En fait la diminution du nombre d'agriculteurs au Canada s'est accompagnée d'une augmentation importante de la production agricole. De 1959 à 1983, dans l'Ouest canadien, le rendement de céréales à l'acre (1 acre = 0,4 hectare) a augmenté de 56 %. Au cours de cette période, la production totale de céréales a plus que doublé et les exportations canadiennes de blé ont triplé. Etant donné l'augmentation de la production et la diminution du nombre d'agriculteurs, chaque agriculteur aujourd'hui peut nourrir plus de trois fois plus de personnes qu'il y a un quart de siècle.

La structure de classe de l'agriculture au Canada

POUR COMPRENDRE la situation vécue par les agricultrices et les agriculteurs du Canada aujourd'hui, il est essentiel de partir d'une description des différentes classes à la campagne. Car les agriculteurs n'ont pas tous les mêmes intérêts de classe. Ces intérêts de classe contradictoires au sein de la population agricole sont d'ailleurs à l'origine de profondes luttes économiques et politiques.

Etant donné l'existence d'un certain chevauchement entre les différentes couches sociales, il est relativement difficile de distinguer précisément les classes à la campagne. Certains agriculteurs, par exemple, engagent des travailleurs agricoles alors qu'eux-mêmes travaillent en usine une partie de l'année. Il existe en fait un grand nombre d'exemples d'agriculteurs qui exploitent du travail salarié tout en étant eux-mêmes exploités de diverses façons par le capital.

Ceci dit, examinons un peu les différentes classes à la campagne.

L'industrie agro-alimentaire contrôle directement une part importante de la production agricole. Certaines compagnies font fonctionner leurs grandes fermes en exploitant des travailleurs salariés. Pour gérer et faire fonctionner leurs fermes, d'autres compagnies engagent des agriculteurs qui ont perdu leurs propres terres. Certaines compagnies, qui ne possèdent pas ou ne gèrent pas directement de fermes, préfèrent signer des contrats avec des agriculteurs qui possèdent encore leurs terres. Ces agriculteurs s'engagent alors à vendre tous les produits de leurs fermes à ces grandes entreprises capitalistes qui s'occupent ensuite de la commercialisation.

Un petit nombre de fermes familiales sont des entreprises capitalistes qui s'appuient, entièrement ou en grande partie, sur l'exploitation de travailleurs agricoles.

Ce secteur capitaliste fournit une part importante de la production agricole. En 1981, 1 % des fermes les plus importantes ont vendu 19 % de tous les produits agricoles; 2,3 % des fermes les plus importantes ont payé 36 % des salaires versés aux travailleurs agricoles. Ces fermes, qui dépendent de l'emploi d'un grand nombre de travailleurs agricoles, sont comme des usines à la campagne.

Parmi les exploiteurs qu'on retrouve à la campagne, il y a aussi des propriétaires fonciers qui louent leurs terres soit à des agriculteurs capitalistes, soit à de petits agriculteurs. Plus de 30 % de la surface utilisée pour l'agriculture au Canada est louée.

Les propriétaires fonciers forment une couche très hétérogène. On retrouve parmi eux le gouvernement et ses agences, les banques et les autres institutions financières, certaines compagnies agro-alimentaires, mais aussi un grand nombre d'individus, dont beaucoup de producteurs agricoles encore actifs ou à la retraite. En tant que rentiers, cependant, ces propriétaires fonciers extorquent tous une partie des valeurs produites par le travail des agriculteurs ou des travailleurs agricoles qu'ils emploient.

En plus de ces couches d'exploiteurs (les grandes compagnies qui possèdent des fermes, les agriculteurs capitalistes et les propriétaires fonciers), on trouve toute une série de couches intermédiaires. Au sommet, on trouve les petits agriculteurs capitalistes qui emploient des travailleurs agricoles mais qui doivent eux-mêmes, ainsi que leur famille, fournir une part importante du travail. Leur situation est généralement plus précaire que celle des riches agriculteurs capitalistes. Certains sont très endettés. Mais leurs intérêts demeurent radicalement opposés à ceux des travailleurs qu'ils exploitent.

Au bas de cette échelle de couches intermédiaires, on trouve les agriculteurs qui dépendent d'abord et avant tout de leur travail et celui de leur famille mais qui font appel au travail salarié de façon très limitée, par exemple au moment des récoltes. Pour joindre les deux bouts, certains doivent eux-mêmes occuper des emplois salariés à l'extérieur. Ces agriculteurs ont des intérêts qui entrent en conflit avec ceux des travailleurs qu'ils emploient. Mais ils subissent aussi une exploitation capitaliste et partagent plusieurs aspects des conditions des agriculteurs exploités qui ne comptent que sur leur travail et celui de leur famille. Ces agriculteurs peuvent plus facilement être entraînés dans la lutte et gagnés à la cause du mouvement ouvrier dans les batailles contre les grands exploiteurs.

La majorité des agriculteurs possèdent leurs moyens de production (entièrement ou partiellement) mais n'exploitent pas de travailleurs agricoles. Ils comptent exclusivement sur leur propre travail et sur celui de leur famille. En 1981, environ 64 % des fermes au Canada (203 000 fermes sur un total de 315 000) n'employait pas d'ouvriers agricoles. Ces agriculteurs indépendants sont à l'origine de plus de 36 % de la production agricole totale. Une très forte proportion des valeurs que ces agriculteurs exploités produisent vont aux banques, aux propriétaires fonciers et aux grandes entreprises capitalistes de transformation et de commercialisation.

Pour survivre, un ou plusieurs membres de ces familles d'agriculteurs travaillent souvent à l'extérieur. Beaucoup sont des travailleurs industriels. En 1981, près du tiers de ces agriculteurs ont fourni plus de 97 jours de travail à l'extérieur de leurs fermes.

Finalement, une partie importante des producteurs agricoles sont des travailleurs salariés. Certains d'entre eux sont des agriculteurs exploités qui, pour obtenir un revenu suffisant, doivent aussi travailler pour un salaire sur d'autres fermes. Mais la plupart des travailleurs et des travailleuses agricoles sont des producteurs sans terre qui ne peuvent subvenir à leurs besoins et ceux de leur famille qu'en vendant leur propre force de travail. En 1983, il y avait 158 000 travailleurs agricoles salariés au Canada. Ces travailleurs sont de loin les producteurs les plus exploités et les plus opprimés à la campagne. Au sein de la classe ouvrière canadienne, ils sont ceux qui subissent les pires conditions de travail, qui sont les plus mal payés, les moins bien organisés et les moins protégés par les lois gouvernementales, notamment sur la santé et la sécurité.

Les tentatives d'organisation des travailleurs et des travailleuses agricoles ont permis de faire connaître les conditions atroces dans lesquelles ils sont souvent forcés de vivre: salaires inférieurs au salaire minimum, journée de 15 heures, conditions de travail extrêmement dangereuses, nombreux risques pour la santé, logements insuffisants et insalubres, congédiement à la moindre tentative d'organisation, etc.

On retrouve parmi ces travailleurs agricoles un grand nombre d'immigrants de même qu'un nombre important de Québécois travaillant à l'extérieur du Québec, en particulier en Colombie-Britannique et en Ontario. Chaque année, le gouvernement fédéral permet la venue temporaire de milliers de travailleurs des Antilles et d'Amérique centrale qui subissent ici une exploitation extrême. Plusieurs de ces travailleurs ont été amenés au Canada avec des contrats de travail qui les réduisent à un état de quasi-esclavage. Ils n'ont droit à aucune protection pendant leur séjour au Canada. Ils sont renvoyés dans leurs pays d'origine aussitôt que les patrons n'ont plus besoin de leur travail à très bon marché.

En janvier 1983, les règlements de l'assurance-chômage ont été modifiés par le gouvernement fédéral pour couvrir les travailleurs agricoles temporaires. Mais ces changements ont par la suite été annulés par Ottawa sous les pressions d'agriculteurs capitalistes.

Qu'ils soient Québécois, Sikhs ou Antillais, de nombreux travailleurs agricoles subissent un racisme ouvert et sont surexploités.

Telles sont donc les principales classes au sein de la population agricole canadienne.

La diminution de la population rurale, depuis la Deuxième Guerre mondiale, s'est accompagnée d'une différenciation sociale accrue: les agriculteurs riches sont devenus plus riches et les pauvres, plus pauvres. En même temps que les petits agriculteurs subissaient une exploitation accrue de la part des propriétaires des grandes compagnies et des banques, les agriculteurs capitalistes engageaient de plus en plus de travailleurs agricoles. De 1961 à 1981, le nombre moyen de semaines de travail payées chaque année par les agriculteurs qui emploient du travail salarié est passé de 26,2 à 39,4, soit une augmentation de 50 %. La proportion du travail agricole fourni par ces travailleurs a donc augmenté au cours de cette période.

Les petits producteurs marchands exploités

DE 1961 à 1981, la proportion des agriculteurs qui n'emploient pas de travailleurs salariés, par rapport à l'ensemble des agriculteurs au Canada, a légèrement augmenté. Elle est passée au cours de cette période de 62 % à 64 %.

Au Canada, plus d'un tiers des ventes de produits agricoles sont effectuées par les agriculteurs qui n'emploient pas de travail salarié. Ces producteurs et leurs familles fournissent une proportion considérable des heures de travail consacrées à la production alimentaire, ce qui est un indice du poids social et politique des agriculteurs exploités au sein de la population laborieuse du Canada.

Ces producteurs marchands exploités doivent aujourd'hui avancer des sommes beaucoup plus importantes qu'auparavant pour défrayer les coûts de la terre, des machines, du carburant et des engrais. Le prix moyen des outils et de la machinerie utilisés sur chaque ferme était 17 fois plus élevé en 1981 qu'en 1951. Cela signifie que les petits agriculteurs doivent prendre plus de risques. Mais malgré cette augmentation de leurs dépenses (qui donne l'impression que leur avoir net a beaucoup augmenté), ces petits agriculteurs demeurent des producteurs exploités.

Les revenus sur lesquels doivent vivre leurs familles sont comparables à ceux des familles ouvrières. Ces revenus ont généralement diminué avec la crise qui frappe l'agriculture depuis quelques années.

De grandes fermes capitalistes ont bien sûr fait leur apparition dans quelques secteurs de la production agricole. Au Canada, on les retrouve principalement dans l'élevage du poulet et la culture des fruits et légumes.

Mais dans plusieurs secteurs de l'agriculture, le grand capital a trouvé plus profitable de laisser la production — avec toutes les dépenses et risques à la fois naturels et économiques qui l'accompagnent — entre les mains des producteurs individuels. Les petits producteurs marchands continuent à dominer dans la culture des céréales, la production laitière et l'élevage du bétail. Dans ces secteurs, les capitalistes ont établi leur domination sur les agriculteurs à travers les prêts et par le biais de leur contrôle de la transformation et de la distribution.

Etant donné la durée relativement brève des périodes d'ensemencement et de récolte et étant donné la nature périssable de la plupart des produits agricoles, les fermes qui dépendent du travail salarié sont très vulnérables, par rapport aux grèves. Car plus les travailleurs agricoles sont nombreux, plus ils sont concentrés et plus le rapport de force face aux patrons leur est favorable, surtout s'ils décident de se mettre en grève juste à la veille d'une récolte. C'est là un facteur politique et économique supplémentaire qui pousse plusieurs grandes compagnies à s'impliquer davantage dans la transformation et la mise en marché que dans la production des marchandises agricoles.

Aussi, contrairement à une idée très répandue, la domination croissante du capitalisme dans l'agriculture canadienne ne s'effectue pas principalement par la transformation des terres des agriculteurs indépendants en vastes entreprises capitalistes employant des travailleurs agricoles. L'exploitation des petits agriculteurs est en fait demeurée une caractéristique centrale de la domination capitaliste de l'agriculture.

L'exploitation de ces petits producteurs agricoles indépendants, disait Marx, «ne se distingue que par la *forme* de l'exploitation du prolétariat industriel. L'exploiteur est le même: le *Capital*»[2]. Au Canada, l'exploitation capitaliste ne se limite pas aujourd'hui à la seule forme du travail salarié. L'économie capitaliste moderne ne se limite pas aux patrons et aux travailleurs salariés. A l'échelle mondiale, la forme d'exploitation que subissent les petits agriculteurs demeure l'un des principaux mécanismes par lesquels les richesses sont arrachées à ceux et celles qui travaillent. Et, comme nous l'avons vu, cette forme d'exploitation constitue aussi une importante source de profits pour les capitalistes au Canada, aujourd'hui.

L'exploitation des producteurs agricoles

LES MÉCANISMES d'exploitation des agriculteurs sont différents des mécanismes d'exploitation des travailleurs salariés. Les travailleurs salariés, n'ayant à leur disposition aucun autre moyen de gagner leur vie, sont obligés de vendre leur force de travail — leur capacité de travailler — à un capitaliste. Le salaire perçu par les travailleurs ne correspond qu'à une partie des valeurs totales qu'ils ont produites durant leurs heures de travail. Ils produisent une valeur équivalente à leur salaire durant une partie de leur journée de travail; pendant le reste de la journée, ils travaillent gratuitement pour le capitaliste. Le produit de leur travail ne leur appartient pas, il appartient aux patrons. En vendant ce produit sur le marché, les capitalistes empochent la valeur produite par ce travail non payé sous forme de profit. Tel est le mécanisme fondamental de l'exploitation des travailleurs dans le système capitaliste.

Les agriculteurs, contrairement aux travailleurs, possèdent généralement quelques moyens de production qui leur permettent de tirer des revenus suffisants pour vivre sans avoir à dépendre uniquement de la vente de leur force de travail à un capitaliste. De nombreux agriculteurs possèdent le titre de propriété de la terre sur laquelle ils travaillent. Et même lorsqu'ils louent leur terre, ils possèdent quelques machines agricoles et du bétail. La majorité d'entre eux possèdent aussi le produit de leur travail qu'ils vont vendre au marché.

Lorsqu'ils vendent leurs produits, les petits producteurs agricoles ne récupèrent cependant pas toute la valeur qu'ils ont produite. Les capitalistes en extorquent une partie. Les capitalistes tirent donc des profits d'une partie des heures de travail fournies par les agriculteurs.

L'exploitation des agriculteurs et des agricultrices s'effectue de deux manières principales. Ils sont d'abord exploités par le biais de l'écart entre leurs coûts de production et de subsistance et les prix qu'ils reçoivent des capitalistes qui achètent, transforment et distribuent leurs produits agricoles (que ce soit par les agences gouvernementales de commercialisation ou par les grandes compagnies). Ils sont aussi exploités par le biais du système de rentes et d'hypothèques.

L'étau des coûts et des prix provient du fait que les agriculteurs sont exploités par les capitalistes à chaque bout de la chaîne de production alimentaire: ils sont exploités par les capitalistes qui leur fournissent toutes les marchandises dont ils ont besoin pour produire et par ceux à qui ils vendent leurs produits.

Quand ils arrivent sur le marché pour acheter ou vendre, les agriculteurs se retrouvent dans la même situation que les pays sous-développés par rapport aux pays impérialistes: ils subissent des termes d'échange inégaux. Les agriculteurs font face à des monopoles puissants capables d'imposer leurs prix. Les agriculteurs doivent payer les prix que leur imposent les monopoles pour obtenir ce dont ils ont besoin pour produire (les machines, le carburant, les engrais, le fourrage, etc), alors que les agences gouvernementales de commercialisation et les grandes entreprises de transformation et de distribution paient leurs produits à des prix inférieurs à leur valeur réelle. Les riches familles capitalistes propriétaires des monopoles empochent la différence.

C'est ainsi que quatre fabricants de machines agricoles contrôlent pratiquement tout le marché au Canada. Cominco et Imperial Oil contrôlent 55 % du marché des engrais chimiques. Kraft contrôle 60 % de la mise en conserve au Québec. Kraft et Aulds contrôlent 90 % des ventes de fromage produit en Ontario. Une poignée de compagnies contrôle tout le marché de la viande rouge. En 1983, cinq grandes chaînes de magasins contrôlaient 86 % des ventes de nourriture au détail au Canada. Deux compagnies de chemin de fer se partagent tout le transport ferroviaire des produits agricoles.

L'industrie de transformation de la viande fournit un bon exemple du fonctionnement de ces monopoles. Depuis les années 30, cette industrie a été complètement dominée par trois géants: Canada Packers, Swift et Burns. A deux reprises au moins — dans les années 30 et en 1959 — ces compagnies ont fait l'objet d'enquêtes de commissions royales à cause de leurs pratiques de fixation des prix. En 1969, une enquête les a trouvées coupables de collusion pour fixer les prix pendant une période de plus de cinq ans. Mais elles s'en sont tirées par un règlement hors cour. Des enquêtes ont révélé une situation semblable dans l'industrie de la transformation du sucre.

Loin de réprimer le développement de ces monopoles, le gouvernement capitaliste canadien l'encourage. C'est ce qu'a confirmé l'appui qu'il vient d'accorder aux compagnies qui réclament le droit de posséder de façon exclusive de nouvelles lignées génétiques de semences.

Une des pires expressions de l'exploitation des producteurs agricoles est la production sous contrat. Cette forme d'exploitation découle aussi du contrôle qu'exercent les compagnies sur les coûts de production et de vente des produits agricoles. Dans ces contrats, les producteurs indépendants s'engagent à vendre toute leur production à la compagnie à un prix fixé d'avance. Parfois, des compagnies spécialisées dans un secteur de la production agricole vont étendre leurs activités à d'autres secteurs afin d'établir un marché pour leurs produits parmi les agriculteurs. Des compagnies céréalières, qui signent des contrats avec des producteurs de porcs, s'engagent à acheter toute la production des agriculteurs à condition que ceux-ci n'achètent que le grain qu'elles leur vendent. En 1981 par exemple, la majorité des producteurs de porc du Québec était assujettie à de tels contrats. Les agriculteurs placés dans cette situation deviennent presque des employés de la compagnie. Alors qu'ils perdent presque tout contrôle sur leur production, ces agriculteurs continuent dans les faits à prendre tous les risques. Ce sont eux qui risquent de perdre leurs machines, leur bétail et l'accès à leur terre si les prix de leurs produits tombent trop bas.

Le système de rentes et d'hypothèques

LE CAPITAL exploite aussi les agriculteurs par le biais du système de rentes et d'hypothèques.

Avec le déclin des rapports sociaux féodaux et le développement du mode capitaliste de production, la terre a commencé à prendre le caractère d'une marchandise, en ce sens qu'elle a commencé à s'acheter et se vendre. La terre elle-même n'est cependant *pas devenue* une marchandise, puisque la terre n'est pas le produit du travail humain. En tant que telle, même si la terre (ou plus exactement le droit d'*utiliser* la terre) finit par acquérir un prix de marché (déterminé par un ensemble de facteurs que nous ne pouvons aborder dans le cadre de cet article), la terre n'a pas de valeur.[3]

Marx explique dans le livre III du Capital que «l'achat et la vente de terres, la circulation de cette marchandise que sont les terres ... est la conséquence pratique du développement du mode capitaliste de production, la marchandise devenant ici la forme générale de tout produit et de tous les instruments de production.»[4]

Avec le capitalisme, les agriculteurs doivent acheter ou louer la terre à un propriétaire foncier. Pour avoir accès à une terre à cultiver ou sur laquelle élever leur bétail, ils doivent payer un loyer ou des intérêts sur une hypothèque contractée pour couvrir l'achat d'une terre.

L'*Union Farmer* d'octobre 1985, le journal de la NFU, a rapporté le cas de deux agriculteurs de Dawson Creek en Colombie-Britannique, Carl et Joyce Torio. «Les Torio, qui ont été dans l'agriculture depuis 38 ans, ont commencé à avoir des problèmes en 1977. Une année où, comble d'ironie, leur ferme était pratiquement exempte de dette.

«La Banque de Montréal a encouragé les Torio à profiter de leur avoir net pour investir dans le secteur de l'engraissement du bétail et leur a fourni un prêt substantiel». Huit ans plus tard, après une chute des prix du bétail et une hausse des taux d'intérêts, les Torio ont été acculés au pied du mur. «Après avoir payé 700 000 $ d'intérêt à la banque depuis 1977, les Torio doivent encore 400 000 $ et sont menacés de saisie», peut-on lire dans l'*Union Farmer*.

Le cas des Torio est un cas typique. Les pressions que la Banque de Montréal a exercées sur les Torio pour qu'ils changent de domaine de production sont une pratique courante. Les banquiers s'assurent ainsi que les agriculteurs demeurent endettés. C'est ainsi qu'ils gagnent leur argent.

Lorsqu'une banque prête de l'argent à des capitalistes industriels pour leur permettre d'agrandir leurs usines, les intérêts sur le prêt constituent la part de la banque dans la plus-value globale que le capitaliste industriel retire du travail non payé des travailleurs. Par contre, lorsqu'une banque prête de l'argent à un producteur agricole indépendant, les intérêts payés par l'agriculteur constituent une expropriation *directe* par la banque d'une partie de la valeur produite par l'agriculteur. La banque participe donc directement à l'exploitation de l'agriculteur.

Plusieurs organismes et programmes gouvernementaux visent à accroître l'endettement des agriculteurs. Des poursuites intentées par des agriculteurs québécois contre l'Office du crédit agricole du Québec, en mars 1985, ont déjà permis de montrer que l'Office a exagéré les avoirs de certains agriculteurs pour les inciter à accepter des prêts supérieurs à ceux qu'ils demandaient.

La location des terres constitue un autre moyen par lequel les capitalistes extorquent une partie des valeurs produites par les agriculteurs et les agricultrices. Au Canada, près de 37 % des agriculteurs louent la terre sur laquelle ils travaillent en tout ou en partie. Pour ces agriculteurs, la location de la terre a représenté en 1981 une dépense d'au moins 630 millions de dollars.

Au moins 45 % des loyers sont payés soit en nature soit en part de la production ou des revenus. Cette version moderne de métayage est de plus en plus répandue. L'accord type prévoit que l'agriculteur paiera comme loyer le tiers du revenu total des ventes de sa récolte, le propriétaire s'engageant à payer les impôts fonciers.

La location de la terre constitue un obstacle au développement de l'agriculture. Les propriétaires fonciers tentent de signer des baux relativement courts afin de renégocier le plus rapidement possible des baux à loyers plus élevés. Les agriculteurs hésitent à apporter des améliorations durables à leur terre, parce qu'ils savent que ces améliorations — qui entraînent une augmentation des coûts de production pour les agriculteurs — profiteront aux propriétaires fonciers. Ceux-ci se serviront de ces améliorations pour justifier des hausses de loyer lors de la signature du bail suivant.

Ce système de location, en particulier sous sa forme de métayage, illustre le caractère parasitaire des propriétaires fonciers capitalistes. Ces derniers ne contribuent d'aucune façon à la production. Ils n'acquièrent le droit de profiter du travail d'autrui que par le fait de posséder un titre de propriété.

Pour compléter le tableau, il faut aussi parler d'une autre couche d'exploiteurs parasitaires: les spéculateurs fonciers. Ces derniers, qui ne participent pas non plus à la production, réussissent à accumuler des fortunes en profitant des variations de prix de la terre. Le grand capital fait de plus en plus appel à cette façon de faire des profits.

En plus de ces formes particulières d'exploitation des producteurs marchands indépendants, de nombreux agriculteurs sont aussi exploités en tant que travailleurs salariés. Dans le but de gagner un revenu suffisant pour vivre, ces agriculteurs semi-prolétaires sont obligés de chercher du travail dans l'industrie, dans une autre ferme ou ailleurs. Ces agriculteurs, comme tous les autres travailleurs exploités, sont aussi victimes des autres fléaux de la société capitaliste: les guerres impérialistes, le racisme et l'oppression nationale, l'oppression des femmes, l'inflation, l'énergie nucléaire et les autres formes de destruction de l'environnement, etc.

II. LES LUTTES POUR LE CONTRÔLE DE LA TERRE

L'HISTOIRE de la lutte pour le contrôle de la terre au Canada permet de mieux comprendre l'importance pour la classe ouvrière de constituer une alliance avec les agriculteurs exploités. La section qui suit décrit les liens qui existent entre les luttes pour la terre et l'oppression nationale de nombreuses minorités au Canada. Cette section décrit également le processus de collaboration qui s'est établi entre les agriculteurs et les travailleurs au cours du dernier siècle, processus qui a conduit à la formation de la Co-operative Commonwealth Federation (CCF) et du Nouveau Parti démocratique (NPD), deux partis politiques du mouvement ouvrier.

Une prison des peuples

LE CANADA a une superficie de près de dix millions de kilomètres carrés. Cet immense territoire a été occupé pendant plus de 20 000 ans par des autochtones. Ils étaient environ un quart de million, au début du XVIIe siècle, lorsque les premiers colons européens venus s'établir de façon permanente sont arrivés ici. Ces peuples indigènes avaient une organisation sociale de type communautaire, sans propriété privée de la terre.

L'arrivée des colons européens a déclenché une lutte féroce pour le contrôle de la terre. Cette lutte a été au coeur du processus qui a conduit à l'oppression nationale des Amérindiens, des Acadiens, des Québécois et des Métis. Ce processus a peu à peu transformé le Canada en la prison des peuples qu'il est maintenant.

Les premières victimes de cette lutte ont été les peuples indigènes. Au cours d'une période qui allait durer plus de deux siècles, les marchands, les seigneurs semi-féodaux, la monarchie française puis britannique, l'Eglise, les spéculateurs et les capitalistes ont peu à peu volé toutes leurs terres. Plus d'un million d'Amérindiens, d'Inuits et de Métis vivent encore aujourd'hui au Canada. Environ 200 000 Amérindiens vivent dans plus de 2 200 réserves dont la superficie totale représente moins de 0,3 % de la superficie du Canada. Quant aux Inuits, ils ont eux aussi été dépossédés de leur immense territoire dans le nord du Canada actuel.

Avec l'arrivée croissante de nouveaux colons français, la Nouvelle-France s'est d'abord développée comme un territoire principalement commercial au profit des marchands, spécialisés surtout dans le commerce des fourrures. Ces commerçants ont exploité tout d'abord le travail des Amérindiens auxquels ils achetaient des fourrures à un prix dérisoire. Par la suite, ils ont exploité de plus en plus les nouveaux colons.

L'agriculture a d'abord servi à nourrir ceux qui étaient impliqués dans le commerce. Puis, avec l'arrivée croissante de nouveaux colons, elle s'est développée jusqu'à constituer la principale activité économique et commerciale de l'immense majorité de la population.

Les colonisateurs français ont imposé en Nouvelle-France une forme modifiée des relations féodales sur la terre, qui étaient encore dominantes en France, même si elles avaient commencé à s'y désintégrer (la colonisation a commencé plus d'un siècle et demi avant la révolution démocratique-bourgeoise française de 1789-1795). Environ 7,5 millions d'acres, qui avaient été arrachés aux Amérindiens, ont été distribués à 375 seigneurs, qui ont utilisé leurs terres sur une base commerciale. La hiérarchie catholique s'est appropriée le quart de ces terres.

Les paysans ont été soumis à des formes semi-féodales d'exploitation: rentes de toutes sortes (aussi bien en argent qu'en nature); travail gratuit obligatoire sur les terres du seigneur au moment de l'ensemencement et de la récolte (la corvée); obligation de faire moudre son grain (à prix élevé) dans le moulin du seigneur; obligation de payer la dîme à l'église.

La déportation des Acadiens

DANS SA LUTTE contre la France pour contrôler les territoires d'Amérique du Nord, l'Angleterre a d'abord conquis le territoire occupé par la population francophone de l'Acadie, sur la côte Atlantique, en 1710. Pour maintenir le contrôle de leur nouveau territoire, les commerçants anglais ont eu besoin d'accroître rapidement la population anglaise de cette région. La présence des Acadiens sur les terres les plus fertiles constituait un obstacle à cette colonisation. C'est ainsi que les petits agriculteurs acadiens sont devenus les secondes victimes de la lutte pour la terre.

En 1755, 6 000 Acadiens ont été déportés de Nouvelle-Ecosse. Toutes leurs maisons et tous leurs biens, notamment 118 000 têtes de bétail, leur ont été retirés. En 1763, seulement un millier d'Acadiens vivaient encore en Nouvelle-Ecosse. Dans les années qui ont suivi cette brutale déportation, les Acadiens se sont établis dans presque toutes les treize colonies américaines de l'Angleterre. Beaucoup d'entre eux se sont établis en Louisiane, où leurs descendants sont aujourd'hui appelés les «Cajuns», un dérivé du mot «Acadiens».

Aujourd'hui, plus de deux siècles après ces déportations, les Acadiens — qui constituent 30 % de la population du Nouveau-Brunswick — luttent encore pour la reconnaissance de leurs droits linguistiques et culturels.

L'Angleterre a achevé sa conquête militaire de la Nouvelle-France en 1760, faisant perdre à la France ses dernières colonies en Amérique du Nord. En Angleterre, contrairement à la situation en France, les rapports féodaux dans l'agriculture avaient cessé d'être dominants quatre siècles auparavant. De plus, au milieu du XVIIe siècle, une révolution démocratique-bourgeoise y avait limité considérablement le pouvoir de la monarchie et avait concentré le pouvoir dans les mains d'une alliance des marchands des villes et d'une nouvelle classe de propriétaires fonciers capitalistes. Au moment de la Conquête de la Nouvelle-France, une couche de capitalistes manufacturiers était en train d'établir son pouvoir économique en Grande-Bretagne. Ce pays était alors à la veille de sa révolution industrielle.

La victoire du capitalisme marchand britannique n'a cependant pas entraîné l'abolition rapide des formes semi-féodales de production agricole en Nouvelle-France. En fait, dans les années qui ont suivi la Conquête, les rentes semi-féodales ont été arrachées aux paysans francophones avec une énergie renouvelée, les autorités coloniales et les marchands anglais facilitant la tâche aux propriétaires fonciers.

Les Britanniques, menacés par la révolte de leurs treize colonies américaines et encore très faibles numériquement au Canada, ont cherché à établir une alliance de classe réactionnaire avec les seigneurs du Québec et avec l'Eglise catholique. Cette alliance a été formalisée dans l'Acte de Québec de 1774. Elle s'est traduite par le maintien du système seigneurial de propriété foncière, des privilèges de la hiérarchie catholique et du code civil français.

Cette alliance a permis aux conquérants britanniques de consolider leur domination au Canada. La grande majorité des seigneurs français ont par la suite abandonné leurs terres et sont retournés en France. Les marchands et officiers anglais se sont emparés des meilleures seigneuries, continuant à les exploiter selon les méthodes traditionnelles. D'immenses régions du Québec ont aussi été cédées à des compagnies anglaises, en particulier dans les Cantons de l'est. Ces compagnies les ont revendues ensuite à des Loyalistes, qui avaient fui les treize colonies pendant la Révolution américaine, surtout après la défaite du pouvoir colonial anglais. Les petits agriculteurs anglais et américains, qui ont commencé à venir en grand nombre au Canada et qui se sont établis sur ces terres, n'ont jamais été soumis à la tenure seigneuriale.

Les paysans français avaient très peu de possibilités d'acquérir ces nouvelles terres. Ils étaient confinés aux terres seigneuriales. Entre 1784 et 1831, la population sur ces terres a augmenté de 234 %. Incapables de survivre dans de telles conditions et trop pauvres pour acheter de nouvelles terres ailleurs au Québec, beaucoup de ces paysans ont émigré aux Etats-Unis. En 1900, plus de 500 000 Québécois vivaient dans le Maine, le New Hampshire, le Vermont, le Massachusetts, le Rhode Island et le Connecticut.

LE MAINTIEN des rapports fonciers semi-féodaux a eu un effet désastreux sur le développement de l'agriculture au Québec. La situation des paysans, accablés de rentes et d'impôts de toutes sortes, a entravé leurs capacités productives agricoles; de plus, le maintien de leur niveau de vie au strict minimum vital a limité le développement d'un marché interne qui aurait pu stimuler le secteur manufacturier et le commerce.

Le maintien des paysans français sur les terres seigneuriales a entraîné une subdivision des terres à chaque génération. Les terres des paysans ont pris la forme de longues bandes de terre de plus en plus étroites. Ce système empêchait la rotation des terres, réduisait leur fertilité et rendait très difficile l'utilisation de nouvelles techniques. Il freinait le développement des routes et des moyens de communication dans la campagne québécoise.

La tenure seigneuriale au Canada n'a cependant jamais pris une forme vraiment féodale. Dès le début, les formes semi-féodales d'exploitation des paysans ont permis aux riches propriétaires fonciers et aux marchands — qui constituaient une bourgeoisie commerciale naissante — d'accumuler du capital. Ce processus, qui avait débuté au cours de la colonisation française, au XVIIe siècle, s'est accéléré sous la domination de la Grande-Bretagne, qui était alors la principale puissance commerciale au monde.

Les effets du système seigneurial ont disparu très lentement au Québec. Ce système a subi des coups très durs, de 1822 à 1854, avec l'adoption par les autorités coloniales d'une série de réformes partielles. Ces réformes ont été le produit des luttes nationales et démocratiques qui se sont développées au Canada au cours de cette période; elles ont reflété l'influence au Canada des révolutions démocratiques-bourgeoises européennes.

Les rentes et les impôts semi-féodaux ont disparu au milieu du XIXe siècle, mais ils ont été remplacés par des méthodes purement capitalistes d'exploitation des paysans. Les rentes semi-féodales ont été remplacées par des rentes en argent — sauf si les paysans étaient en mesure de trouver les énormes sommes d'argent nécessaires pour acheter leurs terres aux propriétaires fonciers. Au cours du siècle qui a suivi, les paysans sont devenus en fait de petits propriétaires indépendants.

Mais ce n'est qu'en 1940 que les dernières rentes à payer aux seigneurs ont été abolies par le Parlement fédéral. A ce moment-là 60 000 fermiers (44 % des fermes du Québec) payaient encore 212 000 $ de rente par année à 242 seigneurs. Et même alors, les paysans ont dû continuer pendant plusieurs décennies à rembourser la banque gouvernementale qui avait assumé le remboursement final de ces rentes aux propriétaires fonciers.

La Révolution américaine de 1775-1783 a constitué la première menace sérieuse à la domination de l'alliance de la classe des marchands anglais et des propriétaires fonciers au Canada. Les révolutionnaires, regroupés autour d'une nouvelle bourgeoisie marchande et foncière américaine, cherchaient à libérer les treize colonies de la domination britannique et à constituer une nouvelle nation indépendante. Dans leur lutte contre les marchands et les propriétaires fonciers anglais, les paysans du Québec[5] regardaient avec beaucoup de sympathie la révolution qui se déroulait au sud pour la démocratie et pour la fin de l'oppression coloniale.

Les révolutionnaires américains ont fait de grands efforts pour se trouver des alliés au sein de la population du Québec, promettant de défendre les droits linguistiques et culturels de la majorité francophone et condamnant le maintien par la Grande-Bretagne du système de travail forcé que constituait la corvée. En mai 1776, Benjamin Franklin, le dirigeant révolutionnaire américain, est venu à Montréal pour chercher des appuis à la rébellion anticoloniale. Les combattants pour l'indépendance américaine ont adressé des lettres et des manifestes au peuple du Québec, expliquant les objectifs de leur révolution démocratique.

L'Eglise catholique a multiplié les pressions pour obliger les paysans du Québec à soutenir la Couronne britannique. Les seigneurs ont essayé d'enrôler leurs censitaires pour affronter les troupes américaines. Mais tous leurs efforts contre-révolutionnaires ont été vains. «Les paysans canadiens, soulignait le gouverneur anglais du Québec pendant la Révolution américaine, ont non seulement déserté mais beaucoup d'entre eux ont même pris les armes contre la Couronne»[6]. On estime que 500 Québécois ont rejoint les rangs de l'Armée révolutionnaire continentale.

La Révolution américaine a donné lieu à la première des nombreuses crises de conscription au Québec. Mais elle n'a pas empêché les marchands anglais de consolider leur domination.

L'opposition féroce de la classe dominante anglaise à la Révolution américaine a aussi laissé son empreinte sur le développement de l'agriculture dans le Haut-Canada (l'Ontario actuel). Pour éviter la propagation des idées républicaines, les autorités britanniques ont consciemment essayé de créer une aristocratie foncière coloniale en cédant d'immenses terres à quelques grands propriétaires fonciers. Un grand nombre de Loyalistes américains fuyant les treize colonies — les «contras» de l'époque — sont venus au Canada. Pour les récompenser de leur loyauté, les autorités coloniales leur ont accordé de grandes surfaces de terre.

En 1824, sur les 16 millions d'acres de terres cadastrées dans le Haut-Canada, 11 millions avaient été distribuées, généralement gratuitement, à de riches propriétaires. Les autorités avaient aussi réservé un septième de toutes les terres cadastrées à la Couronne et un autre septième à la hiérarchie de l'Eglise anglicane, malgré le fait que la plupart des colons appartenaient à d'autres confessions.

L'octroi de ces terres à l'Eglise et à une poignée de familles riches a freiné le développement de l'agriculture. Les grands propriétaires étaient souvent plus intéressés à spéculer sur leurs terres qu'à les faire cultiver.

La terre est donc devenue l'objet d'intenses luttes de classes dans le Haut comme dans le Bas-Canada. Les petits agriculteurs luttaient dans les deux provinces contre le monopole de la propriété terrienne et contre les privilèges du clergé qui avait reçu plus de trois millions d'acres de terre en tout.

Le soulèvement de 1837-1838

TANT DANS le Haut que dans le Bas-Canada, les luttes des paysans pour le contrôle de la terre ont fait partie d'une série d'autres revendications démocratiques dont la principale était l'établissement d'un gouvernement élu et responsable devant la population. A travers ces luttes, dans les premières décennies du XIXe siècle, les paysans se sont liés de plus en plus à d'autres couches sociales, dont une section de la bourgeoisie canadienne montante, pour demander l'indépendance du Canada.

Au Bas-Canada, les Britanniques ont non seulement maintenu les formes seigneuriales d'oppression de classe de la paysannerie, mais ils ont aussi relégué la langue française à un statut inférieur et imposé aux francophones d'autres formes de discrimination. Etant donné l'alliance réactionnaire établie par l'Acte de Québec, la lutte des paysans contre les propriétaires fonciers a pris la forme d'une lutte contre le pouvoir colonial anglais. Les paysans faisaient consciemment le lien entre les seigneurs qui les exploitaient et les autorités coloniales britanniques. «On dit de moi... que je suis Anglais» disait Mgr Briand en parlant des paysans. «Je suis Anglais, en effet... ils le doivent être aussi»[7].

Les revendications des agriculteurs du Bas-Canada ont été résumées en février 1838, dans la déclaration d'indépendance de Robert Nelson. Les révolutionnaires du Bas-Canada revendiquaient l'émancipation du Canada de «toute allégeance à la Grande-Bretagne»; l'établissement d'une «forme républicaine de gouvernement»; la dissolution de «toute union entre l'Eglise et l'Etat»; l'abolition de la «tenure féodale ou seigneuriale des terres... aussi complètement que si telle tenure n'eût jamais existé au Canada»; et l'usage des «langues française et anglaise...

dans toutes les affaires publiques.»[8]

La lutte des agriculteurs contre leurs exploiteurs a contribué au soulèvement révolutionnaire armé de 1837-38, dans le Haut et le Bas-Canada. Ce soulèvement dirigé contre la domination coloniale anglaise a marqué le début d'une révolution démocratique-bourgeoise qui devait finalement échouer sous les coups de l'armée britannique.

Les agriculteurs ont joué un rôle central dans ce soulèvement. Au Bas-Canada, après la défaite de la rébellion, 66 des 108 accusés étaient des agriculteurs. Parmi les 12 dirigeants révolutionnaires pendus, cinq étaient des agriculteurs. Au Haut-Canada, parmi les 885 combattants démocrates qui ont été arrêtés ou qui se sont enfuis, 375 étaient des agriculteurs et 425 des travailleurs salariés ou des artisans.

Bien que la rébellion de 1837-1838 ait pris des formes plus aiguës au Québec qu'en Ontario, elle a aussi révélé la tendance de la révolution à unifier les démocrates et les producteurs des deux colonies.

Les révolutionnaires anglophones du Haut-Canada ont donné leur appui aux Patriotes francophones du Bas-Canada. «Les réformistes du Haut-Canada, disait une résolution adoptée en juillet 1837, sont appelés, par leurs sentiments, leurs intérêts et leurs devoirs, à faire cause commune avec leurs concitoyens du Bas-Canada. Leur écrasement présagerait le nôtre tandis que la réparation des injustices qu'ils subissent serait la meilleure garantie de redressement de celles que nous connaissons.»[9]

L'écrasement de la rébellion par les autorités anglaises et par leurs collaborateurs (dont la hiérarchie catholique) a fait des agriculteurs du Haut et du Bas-Canada les troisièmes victimes de la lutte pour la terre. Cette défaite a consolidé la domination des grands propriétaires fonciers et des grands marchands et préservé la domination coloniale anglaise.

L'échec de la rébellion de 1837-1838 a été la défaite de la lutte pour éliminer l'héritage du système seigneurial par des moyens révolutionnaires. Le succès de cette entreprise aurait permis de briser le pouvoir des propriétaires fonciers du Québec et de donner la terre à ceux et celles qui la travaillaient. Une telle révolution agraire aurait permis un développement beaucoup plus rapide de l'agriculture au Québec. L'échec de cette tentative a eu des effets qui sont encore visibles.

Au moment de la Deuxième Guerre mondiale, les revenus provenant de l'agriculture étaient encore deux fois moindres au Québec qu'en Ontario, bien que la population agricole ait été à peu près la même dans les deux provinces (254 000 personnes au Québec et 264 000 en Ontario). Il y avait trois fois moins de camions utilisés sur les fermes québécoises que sur les fermes ontariennes, huit fois moins de tracteurs, cinq fois moins de trayeuses (alors que le lait est le plus important secteur agricole au Québec), deux fois moins d'engrais chimiques. On y utilisait trois fois moins d'électricité, on y retrouvait six fois moins de silos, etc.

Ces chiffres donnent une idée encore trop avantageuse de la situation véritable de la grande majorité des agriculteurs québécois au moment de la Deuxième Guerre mondiale, car ils incluent les descendants des Loyalistes établis dans les Cantons de l'Est qui n'ont jamais été soumis à la tenure seigneuriale.

Ce retard de l'agriculture au Québec a été à la fois un produit et une cause de l'oppression nationale des Québécois. Bien que ce retard ait été comblé en grande partie depuis la Deuxième Guerre mondiale, grâce à une modernisation rapide de l'agriculture du Québec, il est encore visible aujourd'hui. En 1981, la valeur moyenne des fermes était plus de deux fois plus élevée dans l'ensemble du Canada qu'au Québec. La valeur totale des machines et du matériel par ferme était 37 % plus élevée dans l'ensemble du Canada qu'au Québec.

Dès la défaite de la rébellion de 1837-1838, la bourgeoisie canadienne, qui se développait parmi les colons les plus aisés, a organisé une vaste offensive pour diviser les agriculteurs et les autres producteurs du Québec de ceux du Canada anglais.

En fait, l'une des principales conséquences de la défaite de 1837-1838 a été de mettre un terme au processus d'unification des producteurs du Haut et du Bas-Canada qui s'était accéléré dans le cours de la Révolution.

LA BOURGEOISIE canadienne a entrepris un processus d'institutionalisation de l'oppression nationale des Québécois. Elle a poursuivi ce but en collaboration directe avec les autorités coloniales britanniques qui étaient à l'origine de cette attaque.

Dans un rapport destiné à Londres, Lord Durham — qui avait été envoyé au Canada par le gouvernement britannique après l'écrasement de la rébellion — a proposé de réprimer brutalement la langue et la culture françaises. L'imposition forcée de la langue anglaise, a déclaré Lord Durham, devrait permettre d'établir, «une bonne fois et pour toujours, le caractère national de la province ... Le premier objet d'aucun plan qui sera adopté pour le Bas-Canada devrait être d'en faire une province anglaise ... L'ascendance ne devrait être placée qu'entre les mains d'une population anglaise.»[10]

La consolidation de l'oppression de la nation québécoise a été ratifiée par l'adoption par Londres de l'Acte de l'Union, en 1840, et celle de la Constitution canadienne, l'Acte de l'Amérique du Nord britannique (AANB), en 1867.

L'Acte de l'Union, par lequel le Haut et le Bas-Canada ont été regroupés en une seule province, a interdit l'usage du français au Parlement — une interdiction qui a été abolie plus tard; il a marqué le début d'une tentative, qui s'est poursuivie jusqu'à ce jour, de nier les droits linguistiques de la population francophone du Québec et du reste du Canada.

L'Acte de l'Union a accordé au Haut-Canada, dont la population ne représentait que 60 % de celle du Bas-Canada, le même nombre de représentants au Parlement que le Bas-Canada. Il a transféré le fardeau de l'énorme dette qu'avait accumulée le Haut-Canada sur les épaules des paysans québécois.

Vingt-sept ans plus tard, les colonies britanniques les plus importantes en Amérique du Nord ont été regroupées en une confédération, lors de l'adoption de l'AANB. Cet Acte, qui niait au Québec son caractère national distinct et ses droits, a réduit le Québec au statut d'une province parmi d'autres. La nouvelle constitution, par laquelle la Grande-Bretagne a concédé une grande autonomie à l'Etat canadien (tout en conservant le contrôle de la défense militaire et de la politique étrangère), a sérieusement limité les droits des Québécois.

Utilisant le retard de l'agriculture au Québec comme «preuve» de l'intelligence et des capacités inférieures des «habitants» du Québec, la bourgeoisie a mené une campagne chauvine antiquébécoise parmi les travailleurs et les agriculteurs du Canada anglais.

Elle a utilisé les conditions de misère prévalant dans la campagne québécoise pour exercer une pression à la baisse sur les salaires des travailleurs et des travailleuses, en premier lieu ceux du Québec mais aussi ceux du Canada anglais. Si les «habitants» du Québec étaient capables de vivre avec aussi peu, tous les autres devaient en faire autant.

La fondation de la Confédération canadienne en 1867 a donc été le produit de la défaite de la révolution démocratique-bourgeoise de 1837-1838. A la suite de cette défaite, les autorités coloniales anglaises se sont associées avec les secteurs les plus dociles et les plus sûrs de la bourgeoisie canadienne montante pour imposer une constitution bourgeoise qui visait à maintenir une division permanente entre les travailleurs anglophones et francophones et à codifier l'oppression nationale des Québécois et leur statut de citoyens de deuxième zone.

La Constitution a maintenu au Québec un système scolaire confessionnel divisant la population selon des lignes nationales et linguistiques. Ce système scolaire basé sur la langue et la religion existe encore aujourd'hui. Il fournit aux Québécois une instruction de qualité inférieure. La Constitution canadienne a fait échouer toutes les tentatives des Québécois pour établir un système scolaire unique, laïque et unilingue français. Depuis 1979, par exemple, une série de décisions judiciaires ont invalidé de telles tentatives en les déclarant inconstitutionnelles.

L'établissement de la Confédération en 1867 a confirmé la défaite de la lutte des paysans du Québec pour la terre et l'indépendance nationale par rapport à la Grande-Bretagne. Il a aussi signifié la défaite des initiatives qui avaient été prises pour constituer un front de lutte avec les démocrates anglophones et les travailleurs du Haut-Canada. La voie a ainsi été fermée à une révolution démocratique-bourgeoise qui aurait pu permettre l'établissement d'un Canada uni et bilingue, dans lequel les travailleurs et les agriculteurs (devenus des propriétaires libres) auraient eu des droits égaux, indépendamment de leur langue. Au lieu de cela, les classes dominantes contre-révolutionnaires canadienne et britannique ont fondé l'Etat canadien sur l'oppression des Québécois, des Acadiens et des autres communautés francophones, ainsi que des Amérindiens.

Mais les serviteurs de la couronne et du capital avaient compté sans la ténacité et la volonté de lutte des agriculteurs et des autres producteurs du Québec qui ont refusé de céder aux tentatives d'éliminer leur langue et leur culture. C'est la bourgeoisie qui est responsable de la constitution d'une nation opprimée au coeur du Canada. Mais ce sont les producteurs francophones qui sont à l'origine du développement de la conscience nationale du peuple québécois, à travers plus de 150 ans de luttes et de résistance contre la discrimination systématique et les inégalités sociales.

La répression des Métis

DANS LA PÉRIODE qui a suivi l'établissement de la Confédération canadienne, en 1867, le centre de gravité de la lutte pour la terre s'est déplacé vers l'Ouest, vers les Prairies. Le premier recensement officiel du Canada, en 1871, a révélé que 3 % de la population, soit un peu moins de 110 000 personnes, vivait à l'ouest de l'Ontario. Parmi elles, se trouvaient des Amérindiens ainsi qu'un bon nombre de Métis, un peuple d'origine amérindienne, anglaise et française. Les Métis, dont la plupart parlaient français et les autres anglais, vivaient principalement d'agriculture et de chasse.

Au lendemain de l'adoption de l'AANB, le gouvernement fédéral canadien, qui avait obtenu juridiction sur les Affaires indiennes, a pris des mesures pour prendre possession de tout l'empire de la compagnie de la Baie d'Hudson, dans l'Ouest canadien. La compagnie prétendait avoir reçu les titres de propriété sur ces terres de la Couronne anglaise, en 1670. Sa présence dans l'Ouest se limitait cependant à quelques postes de traite. La décision du gouvernement canadien de prendre ces terres avait comme principal objectif de protéger toute cette région contre l'expansion territoriale américaine et d'établir la domination britannique sur toute la moitié nord du continent.

Les Métis ont mené une lutte courageuse contre ce vol de leurs terres. Ils se sont soulevés à deux reprises, en 1869-1870 et en 1885. A la suite du premier soulèvement, des concessions partielles ont été accordées aux Métis dans l'Acte du Manitoba qui marquait l'entrée de cette province dans la Confédération canadienne en 1870. C'est ainsi que les droits linguistiques des Métis francophones et les droits territoriaux des Métis ont été formellement reconnus.

Cependant, victimes de la persécution systématique et du vol de leurs terres par les spéculateurs, beaucoup de Métis ont été obligés d'aller vers l'Ouest, en Saskatchewan. C'est là qu'a débuté la seconde rébellion des Métis, au milieu des années 1880. La bourgeoisie canadienne a noyé ce soulèvement dans le sang. Le chef des Métis, Louis Riel, a été pendu, le 16 novembre 1885. La défaite de cette révolte a ouvert la voie à une véritable campagne de terreur et de répression contre le peuple métis. Celui-ci a été privé de tous ses droits fondamentaux. En 1890, le gouvernement manitobain a adopté une loi déclarant cette province unilingue anglaise, en violation flagrante des termes de l'Acte du Manitoba de 1870. En 1916, une autre loi a interdit tout enseignement en français. Ces lois ont fait partie d'un ensemble de mesures prises par la bourgeoisie canadienne pour assimiler la population francophone des Prairies. Ces mesures d'assimilation ont réussi dans une large mesure. La population francophone, qui était majoritaire à la mort de Louis Riel, ne représente plus que 5 % de la population manitobaine. Les Franco-Manitobains luttent encore aujourd'hui pour faire reconnaître leurs droits tels qu'ils sont inscrits dans l'Acte du Manitoba.

C'est ainsi que les petits agriculteurs et chasseurs métis de l'ouest du Canada sont devenus les quatrièmes victimes de la lutte pour le contrôle de la terre.

La révolte des Métis a été la seule rébellion de masse contre l'AANB au Canada, mais elle a été un reflet de l'opposition beaucoup plus large des opprimés et des exploités du Canada à cette constitution réactionnaire. Un mouvement de protestation contre la pendaison de Louis Riel s'est répandu à travers tout le Canada, mais principalement au Québec. «Louis Riel sera pendu, même si tous les chiens du Québec aboient en sa faveur», a déclaré le premier ministre du Canada John A. Macdonald. Six jours après la pendaison de Louis Riel, 50 000 personnes ont exprimé leur colère et leur indignation dans les rues de Montréal, dans ce qui a été l'une des plus importantes manifestations de l'histoire du Québec.

Encore aujourd'hui, la question de la terre est au coeur de toute tentative de résolution de l'oppression nationale des autochtones et des Métis. Quant aux agriculteurs québécois et acadiens, le lien entre leur oppression nationale et leur exploitation en tant que producteurs indépendants apparaît encore dans les conditions inférieures dans lesquelles ils doivent cultiver la terre. La montée du mouvement national québécois, depuis la Deuxième Guerre mondiale, a stimulé la résistance des agriculteurs québécois face aux effets de la crise économique actuelle sur leurs conditions de vie. Elle favorise aussi leurs luttes contre les menaces de saisie et d'expropriation par les banques.

Les agriculteurs, le mouvement ouvrier et l'action politique

LES PRAIRIES sont le coeur de l'agriculture canadienne. Elles concentrent encore aujourd'hui 80 % des terres utilisées pour l'agriculture au Canada.

Le développement de l'agriculture dans la région des Prairies s'est fait beaucoup plus tard au Canada qu'aux Etats-Unis. L'agriculture dans les Prairies canadiennes n'a pu se développer de manière intensive qu'à partir du moment où les terres arables ont commencé à manquer aux Etats-Unis.

Une série de facteurs distincts ont stimulé le développement des Prairies dans les années qui ont suivi la défaite des Métis, en 1885.

Il y a d'abord eu la migration vers l'ouest des travailleurs de l'est du Canada et de la masse des nouveaux immigrants qui voulaient posséder de la terre et améliorer leurs conditions de vie. Une série de lois ont été adoptées dans les années suivant la Confédération qui ont permis à quelques travailleurs d'obtenir des terres gratuites dans l'Ouest.

La colonisation de l'Ouest correspondait aussi aux intérêts de classe de la bourgeoisie qui désirait développer l'économie nationale et l'Etat canadiens. Le gouvernement canadien a octroyé aux compagnies manufacturières et ferroviaires de vastes étendues de terres volées aux Amérindiens et aux Métis. Le Canadien Pacifique a reçu du gouvernement canadien 44 millions d'acres de terre, soit à peu près la superficie combinée du Nouveau-Brunswick, plus deux fois celle de la Nouvelle-Ecosse. Cela a contribué à faire du Canadien Pacifique la plus grande et la plus riche compagnie canadienne. La bourgeoisie canadienne a consciemment cherché à stimuler l'agriculture dans l'Ouest pour constituer une base pour ses affaires.

Une fois amorcé, le développement de l'agriculture dans les Prairies a été rapide. De 1896 à 1913, le pourcentage de la population canadienne vivant dans les Prairies est passé 7 à 20 %. La surface cultivée a augmenté de sept fois et la production de blé de dix fois.

Les agriculteurs étaient pour la plupart des producteurs de blé. Les variations fréquentes de la quantité de blé produit et de son prix rendaient leur situation très précaire. Par exemple, en 1921 et en 1930, le rendement de blé à l'acre a chuté de moitié par rapport à l'année précédente. Les revenus des ventes de blé à l'acre ont été dix fois moindres en 1937 qu'en 1917. Le prix du blé était sept fois plus élevé en 1919 qu'en 1932, etc.

Ces brusques variations et l'insécurité qui en résultait ont eu pour effet d'accentuer le mécontentement des agriculteurs de l'Ouest face à la domination croissante de l'agriculture par les banques et les compagnies de transport et de distribution. Au cours des premières décennies de ce siècle, les Prairies sont devenues la scène de plusieurs grandes mobilisations.

Ces mobilisations ont laissé des traces qui sont encore visibles aujourd'hui non seulement sur le mouvement des agriculteurs mais aussi sur le mouvement ouvrier.

Les liens entre le mouvement des agriculteurs et le mouvement syndical ont été étroits dès le départ. Au Canada, les deux mouvements ont émergé à peu près à la même époque. Beaucoup d'agriculteurs qui s'étaient installés dans l'Ouest étaient d'anciens ouvriers. Une étude effectuée au début des années 30 a révélé que 37 % des agriculteurs en Saskatchewan et en Alberta avaient été auparavant des ouvriers. Beaucoup étaient des immigrants qui avaient participé au mouvement socialiste européen.

AU COURS de leurs mobilisations, les agriculteurs des Prairies ont avancé des revendications de plus en plus radicales. Ils ont revendiqué, par exemple, la nationalisation des chemins de fer, des grandes compagnies et des banques. Pour faire face aux politiques de prix des grands monopoles, ils ont mis sur pied un grand nombre de coopératives, en particulier pour la commercialisation du blé.

A travers leurs luttes et leurs mobilisations, les agriculteurs ont commencé peu à peu à déboucher sur le terrain de l'action politique et à mettre sur pied leurs propres partis dans plusieurs provinces. Au cours de la Première Guerre mondiale et dans les années qui ont suivi, ces partis ont remporté de grands succès électoraux. Les souffrances économiques et sociales de la guerre et de l'après-guerre et la Révolution russe de 1917 ont stimulé la radicalisation des agriculteurs et des travailleurs du Canada. Beaucoup d'agriculteurs et de travailleurs salariés ont adhéré ou ont appuyé le Parti communiste, fondé en 1919 par ceux qui cherchaient à suivre l'exemple des bolchéviques.

En Ontario, les Fermiers-Unis ont remporté les élections provinciales de 1919. Un autre parti d'agriculteurs a gagné les élections de 1921 en Alberta. Dans les deux cas, les partis des agriculteurs ont collaboré étroitement ou ont reçu l'appui de partis ouvriers organisés à l'échelle provinciale. Aux élections fédérales de 1921, les Progressistes, un autre parti issu des mobilisations des agriculteurs, ont remporté 65 sièges sur 245, dont 15 sur 16 en Saskatchewan. Une fois élus cependant, tous ces partis ont agi comme des défenseurs de l'ordre capitaliste. Ils ont perdu leur influence très rapidement. Issus des conditions très particulières de l'après-guerre, ils ont été sérieusement affaiblis par un début de stabilisation du capitalisme et par la montée de la réaction politique au début des années 20.

Mais à la fin des années 20 et au début des années 30, sous l'effet de la grande Dépression et d'une sécheresse d'une rigueur historique, les mobilisations des agriculteurs et des agricultrices des Prairies ont repris de l'ampleur. Leur radicalisation et celle du mouvement ouvrier ont mené à la fondation de la CCF, en 1933.

Dès ses débuts, la CCF a été l'expression organique des liens qui existaient entre le mouvement ouvrier et le mouvement des agriculteurs. La CCF avait des racines qui remontaient non seulement aux luttes des agriculteurs qui ont suivi la Première Guerre mondiale, mais également aux grandes luttes ouvrières de 1919 qui avaient débouché sur des grèves générales, principalement à Winnipeg et Vancouver, et sur plusieurs grèves de solidarité, notamment à Toronto et Montréal. Les agriculteurs et leurs organisations avaient appuyé ces grèves, comme l'a révélé l'élection de chacun des sept candidats ouvriers qui se sont présentés dans des circonscriptions rurales lors des élections de 1920 au Manitoba. Quatre dirigeants de la grève ont aussi été élus à Winnipeg, la capitale et le principal centre urbain du Manitoba.

En 1929, le Parti ouvrier indépendant (ILP) du Manitoba — une organisation dont les 500 membres étaient surtout des travailleurs — a organisé une conférence des partis ouvriers des quatres provinces de l'Ouest (le Manitoba, la Saskatchewan, l'Alberta et la Colombie-Britannique). Ces partis ont constitué la Conférence occidentale des partis ouvriers. Son objectif était «l'unification complète du mouvement ouvrier et du mouvement socialiste dans l'Ouest canadien». En 1932, l'ILP de la Saskatchewan et les Fermiers-Unis du Canada (Saskatchewan) ont fusionné pour constituer le Farmer-Labor Group.

Ce sont ces développements et d'autres développements similaires ailleurs qui ont mené au lancement de la CCF lors d'une réunion regroupant des délégués du mouvement syndical, d'organisations social-démocrates, d'organisations et de partis d'agriculteurs venant des provinces de l'Ouest et de l'Ontario. C'est en 1933 qu'a eu lieu le congrès de fondation du parti à Regina.

Cette nouvelle organisation était un parti ouvrier-agricole basé sur l'alliance des agriculteurs exploités et des travailleurs salariés. Ce parti est né des luttes de l'ensemble des travailleurs et des agriculteurs qui cherchaient à se doter d'un outil politique pour disputer le pouvoir gouvernemental aux partis bourgeois. Il a donc été l'expression d'une poussée vers l'action politique ouvrière indépendante.

La direction conservatrice de la principale organisation syndicale canadienne de l'époque, le Congrès des métiers et du travail du Canada (CMTC), qui regroupait des syndicats de métier, n'a cependant pas participé à la fondation de la CCF. Elle s'est même opposée à l'idée que les syndicats puissent appuyer la CCF. Les dirigeants du CMTC ont insisté pour préserver la «neutralité» politique des syndicats — comme si le mouvement ouvrier pouvait demeurer indifférent au résultat d'une bataille politique entre un parti basé sur la population laborieuse et les partis qui sont dirigés par et pour les riches bourgeois. C'est seulement avec l'arrivée du Congrès des organisations industrielles (CIO) et de l'organisation qui lui était affiliée au Canada, le Congrès canadien du travail (CCT), à la fin des années 30 et au début des années 40, que l'alliance politique des producteurs exploités a commencé à prendre la forme d'une affiliation des syndicats à la CCF.

Malgré les obstacles créés par la direction du CMTC, la CCF a obtenu dès le début l'appui de nombreux syndiqués en Colombie-Britannique, dans les trois provinces des Prairies et parmi les mineurs de charbon du Cap Breton, en Nouvelle-Ecosse. Lors des premières élections provinciales qui ont suivi sa fondation, la CCF a bénéficié d'un appui massif tant dans la province ouvrière qu'est la Colombie-Britannique, où elle a obtenu 31 % des voix en 1933, que dans la province principalement agricole qu'est la Saskatchewan, où elle a obtenu 24 % des voix en 1934. Et même dans cette dernière province, où la classe ouvrière et les syndicats étaient très faibles, la CCF portait déjà le sceau de cette alliance des organisations des agriculteurs et du mouvement ouvrier. Dans cette province comme partout ailleurs, la moitié des candidats de la CCF, au cours des premières années de son existence, était composée d'agriculteurs, de travailleurs ou de dirigeants syndicaux (les autres étaient des pasteurs, des membres des professions libérales et de petits hommes d'affaires). En 1944, la CCF a remporté les élections provinciales en Saskatchewan.

EN 1943, après la formation du CIO, le CCT a donné son appui à la CCF. Cette décision a été prise dans le contexte d'une grande vague de grèves visant à mettre fin au contrôle des salaires imposé durant la guerre et à défendre le niveau de vie et les droits syndicaux des travailleurs. Cette décision a entraîné un accroissement considérable de la popularité de la CCF en Ontario. Parmi les 34 candidats de la CCF élus dans cette province en 1943, 19 étaient des syndicalistes.

La CCF a donc pu se développer dans tout le Canada anglais grâce à la fusion de l'expérience des grandes mobilisations de travailleurs et d'agriculteurs, dans les premières décennies du XXe siècle. Au Québec, la CCF a acquis une base limitée, au moment de la montée des syndicats industriels, dans les années 40. En 1944, un organisateur du CIO a été élu au parlement fédéral sous la bannière de la CCF, dans la circonscription de Rouyn-Noranda.

Au moment de sa fondation, la CCF a adopté un programme qui, bien que ne sortant pas du cadre du capitalisme, reflétait tout de même les aspirations des travailleurs et des agriculteurs exploités et l'expérience qu'ils avaient acquise au cours de leurs années de lutte. Les revendications de la CCF comprenaient un moratoire sur les saisies de fermes, la «socialisation» des plus grands monopoles industriels et des banques, la nationalisation de la terre et l'opposition aux «guerres impérialistes».

La CCF avait une direction social-démocrate dont les perspectives et la stratégie se limitaient à la collaboration de classe. Avec cette direction, la CCF a rapidement mis sous le tapis ses revendications économiques et sociales les plus importantes.

Néanmoins, avec le développement des syndicats industriels, à la fin des années 30 et surtout au cours des années 40, un nombre croissant de travailleurs industriels se sont tournés vers la CCF. Durant la guerre, les syndicats industriels ont commencé à s'affilier en plus grand nombre à la CCF.

Le nombre de syndicats affiliés à la CCF a par la suite diminué pour augmenter de nouveau à la fin des années 50. En 1961, la CCF a collaboré avec le CTC pour lancer le NPD. Le NPD est basé beaucoup plus directement sur les syndicats que ne l'a été la CCF.

Aujourd'hui, de nombreux agriculteurs exploités se tournent vers le NPD pour trouver des appuis à leurs luttes. De nombreux agriculteurs et agricultrices sont membres du NPD, comme le sont beaucoup de syndiqués. Quelques agriculteurs se sont présentés pour le NPD dans les élections. C'est le cas d'Allen Wilford, le président de la Canadian Farmers Survival Association et auteur de *Farm Gate Defense*, qui s'est présenté aux élections de 1984.

La longue marche vers l'unité

DEPUIS LA DÉFAITE de la Révolution de 1837-1838, en même temps qu'ils cherchaient à diviser les travailleurs du Canada selon leurs nations et leurs langues, la bourgeoisie et ses porte-parole ont mené des campagnes politiques et idéologiques qui ont réussi à freiner le processus d'unification des agriculteurs du Québec et du Canada anglais.

Au début des années 20, par exemple, pour contrebalancer l'influence des Fermiers-Unis, qui étaient apparus en Ontario mais qui commençaient à se développer au Québec, la hiérarchie catholique a favorisé la constitution d'une organisation catholique des agriculteurs, l'Union catholique des cultivateurs (UCC), une organisation beaucoup plus conservatrice que les Fermiers-Unis. L'UCC est l'ancêtre de l'UPA. L'Eglise a d'ailleurs fait la même chose au sein du mouvement ouvrier en contribuant à la formation de la Confédération des travailleurs catholiques du Canada, l'ancêtre de la Confédération des syndicats nationaux.

Au cours de la Deuxième Guerre mondiale, la bourgeoisie canadienne a réussi à embrigader dans son offensive guerrière les directions centrales du mouvement ouvrier et du mouvement des agriculteurs au Canada anglais. Cet appui à la guerre, qui découlait d'une orientation de collaboration de classe, allait à l'encontre des intérêts de tous les travailleurs. Mais il a été particulièrement impopulaire parmi les travailleurs et agriculteurs québécois. (En 1942, dans un référendum sur la conscription, plus de 80 % des Québécois ont voté contre la conscription, alors que plus de 80 % ont voté pour au Canada anglais.) Cette orientation des bureaucrates syndicaux du Canada anglais, liée à leur refus d'appuyer les droits linguistiques et le droit à l'autodétermination de la nation québécoise opprimée, a renforcé les divisions entre les travailleurs francophones et anglophones au Canada.

Au cours de l'histoire, les agriculteurs ont fait preuve à plusieurs reprises d'une volonté de surmonter ces divisions nationales. (C'est également vrai dans le cas de la classe ouvrière du Canada anglais et du Québec. Mais pour les besoins de cet article, nous allons nous concentrer sur les exemples moins connus qui touchent les agriculteurs.)

Dans la deuxième moitié du XIXe siècle, par exemple, les agriculteurs du Québec et de l'Ontario se sont dotés de nombreuses organisations communes. En mai 1918, vers la fin de la Première Guerre mondiale, les agriculteurs du Québec et du Canada anglais ont participé à une manifestation commune à Ottawa contre la conscription. A notre connaissance, c'est la seule manifestation anticonscription qui ait regroupé des membres des deux nations.

Ce sont les Fermiers-Unis de l'Ontario qui ont pris l'initiative de convoquer la manifestation. Les agriculteurs du Québec se sont faits représenter en élisant des délégués dans chacune de leurs organisations locales. C'est ainsi qu'environ 1 500 délégués québécois sont allés à Ottawa.

Depuis lors, les agriculteurs du Canada anglais et du Québec ont organisé d'autres manifestations communes. Mais dans l'ensemble, ces manifestations ont été plutôt rares.

Depuis la Deuxième Guerre mondiale cependant, plusieurs changements ont contribué à améliorer les conditions pour l'unité d'action des agriculteurs du Canada anglais et du Québec.

L'un des changements les plus importants a été le développement de l'agriculture, en particulier au Québec.

Bien que la productivité de l'agriculture au Québec soit encore inférieure à celle du reste du Canada, elle s'est nettement accrue depuis la Deuxième Guerre mondiale. De 1976 à 1982, par exemple, le Québec est la province qui a connu le développement agricole le plus rapide. Cette modernisation a eu pour effet d'homogénéiser la condition et les préoccupations des agriculteurs du Québec et ceux du Canada anglais.

Le développement de l'agriculture, tant au Canada anglais qu'au Québec, a aussi eu pour effet d'élargir les horizons de tous les agriculteurs. En produisant de plus en plus pour le marché et de moins en moins pour leur consommation personnelle, les agriculteurs et les agricultrices ont été poussés à occuper une place plus centrale dans la vie économique et politique du pays. Ce changement a rendu beaucoup plus concrète la question de l'unité du mouvement des agriculteurs des deux nations.

L'accentuation des différenciations de classe entre les agriculteurs capitalistes et les petits agriculteurs pousse aussi les agriculteurs exploités de chaque nation à chercher des alliés chez les travailleurs et chez les agriculteurs exploités de l'autre nation. Une meilleure circulation de l'information, le développement des voies de communication et la scolarisation accrue, surtout depuis la Deuxième Guerre mondiale, constituent de grands facteurs d'homogénéisation des travailleurs et des agriculteurs des deux nations. Il faut aussi souligner à cet égard le développement des syndicats industriels pancanadiens. Les syndicats ouvriers pancanadiens constituent encore aujourd'hui les seules organisations de masse qui regroupent des producteurs exploités du Québec et du Canada anglais.

Depuis quelques années, de nouveaux liens ont commencé à s'établir entre les syndicats pancanadiens et le mouvement des agriculteurs. La NFU a soutenu la mobilisation des syndicats contre le gel des salaires, au milieu des années 70. Le CTC et le NPD ont appuyé la revendication des agriculteurs pour le maintien du tarif du Nid-de-Corbeau. Les syndicats au Québec ont appuyé la lutte des agriculteurs de Mirabel contre l'expropriation de 96 000 acres de très bonnes terres pour construire un aéroport qui en a nécessité 16 000. Les TUA ont appuyé et participé à des actions militantes contre des saisies de fermes par les banques.

Ce rapprochement des agriculteurs et du mouvement ouvrier pancanadien favorise l'établissement de liens plus étroits entre les agriculteurs du Québec et du Canada anglais. Cependant, contrairement aux syndiqués, les agriculteurs exploités ne possèdent pas encore d'organisations conjointes luttant pour leurs intérêts.

Les organisations d'agriculteurs et d'agricultrices aujourd'hui

LES ORGANISATIONS qui se décrivent comme des organisations de défense des intérêts des agriculteurs au Canada sont très variées, même du point de vue de leur caractère de classe.

Certaines représentent davantage les intérêts des agriculteurs capitalistes. C'est le cas, par exemple, de la Fédération canadienne de l'agriculture, de la Fédération ontarienne de l'agriculture et de l'UPA au Québec. Ce sont les organisations numériquement les plus importantes. Mais leurs dirigeants sont politiquement conservateurs.

La NFU, quant à elle, est une organisation qui reflète les revendications et les aspirations des agriculteurs exploités. Elle possède environ 6 000 membres, tous au Canada anglais. Même si elle n'appuie officiellement aucun parti, une bonne partie de ses dirigeants et de ses militants s'identifient avec le NPD. Beaucoup d'entre eux en sont d'ailleurs des membres actifs.

Depuis quelques années, des organisations plus petites ont surgi au cours de luttes concrètes des agriculteurs. C'est le cas de la CFSA qui a mené au Canada anglais une série de luttes contre des saisies de fermes, parfois avec succès. C'est aussi le cas du Mouvement pour la survie des agriculteurs du Québec (MSAQ). Des groupes d'agricultrices se sont aussi développés au cours de cette période. L'apparition de ces organisations militantes reflète la volonté des agriculteurs et des agricultrices de résister aux attaques contre leur niveau de vie, attaques qui se sont intensifiées depuis le début des années 80.

Ces organisations ont beaucoup contribué à réintroduire au sein du mouvement des agriculteurs et des agricultrices des méthodes de lutte très militantes qu'on n'avait pas vues depuis les années 30. Parfois, leurs mobilisations ont forcé des banques à réduire la dette de certains agriculteurs ou à en reporter les échéances. La NFU a subi l'influence de ces mobilisations et joue elle même un rôle de plus en plus grand dans ces actions.

Des agriculteurs du Canada anglais et du Québec ont pris quelques initiatives pour établir une meilleure collaboration entre eux. Dans une entrevue accordée à *Socialist Voice*, en août 1984, Allen Wilford a décrit les problèmes auxquels font face les agriculteurs du Québec et du Canada anglais qui veulent connaître les luttes des agricultrices et des agriculteurs de l'autre nation. «Nous devons lutter constamment pour faire circuler l'information, pour nous encourager les uns les autres», a conclu Allen Wilford.

Deux membres du MSAQ ont assisté au congrès de la NFU, en décembre 1985. Le président de ce mouvement, Jean-Claude Boucher, a pris la parole devant les délégués.

La crise de l'agriculture a aussi poussé les agriculteurs et les agricultrices à se chercher des alliés à l'échelle internationale. La NFU tente par exemple d'établir des liens avec d'autres organisations d'agriculteurs dans le monde. Elle a participé à des brigades de travail au Nicaragua. Julio Ruiz, un représentant de l'Union nationale des agriculteurs et éleveurs du Nicaragua (UNAG) a participé au congrès de la NFU, en 1985. Deux représentants de la NFU se sont aussi rendus à Managua, en avril 1986, pour participer au premier congrès de l'UNAG.

La NFU a aussi soutenu et aidé à organiser deux tournées dans l'Ouest canadien de représentants du Mouvement des paysans des Philippines en 1985 et 1986. La NFU a été invitée officiellement à envoyer des représentants à la Conférence internationale de solidarité avec la paysannerie philippine qui aura lieu à Manille, en octobre 1986.

La CFSA et la NFU sont aussi membres de la North American Farm Alliance (NAFA). Cette dernière est une coalition regroupant plusieurs organisations d'agriculteurs des Etats-Unis. Deux agriculteurs et une agricultrice du Québec sont allés au Nicaragua, en septembre 1985, dans le cadre d'une tournée organisée par la NAFA.

La participation des femmes

LES FEMMES ont joué dès le départ un rôle important dans le mouvement des agriculteurs et des agricultrices au Canada. Au début du siècle, les organisations agricoles militantes ont appuyé la lutte des femmes pour le droit de vote.

Avec l'aggravation de la crise économique au cours des dernières années, la participation des agricultrices dans les luttes s'est considérablement accrue. Un grand nombre d'organisations de toutes sortes ont été créées par les agricultrices pour défendre leurs intérêts de femmes et de productrices.

Il faut dire que les agricultrices ont été très durement touchées par les effets de la crise économique du capitalisme. Elles subissent durement les effets des réductions massives des services sociaux à la campagne. Il n'existe pratiquement pas de garderies dans les régions agricoles. Une enquête menée par Concerned Farm Women, un groupe d'agricultrices de l'Ontario, et dont les résultats ont été publiés dans *The Farmer Takes a Wife* de Gisele Ireland, a révélé que, parmi les agricultrices qui ont des enfants de moins de 12 ans, 53 % doivent les amener avec elles lorsqu'elles travaillent à la ferme. Les agricultrices ont plus difficilement accès que les femmes de la ville aux centres de santé et aux centres d'accueil pour femmes battues.

Les femmes participent de plus en plus à la production agricole. Une enquête récente réalisée par des agricultrices du Québec a révélé que 87 % des femmes à la campagne participent aux travaux de la ferme, dont 36 % qui sont responsables de la comptabilité. Selon l'enquête ontarienne, plus de 85 % des agricultrices partagent avec leurs maris la gestion financière de leurs fermes. Mais tout ce travail des agricultrices n'apparaît pratiquement pas dans les statistiques gouvernementales.

Les agricultrices subissent une discrimination à tous les niveaux. Celles qui exploitent une ferme ont plus de difficultés que les agriculteurs à obtenir un emprunt ou des subventions gouvernementales. Les femmes qui font fonctionner leurs fermes en collaboration avec leurs maris éprouvent de grandes difficultés à faire reconnaître légalement leurs droits de copropriété. Dans un effort pour que soit enfin reconnue la contribution des femmes dans la production agricole, l'UPA a recommandé que les femmes qui vivent sur des fermes se définissent comme des agricultrices lors du recensement canadien de 1986.

Selon la Canadian Farmworkers Union (CFU), 70 % des travailleurs agricoles en Colombie-Britannique sont des femmes. Elles reçoivent en moyenne 2 $ de l'heure, ce qui est inférieur au salaire minimum légal.

Cette participation des femmes à la production agricole et l'impact qu'ont sur elles des luttes plus larges pour les droits des femmes montrent que les agricultrices seront de plus en plus nombreuses dans la direction des luttes des agriculteurs et des agricultrices dans les prochaines années. Les agricultrices constitueront aussi une composante essentielle du mouvement de libération des femmes.

III. LA CRISE DE L'AGRICULTURE

LES AGRICULTEURS du Canada anglais et du Québec sont ensevelis sous une montagne de dettes. En 1984, la dette totale des agriculteurs du Canada s'est élevée à près de 21 milliards de dollars, soit près de quatre fois plus que dix ans auparavant. Ce sont les agriculteurs exploités qui subissent les effets les plus dévastateurs de cette dette.

Selon les chiffres officiels de la Société de crédit agricole du Canada (SCAC), 23 % des agriculteurs du Canada connaissaient de graves difficultés financières en 1985, alors qu'il y en avait 17 % l'année précédente. Beaucoup d'agriculteurs sont d'ailleurs endettés au point que le remboursement de leurs dettes absorbe leurs revenus. Ils doivent s'endetter davantage pour être en mesure de produire pendant une autre année et d'assurer à leur famille le minimum vital.

La hausse des taux d'intérêts à la fin des années 70 et au début des années 80 a aussi contribué à faire baisser le prix de la terre au Canada, en même temps que chutaient les prix de nombreux produits agricoles. De 1982 à 1984, le prix des terres a diminué de 20 à 25 % en Ontario et au Québec. Dans certaines régions, comme la plaine du St-Laurent et le corridor Edmonton-Red Deer en Alberta, le prix des terres a baissé dans une proportion allant jusqu'à 50 %.

Une baisse du prix de la terre crée d'énormes problèmes pour les agriculteurs qui possèdent le titre de propriété de la terre sur laquelle ils travaillent. Elle réduit la valeur de ce qu'ils peuvent mettre en garantie pour obtenir un prêt d'une banque. Par contre, elle pousse les banques à exiger un remboursement plus rapide des dettes déjà contractées.

L'effet conjugué de l'augmentation des dettes d'une part et de la baisse des prix des produits agricoles et des terres d'autre part a provoqué une chute considérable des revenus nets des agriculteurs (c'est-à-dire le revenu total de leurs ventes dont on a déduit les coûts totaux de production). Le revenu net réel des fermes en 1984 représentait à peine plus du tiers du revenu net réel dix ans plus tôt.

Cette baisse des revenus de l'agriculture a fait monter le nombre de faillites à des niveaux records: 488 en 1983, 551 en 1984. Le Québec a été particulièrement touché. Avec 15 % des fermes du Canada, le Québec a eu 35 % des faillites en 1982, 26 % en 1983 et 29 % en 1984. Les jeunes agriculteurs, qui viennent juste de s'établir et qui sont souvent les plus endettés, sont les plus vulnérables.

La réalité est beaucoup plus sombre que ne l'indiquent ces chiffres. Des pressions économiques croissantes obligent de nombreux agriculteurs à abandonner l'agriculture avant de tomber en faillite. La NFU estime que le nombre d'agriculteurs et d'agricultrices qui perdent leurs terres par le biais de saisies ou de ventes «volontaires» est sept fois plus élevé que le nombre de ceux et celles qui les perdent parce qu'ils ont fait faillite.

En défendant les intérêts des monopoles capitalistes et ceux des agriculteurs les plus riches, les gouvernements fédéral et provinciaux ont accru leurs attaques contre les agriculteurs exploités, empirant ainsi les effets de la crise. Au cours des dernières années, c'est au niveau des coûts du transport de leurs produits que les agriculteurs canadiens ont subi les pires attaques de la part du gouvernement.

En 1979, le gouvernement canadien a annoncé son intention d'abolir le tarif du Nid-de-Corbeau, qui avait été adopté en 1897 et révisé dans les années vingt. Cet accord, qui avait été une conquête des premières luttes des agriculteurs, est devenu une subvention gouvernementale pour aider les agriculteurs des Prairies à couvrir les coûts extrêmement élevés de transport des céréales vers l'est jusqu'aux grands lacs et vers l'ouest, à travers les Rocheuses, jusqu'au Pacifique.

En décidant d'abolir le tarif du Nid-de-Corbeau, le gouvernement capitaliste à Ottawa recherchait essentiellement deux buts. Il visait tout d'abord à faire porter par les agriculteurs une part beaucoup plus grande des coûts de transport des céréales. Il visait également à ouvrir la voie à la déréglementation générale du transport des céréales. Cette déréglementation, qui a déjà commencé à être appliquée, va entraîner une accélération des attaques contre les emplois et les conditions de travail des cheminots et contre leurs syndicats. Elle permettra aux compagnies d'éliminer de nombreuses lignes de chemin de fer et de nombreux silos. Les agriculteurs devront ainsi parcourir de plus longues distances pour aller porter leurs céréales aux silos.

L'abolition du tarif du Nid-de-Corbeau, en 1983, a entraîné une hausse immédiate des coûts de transport pour les agriculteurs, de l'ordre de 54,8 % la première année. Les coûts de transport des agriculteurs augmenteront de 500 % d'ici 1991. La NFU exige le rétablissement pur et simple du tarif du Nid-de-Corbeau, la nationalisation du Canadien Pacifique et sa fusion avec le Canadien National qui est déjà sous contrôle gouvernemental.

La bataille autour du tarif du Nid-de-Corbeau a révélé les tensions de classes qui existent parmi les agriculteurs. Les organisations des agriculteurs se sont en effet scindées en deux groupes radicalement opposés sur cette question. Les agriculteurs les plus riches ont vu dans l'abolition du tarif du Nid-de-Corbeau un moyen d'éliminer du marché certains de leurs concurrents. Toutes les organisations représentant les agriculteurs les plus riches ont appuyé, sous une forme ou sous une autre, l'abolition du tarif du Nid-de-Corbeau. La NFU est la seule organisation importante des agriculteurs à avoir mené une bataille systématique et conséquente contre cette mesure.

Le gouvernement fédéral prépare d'autres attaques contre les agriculteurs et les agricultrices, telles que des coupes sombres dans les subventions aux agriculteurs et dans les mesures de soutien des prix agricoles. Ces attaques visent à réduire encore davantage les revenus des agriculteurs et des agricultrices.

Une crise comme celle que connaissent aujourd'hui les agriculteurs exploités entraîne une détérioration du sol. Les agriculteurs, surtout quand ils sont au bord de la faillite, sont forcés d'extraire le maximum de la terre au moindre coût. Ils limitent la rotation de la terre et réduisent l'utilisation des engrais. Des kilomètres carrés de terre fertile se dégradent. Beaucoup de terres sont aussi laissées en friche parce que les banques et les agences gouvernementales qui les ont saisies n'arrivent pas à les revendre à un prix qui leur convient. Tout cela illustre l'énorme gaspillage de ressources naturelles et humaines dont le capitalisme est responsable.

La crise de l'agriculture affecte toute la communauté rurale. Toutes les couches qui dépendent de l'agriculture sont touchées: les mécaniciens, les chauffeurs de camion, les travailleurs qui construisent les wagons, ceux qui entretiennent les systèmes d'irrigation, les vétérinaires, les petits commerçants, les vendeurs de machines agricoles, d'automobiles, d'engrais, etc. Les mesures gouvernementales d'austérité entraînent des coupures dans les services sociaux à la campagne. Le gouvernement québécois n'a pas hésité à déménager des villages entiers pour éviter d'avoir à leur fournir des services de voirie, d'aqueduc, etc.

Comment se fait-il que les agriculteurs canadiens-anglais et québécois, qui produisent suffisamment de nourriture pour régler une bonne partie du problème de la faim dans le monde et qui pourraient en produire bien davantage si on ne leur mettait pas tant de bâtons dans les roues, aient eux-mêmes de la difficulté à vivre? Comment se fait-il que chaque année, des milliers d'entre eux tombent en faillite ou abandonnent leurs terres, perdant du même coup leur principale source de subsistance? Cela découle du fonctionnement du capitalisme.

IV. LUTTES ET REVENDICATIONS DES AGRICULTEURS ET DES AGRICULTRICES

FACE À la crise agricole la plus grave depuis les années trente, les agriculteurs du Canada ont multiplié les actions de protestation, les manifestations et les rassemblements. Leurs luttes et leurs revendications ont pris des formes plus militantes.

Dans les luttes actuelles, comme dans les luttes antérieures, les agriculteurs demandent simplement que les prix que leur accordent les agences gouvernementales de commercialisation et les grands monopoles de transformation et de distribution soient assez élevés pour leur permettre de couvrir leurs coûts de production et d'assurer un revenu décent à leur famille.

Cette revendication, pourtant modeste, se heurte à la résistance farouche des familles capitalistes qui contrôlent l'économie et l'Etat canadien. Quand les prix sont à peine supérieurs aux coûts réels de production ou quand ils sont inférieurs — comme cela a été le cas dans les dernières années — les agriculteurs sont forcés de prendre une série de mesures qui ont pour effet de réduire leur niveau de vie et de les endetter davantage. Ils sont alors obligés de recourir à des méthodes de production qui accélèrent l'érosion du sol et entraînent d'autres effets négatifs.

Considérant à juste titre que ce qu'ils produisent est utile à la société, les agriculteurs et les agricultrices demandent que les gouvernements fédéral et provinciaux leur garantissent des revenus décents. Les organisations d'agriculteurs ont élaboré toutes sortes de formules pour définir ce que serait un tel revenu.

Le projet de loi C-215, présenté à deux reprises par un député du NPD, Lorne Nystrom, vise à établir une formule permettant de fixer les prix du blé, de l'orge et de l'avoine vendus pour la consommation humaine. Le projet de loi propose que le gouvernement fédéral établisse la «parité» entre les prix de ces produits et les prix des produits venant d'autres secteurs de l'économie.

Dans le numéro de mars 1985 du *Windsor Star*, Claude Giroux, un militant agricole du sud de l'Ontario, a résumé le principe de la formule de parité que recherchent les agriculteurs. La formule de parité qu'on veut, a-t-il dit, est basée sur l'idée «qu'un secteur de l'économie doit pouvoir échanger le produit d'une heure de travail contre le produit d'une heure de travail dans un autre secteur».

Aux Etats-Unis, les agriculteurs ont élaboré d'autres formules de parité. Mais quelle que soit la formule élaborée, l'objectif des agriculteurs est toujours le même: trouver un mécanisme leur garantissant un prix correspondant davantage à leurs coûts réels de production. Face à un marché qu'ils ne peuvent pas contrôler, c'est vers le gouvernement que se tournent les agriculteurs pour obtenir la garantie de revenus décents.

Le mouvement ouvrier doit soutenir ces luttes des agriculteurs pour des revenus décents. Il doit apporter son appui aux programmes gouvernementaux de parité et de soutien des prix agricoles qui aident les agriculteurs exploités.

Ces programmes ne devraient pas entraîner une hausse des prix des aliments que consomment les travailleurs. Ce qu'il faut, c'est que le gouvernement accorde des subventions aux agriculteurs pour compenser les prix dérisoires qu'ils reçoivent pour leurs produits des grandes compagnies de transformation et de distribution. Ce sont ces entreprises capitalistes qui sont responsables des prix élevés que les travailleurs et les agriculteurs doivent payer lorsqu'ils font leur marché. Ces monopoles font des surprofits en empochant la différence entre ce qu'ils paient d'un côté et ce qu'ils exigent de l'autre. La NFU a estimé que pour chaque dollar dépensé en nourriture au Canada, 60 cents vont aux compagnies qui transforment et distribuent les produits agricoles, 31 cents aux compagnies qui fournissent aux agriculteurs ce dont ils ont besoin pour produire et seulement 9 cents aux agriculteurs.

Desserrer l'étau des coûts et des prix

AU FIL des années, les agriculteurs du Canada ont mis de l'avant plusieurs mesures pour réduire leurs coûts de production ou obtenir de meilleurs prix pour leurs produits. On peut regrouper ces mesures en trois grandes catégories: les coopératives, les programmes d'assurance et les organismes de commercialisation.

Les coopératives ont connu une grande croissance au cours des luttes qu'ont mené les agriculteurs dans les premières décennies de ce siècle. Un grand nombre de coopératives ont été établies durant cette période.

En se regroupant ainsi, les agriculteurs cherchaient à se protéger contre les pires excès des grandes compagnies. Ils cherchaient à éliminer les intermédiaires entre les producteurs et les consommateurs et à limiter la concurrence entre les agriculteurs.

Au Canada, d'énormes coopératives ont été mises sur pied, en particulier pour la commercialisation du blé (les Wheat Pools). Plusieurs compagnies coopératives ont aussi été créées, fonctionnant sur la base d'un fonds mutuel ou de parts. Au Québec, des chantiers forestiers coopératifs ont été mis sur pied. Les coopératives ont aussi joué un rôle clé dans l'électrification, surtout au Québec où, jusqu'en 1950, plus de la moitié des fermes n'avaient pas encore l'électricité.

Les coopératives ont bien apporté quelques avantages aux petits agriculteurs, mais en général leur efficacité a été considérablement minée par le pouvoir économique du grand capital. Un grand nombre de ces coopératives ont disparu. D'autres sont devenues des entreprises capitalistes qui cherchent seulement à faire des profits. Les grands intermédiaires capitalistes que les agriculteurs espéraient contourner en établissant leurs propres organismes de commercialisation ont au contraire renforcé considérablement leur domination sur l'agriculture. Plusieurs coopératives participent elles-mêmes à l'exploitation des agriculteurs avec les entreprises privées. On peut se faire une bonne idée de l'évolution des coopératives quand on constate que toutes les coopératives de commercialisation du blé des Prairies ont cédé face à l'attaque du gouvernement sur le Nid-de-Corbeau, même si, dans certains cas, leurs membres s'étaient explicitement prononcés en congrès contre cette mesure.

Il n'existe pas de mouvement coopératif véritable à l'heure actuelle. Les coopératives continuent d'exister. Les agriculteurs s'en servent. Mais les espoirs qu'avait suscité le mouvement coopératif parmi les agriculteurs, au début du siècle, se sont dissous face au pouvoir du grand capital.

Les programmes d'assurance constituent le deuxième mécanisme auquel font appel les agriculteurs pour essayer de limiter les effets de l'étau des coûts et des prix.

Les programmes gouvernementaux actuels de stabilisation des prix et des revenus sont une forme particulière de plan d'assurance. Ces programmes, dans lesquels investissent les agriculteurs et le gouvernement, remboursent les agriculteurs lorsque les prix de leurs produits tombent au-dessous d'un certain seuil. Ces programmes visent à régulariser les revenus des agriculteurs, en compensant les brusques chutes de prix. Le plus important de ces programmes est celui qui a été établi par la Loi de stabilisation concernant le grain de l'Ouest. Le gouvernement investit dans ce programme un dollar pour chaque dollar investi par les agriculteurs et les agricultrices. Le plan compense les agriculteurs à un certain taux si les prix des céréales tombent sous la moyenne des cinq dernières années.

Comme tous les programmes semblables institués par les gouvernements capitalistes, les programmes actuels de stabilisation des prix favorisent surtout les agriculteurs riches, même si les agriculteurs exploités en tirent quelques bénéfices. Les paiements étant proportionnels à la quantité de produits que chacun apporte sur le marché, ceux qui produisent davantage, c'est-à-dire les agriculteurs les plus riches, reçoivent davantage du plan de stabilisation.

En outre, les taux de compensation fixés par le gouvernement sont souvent bien en dessous des coûts de production des agriculteurs exploités. Entre 1976 et 1983, les paiements du programme de stabilisation concernant le grain de l'Ouest ont à peine dépassé le montant investi par les agriculteurs eux-mêmes dans le programme. Pendant que des centaines d'agriculteurs faisaient faillite, le gouvernement s'est contenté de mettre son argent dans le fonds sans chercher à hausser le taux de la compensation accordée aux agriculteurs. Plus d'un milliard de dollars se sont ainsi accumulés dans les coffres des banques.

Finalement, les agriculteurs font aussi appel aux offices de commercialisation. Au Canada, l'exemple le plus important de ce genre d'institutions, c'est la Commission canadienne du blé (CCB), qui a été créée en 1935, à la suite de plusieurs décennies de luttes des agriculteurs de l'Ouest contre les grandes compagnies céréalières. Depuis lors, d'autres offices de commercialisation ont aussi été créés pour l'élevage de la volaille, les oeufs et le lait. Un des plus importants est la Commission canadienne du lait (CCL) établie en 1966. Il y a plus de 100 offices du genre au Canada qui se chargent d'environ la moitié des ventes totales de produits agricoles. Quelques-uns sont du ressort du gouvernement fédéral (pour le blé, l'orge, l'avoine, le lait et la volaille). Mais la plupart relèvent des gouvernements provinciaux.

De nombreux agriculteurs et la NFU revendiquent la mise sur pied de tels offices de commercialisation pour un grand nombre d'autres produits, par exemple pour les pommes de terre et la viande rouge. Les agences revendiquées par la NFU seraient nommées par le gouvernement, comme le sont les agences actuelles. Elles auraient juridiction partout au Canada, contrairement à la plupart des agences actuelles. Elles seraient les seules agences de commercialisation pour les produits concernés au Canada. Les agriculteurs ne pourraient vendre leurs produits qu'à ces agences. Ces dernières établiraient un système de quota, pour limiter la production et soutenir les prix des produits agricoles. Elles paieraient le même prix pour tous les agriculteurs. Elles auraient aussi un contrôle sur les importations de ces produits.

Par ces organismes, les agriculteurs cherchent à régulariser le marché, à établir «une commercialisation ordonnée» qui garantisse une plus grande stabilité des prix de leurs produits. Les agriculteurs reconnaissent en effet que le marché capitaliste fonctionne contre eux. Ils sont très durement touchés par l'instabilité du marché, par les grandes variations de prix qui peuvent conduire, dans une mauvaise année, à de nombreuses faillites. Et ils se sentent impuissants face aux grandes compagnies de transformation et de distribution.

EN OBLIGEANT tous les agriculteurs à vendre leurs produits à une commission gouvernementale de commercialisation et en régularisant l'offre avec des quotas de production, les agriculteurs tentent de contrecarrer le pouvoir des compagnies agro-alimentaires géantes et obtenir des prix stables et suffisamment élevés pour couvrir leurs coûts de production et leur assurer un revenu décent.

Mais les commissions de commercialisation gérées par des gouvernements capitalistes ne peuvent pas contrôler le marché dans l'intérêt des petits agriculteurs. C'est d'ailleurs ce que confirme le nombre élevé d'abandons de fermes, même dans les secteurs de l'agriculture fortement contingentés.

Le principal défaut de toutes ces agences, c'est qu'elles favorisent les agriculteurs capitalistes aux dépens des agriculteurs exploités. A première vue, ces agences peuvent sembler réduire la concurrence et atténuer les différences entre les agriculteurs, puisque tous pourront vendre leurs récoltes et tous le feront à un même prix. Mais lorsqu'on y regarde de plus près, on se rend compte qu'il s'agit d'une illusion. Les prix et les quotas de production sont en effet fixés à des niveaux tels qu'il est possible pour les agriculteurs riches de faire des profits substantiels tandis que les petits agriculteurs indépendants, qui ont des marges serrées, en profitent très peu.

L'exemple du lait illustre très bien les limites des avantages qu'offrent les offices de commercialisation pour les petits agriculteurs.

La production laitière est certainement le secteur de l'agriculture le plus contrôlé et le plus régularisé au Canada. Tout ce système de «commercialisation ordonnée» n'a pourtant pas empêché un grand nombre de petits agriculteurs d'abandonner leurs fermes.

Au milieu des années 60, toutes les fermes laitières au Canada ont reçu un certain «quota» de production de la CCL. Ces quotas, basés sur la quantité de lait que chaque agriculteur avait produit en 1966-67, ont fixé la production de lait allouée à chaque agriculteur dans les années suivantes. De 1966 à 1971, les agriculteurs n'ont eu droit à aucune augmentation de la valeur de leurs quotas. Un grand nombre de petits producteurs de lait, dont les quotas de production étaient insuffisants pour couvrir leurs coûts de production et pour leur assurer un revenu suffisant, ont ainsi été acculés à la faillite. De 1967 à 1971, le nombre de producteurs de lait nature (vendu pour la consommation humaine) a chuté de 16 % au Québec.

En 1971, ce sont les associations provinciales de producteurs de lait qui ont commencé à prendre en charge la distribution des quotas parmi les agriculteurs de chaque province. Les quotas rendus disponibles par la disparition de plusieurs petits producteurs, durant les cinq années précédentes, ont été mis en vente. La plupart ont été achetés par les plus gros producteurs. Les disparités entre les producteurs de lait se sont accrues; les producteurs les plus riches ont pu augmenter leur production, tandis que les plus petits ont dû la maintenir aux niveaux antérieurs, malgré l'augmentation de leurs coûts de production.

Dans les dix années suivantes de fonctionnement de ce système de «commercialisation ordonnée», le nombre de producteurs de lait au Canada a chuté de 24 %.

Les offices de commercialisation fonctionnent donc un peu comme des loteries: il y a très peu de gagnants. Le pire c'est que les gagnants sont connus d'avance: ce sont les grands agriculteurs capitalistes.

Tous les offices de commercialisation s'appuient sur des contingentements de la production. Or l'exemple de la production laitière montre qu'une telle limitation de la production ne peut pas servir les intérêts des agriculteurs exploités. Elle a surtout pour effet d'enrichir les agriculteurs capitalistes. Le contingentement de la production ne s'attaque pas aux compagnies qui exploitent les agriculteurs. Les grandes compagnies et tous les géants de l'alimentation profitent de la réduction de la production pour faire monter les prix à la consommation et en rendre responsables les agriculteurs. Le contingentement de la production a pour effet de séparer les agriculteurs des travailleurs.

L'idée que les agriculteurs et les agricultrices devraient limiter leur production alors que des milliards de personnes souffrent de la faim dans le monde est une idée qui n'a de sens que dans une société entièrement dominée par la course effrénée aux profits. C'est une idée qui n'a de sens que dans une société où ceux et celles qui n'ont pas d'argent pour acheter de la nourriture n'ont pas le droit d'en consommer.

Les programmes de commercialisation s'accompagnent presque toujours de mesures protectionnistes. Ces mesures visent à réserver le marché canadien aux agriculteurs du Canada en éliminant ou limitant l'importation de marchandises agricoles des autres pays.

Les barrières tarifaires peuvent permettre à certains agriculteurs du Canada d'améliorer temporairement leur situation. Mais la lutte pour des mesures protectionnistes n'est dans l'intérêt ni des agriculteurs exploités ni des travailleurs.

Certains riches agriculteurs, protégés de la concurrence mondiale par des tarifs douaniers, pourront restructurer leurs entreprises, accroître leur production et réaliser de plus grands profits. Mais ces mesures n'amélioreront pas la position des petits agriculteurs. Elles ne font que renforcer celle des agriculteurs capitalistes face aux agriculteurs exploités du Canada. Ce ne sont pas les mesures protectionnistes qui empêcheront de nombreux petits agriculteurs d'être chassés de la production. Pour eux, la seule façon de s'en sortir est de s'attaquer à la source même de leurs problèmes: les capitalistes.

LES MESURES protectionnistes séparent les agriculteurs exploités de leurs principaux alliés dans la lutte contre les capitalistes: les travailleurs et les agriculteurs du monde entier. Les mesures protectionnistes font en effet monter les prix à la consommation, ce qui nuit aussi bien aux travailleurs qu'aux agriculteurs exploités qui doivent acheter la plus grande partie de leurs aliments au marché. Elles dressent les agriculteurs du Canada contre ceux des autres pays qui, dans bien des cas, sont exploités par les mêmes compagnies. Elles séparent les agriculteurs du Canada de ceux des pays opprimés du monde colonial et semi-colonial.

Beaucoup d'agriculteurs et d'agricultrices ont appris à leurs dépens que, dans leur forme actuelle, les offices de commercialisation et les programmes de stabilisation des prix contrôlés par des gouvernements capitalistes contribuent surtout à l'enrichissement des agriculteurs capitalistes et des géants de l'industrie agro-alimentaire. Beaucoup d'entre eux trouvent absurde l'idée d'une réduction de la production, dans un monde où règne encore la famine. Ils sont à la recherche d'un système plus humain et rationnel dans lequel les agriculteurs et les agricultrices du Canada pourraient utiliser leurs méthodes modernes de production agricole pour aider à nourrir toute l'humanité.

Cuba est un pays socialiste qui donne un exemple de la façon dont ces problèmes peuvent être résolus en faveur de la majorité des producteurs et non pas en faveur de l'infime minorité des exploiteurs.

Le gouvernement ouvrier et paysan cubain garantit aux agriculteurs un marché pour leurs produits et des prix leur assurant un revenu décent. Si, au cours d'une année, plus de produits arrivent au marché que prévu, les agriculteurs ne seront pas touchés. Le gouvernement achètera leurs produits au prix convenu et les revendra ensuite en réduisant le prix à la consommation. Les agriculteurs et les consommateurs y gagneront donc, sans que des surplus ne pourrissent dans les entrepôts.

Contrairement à ce qui se passe au Canada, le gouvernement cubain n'utilise pas ses revenus pour fournir des subventions aux exploiteurs capitalistes; ces derniers ont été expropriés, il y a plus d'un quart de siècle. Les revenus du gouvernement servent au contraire à venir en aide à ceux et celles qui produisent les richesses du pays: les travailleurs et les agriculteurs. L'aide gouvernementale sert donc directement à augmenter la production agricole et à améliorer la situation des petits agriculteurs.

La «commercialisation ordonnée», à laquelle aspirent les agriculteurs du Canada, existe à Cuba. Elle fonctionne dans l'intérêt des petits agriculteurs et de tout le peuple cubain.

Mais cette mesure n'a été rendue possible que parce que les travailleurs et les agriculteurs cubains ont forgé une alliance qui leur a permis de prendre le pouvoir, d'exproprier les propriétaires des grandes compagnies, des banques, des grandes plantations et des fermes capitalistes et de réorganiser l'économie dans leurs propres intérêts, sur une base socialiste.

Pour un crédit à bon marché

AU COURS des dernières années, les agriculteurs et les agricultrices — aussi bien au Canada qu'aux Etats-Unis — ont mené des luttes militantes pour empêcher les saisies de fermes par les banques et les organismes gouvernementaux.

L'une des plus importantes revendications avancées par les agriculteurs et leurs partisans dans ces mobilisations, c'est un moratoire sur le paiement des dettes et sur les saisies de fermes, de machines agricoles et de bétail.

Un tel moratoire donnerait aux agriculteurs un répit dont ils ont grandement besoin. Il favoriserait la lutte pour trouver une solution fondamentale aux problèmes causés aux agriculteurs par tout le système de rentes et d'hypothèques.

Les agriculteurs revendiquent aussi un système de crédit facilement accessible et à faible taux d'intérêt.

A travers leurs luttes, les agriculteurs et les agricultrices ont obtenu la mise sur pied d'organismes gouvernementaux comme la Société du crédit agricole du gouvernement fédéral et l'Office du crédit agricole du Québec (OCAQ). Ces organismes gouvernementaux exploitent cependant les agriculteurs de la même manière que les banques privées, même quand ils offrent des prêts à des taux inférieurs. Ils sont une composante de l'ensemble du système bancaire.

En exigeant la terre en garantie, comme le font les banques privées, ces organismes participent à l'une des formes les plus pénibles de l'exploitation des agriculteurs. Ils font partie du mécanisme par lequel les agriculteurs et les agricultrices se voient arracher leurs terres. A quoi sert un organisme gouvernemental de crédit s'il exploite aussi les agriculteurs?

Au fil des ans, les agriculteurs ont parfois obtenu des lois permettant à ceux qui sont en difficulté de renégocier les termes de leurs dettes. Au cours des années 30, la Loi du concordat, par exemple, a forcé les banques à réduire les dettes de nombreux agriculteurs des Prairies. Environ 1 000 agriculteurs ont manifesté récemment dans le sud de l'Ontario pour obtenir une telle loi. La manifestation avait été organisée par la NFU, la CFSA, les Concerned Farm Women et plusieurs autres organisations d'agriculteurs et d'agricultrices.

Les syndicats, le NPD et les autres organisations ouvrières devraient collaborer pour défendre les revendications qui permettent aux agriculteurs d'obtenir un répit, d'accroître leurs revenus aux dépens des propriétaires des grandes compagnies et des fermes capitalistes, de desserrer l'étau des coûts et des prix et d'échapper à la menace constante de tomber en faillite ou d'être expulsés. Ces revendications comprennent: les programmes de soutien des prix visant à couvrir les coûts de production des agriculteurs et à leur assurer des revenus suffisants pour vivre; la restauration du tarif du Nid-de-Corbeau; un moratoire sur les saisies de fermes; du crédit à bon marché et l'annulation des dettes des agriculteurs exploités.

La nationalisation des compagnies et des banques

ÉTRANGLÉS PAR L'ÉTAU des coûts et des prix, écrasés sous le poids du système de rentes et d'hypothèques, les agriculteurs n'ont aucun moyen de connaître les opérations financières réelles des grands monopoles et des banques qui les exploitent.

Le mouvement ouvrier et les organisations d'agriculteurs devraient revendiquer que les agriculteurs puissent avoir accès aux livres de comptes de ces compagnies et de ces banques. L'ouverture des livres de comptes permettrait aux agriculteurs de faire la preuve que ni les prix que les capitalistes paient aux agriculteurs ni ceux qu'ils font payer ensuite aux consommateurs ne correspondent aux véritables coûts de production des agriculteurs. Les intermédiaires capitalistes paient des prix dérisoires aux agriculteurs, imposent des prix très élevés aux consommateurs et empochent la différence.

Les agriculteurs doivent mettre sur pied, en collaboration avec les syndicats, des comités qui exigent de voir les états de compte des compagnies et qui mènent des campagnes pour faire connaître leurs tractations secrètes, leurs manoeuvres pour fixer les prix, leurs tactiques pour accumuler des stocks et échapper à l'impôt, en somme leur mépris total des besoins de la population. Par de telles actions communes, les travailleurs et les agriculteurs pourront résister aux efforts des capitalistes qui tentent de les diviser en prétendant que ce sont leurs revendications pour des revenus décents qui sont à l'origine de la hausse des prix à la consommation.

Au cours de leurs luttes croissantes pour se libérer de l'enfer des dettes, les agriculteurs seront amenés à revendiquer la nationalisation des banques. Au cours des années 30, beaucoup d'organisations d'agriculteurs et d'organisations ouvrières ont mis de l'avant cette revendication. Elle a été reprise récemment par certains secteurs du NPD et par les Métallurgistes unis d'Amérique. La nationalisation des banques, qui contrôlent le crédit agricole au Canada, ferait avancer la lutte pour obtenir du crédit à bon marché et un moratoire sur les saisies de fermes.

La nationalisation des banques et l'établissement d'un système de crédit à bon marché ont été parmi les premières réalisations des gouvernements cubain et nicaraguayen après la victoire des travailleurs et des paysans sur les dictatures de Batista et de Somoza. Toutes les dettes ont alors été transférées à une banque centrale, ce qui a permis aux gouvernements révolutionnaires de ces pays d'annuler la dette d'un grand nombre d'agriculteurs et de mettre fin aux saisies par lesquelles les banquiers accroissaient leurs profits. Au Nicaragua, le gouvernement a adopté des lois annulant les dettes des coopératives et des producteurs individuels. Il a aussi annulé les dettes des paysans qui participent à la guerre contre les «contras» à la solde des Etats-Unis.

La propriété privée de la terre: une menace pour les agriculteurs

PRIS DANS L'ÉTAU des coûts et des prix, de plus en plus d'agriculteurs et d'agricultrices sont chassés de leurs fermes ou sont menacés de l'être à court terme.

C'est la propriété privée de la terre dans le mode de production capitaliste qui rend possible que des agriculteurs puissent ainsi être chassés de leurs terres. Pour délivrer les agriculteurs de cette menace permanente, il sera nécessaire de mettre fin à leur exploitation par le système capitaliste de rentes et d'hypothèques.

Cette forme d'exploitation découle du fait que la terre peut être possédée de façon privée, achetée, vendue ou louée. La terre pour laquelle l'agriculteur possède un titre de propriété peut être utilisée en garantie pour des prêts. Elle sert alors d'instrument pour l'accumulation de capital et l'exploitation des agriculteurs. La terre peut être expropriée par la banque ou tout autre créancier capitaliste si l'agriculteur s'avère incapable de rembourser sa dette.

Au cours des dix dernières années, le nombre de saisies de fermes a augmenté rapidement au Canada. Pour des raisons qui ont déjà été décrites dans cet article, un nombre croissant d'agriculteurs sont incapables de respecter les échéances pour le remboursement de leurs hypothèques et des dettes qu'ils ont contractées pour couvrir les coûts des machines, des semences, du carburant et des engrais. Il n'est donc pas surprenant de voir les agriculteurs commencer à discuter de solutions de rechange au système des loyers et des hypothèques.

Dans le numéro de novembre-décembre 1985 de *Union Farmer*, Bill Metke montre que la propriété privée de la terre est la cause principale de la menace qui pèse sur les agriculteurs de perdre leurs fermes. Bill Metke suggère une série de propositions qui pourraient, selon lui, mettre fin peu à peu à la propriété privée de la terre et abolir les hypothèques et les saisies, tout en garantissant aux agriculteurs l'usage de leurs terres.

Ce n'est pas la première fois que la nécessité d'abolir la propriété privée de la terre est soulevée et discutée par les agriculteurs et les militants des organisations d'agriculteurs au Canada.

A la fin des années 20 et au début des années 30, la Dépression et une grande sécheresse ont mené les agriculteurs de l'Ouest canadien à la pire crise de leur histoire. De 1928 à 1931, les revenus des agriculteurs ont chuté de façon spectaculaire: en Saskatchewan, le rendement de blé à l'acre est passé de 23,3 boisseaux à 8,8; et le prix du blé est passé de 0,77 $ le boisseau à 0,35 $.

Seymour Martin Lipset a bien décrit cette période de l'histoire des agriculteurs du Canada dans son livre *Agrarian Socialism*, publié pour la première fois en 1950.

«La dépression et la sécheresse des années 30 ont révélé à de nombreux agriculteurs l'inutilité relative de posséder la terre, si elle ne leur fournit pas un revenu suffisant. Au moment où des dizaines de milliers de familles agricoles étaient forcées de quitter la province ou d'aller défricher le nord pour subsister, la peur a commencé à se répandre dans toute la province. Il est impossible d'exagérer la crainte constante qu'a l'agriculteur de perdre tous ses moyens de subsistance. L'agriculteur était incapable de payer les intérêts accumulés sur sa dette et les impôts...

«De 1928 à 1932, dans les régions rurales de la Saskatchewan, les intérêts sur les dettes sont passés d'un dixième à près des trois-quarts des revenus nets d'opération des agriculteurs. La menace qui pesait sur la propriété foncière des agriculteurs semblait venir des compagnies hypothécaires. Beaucoup d'agriculteurs de la Sasakatchewan n'avaient littéralement «rien d'autre à perdre que leurs hypothèques.»[11]

En 1931, le congrès des Fermiers-Unis du Canada (UFC) (Saskatchewan) a adopté un programme dans lequel on retrouvait l'idée que «soient instaurés des baux d'usage [pour toutes les fermes] et que toutes les terres et les ressources possédées de façon privée soient nationalisées aussi rapidement que possible.»[12] Les «baux d'usage», dont il était question dans cette résolution étaient des titres qui auraient été accordés aux agriculteurs et qui leur auraient permis d'utiliser leur terre aussi longtemps qu'ils auraient voulu la travailler, mais leur auraient interdit de la vendre, de la louer ou de l'hypothéquer.

«Cette proposition de nationalisation de la terre, poursuit Seymour Martin Lipset, est venue de la base du congrès. Elle a été introduite par des délégués qui avaient été influencés par le Parti travailliste britannique, qui avait un programme agraire similaire. Les années de dépression avaient miné le sentiment de sécurité procuré par la possession de la terre. Elles avaient enseigné aux agriculteurs propriétaires que le plus important n'est pas de posséder quelque chose, mais de pouvoir en faire usage. Les délégués ont donc proposé que le [gouvernement] prenne possession du titre de propriété et s'occupe des risques découlant des variations de prix, à condition que les agriculteurs puissent cultiver leurs terres et se consacrer à leur travail de producteurs de blé.»[13]

C'est ainsi, après de longues années de luttes et au milieu d'une crise d'une ampleur historique, qu'une grande organisation d'agriculteurs des Prairies en est venue à la conclusion, au début des années 30, qu'il y avait une contradiction entre le maintien de la propriété privée de la terre et la garantie pour les agriculteurs de pouvoir continuer à cultiver leurs terres. C'est la propriété privée de la terre, ont reconnu les délégués au congrès, qui permet aux banques de tenir les agriculteurs à la gorge.

En avril 1932, un autre parti agraire, l'Independent Farmers Party du Manitoba, s'est également prononcé en faveur de la nationalisation de la terre.

Selon Lipset, dans les mois qui ont suivi ce congrès, la dégradation croissante des conditions de vie des agriculteurs «a fourni une autre justification pour la proposition faite par l'UFC que chaque agriculteur reçoive un titre pour un bail d'usage sur sa terre plutôt qu'un titre de propriété que les banques et les compagnies hypothécaires pourraient lui enlever.»[14]

Au moment de sa fondation en 1933, la CCF a repris la revendication de nationalisation de la terre. «Le nouveau parti s'est prononcé pour la socialisation de toutes les industries privées au Canada. Cela s'appliquait aussi à la terre, puisque l'UFC [qui était alors dans la CCF], sous l'impact de la Dépression, a défendu une forme de nationalisation de la terre dans laquelle l'Etat recevrait le titre de propriété tandis que les agriculteurs recevraient un titre de bail d'usage. Beaucoup d'agriculteurs considéraient cette revendication comme un moyen d'empêcher les saisies par les banques et les compagnies hypothécaires.»[15]

«Cette proposition... n'a jamais été présentée comme un moyen de transformer les agriculteurs en employés de l'Etat ou même d'en faire des membres de coopératives agricoles. Les agriculteurs de la CCF l'acceptaient car ils la voyaient comme un moyen de garantir aux agriculteurs le contrôle permanent de la terre.»[16]

Les agriculteurs capitalistes et les autres exploiteurs ont réagi à l'adoption de cette proposition en criant au communisme. Sous les pressions de cette chasse aux sorcières, la direction de la CCF, qui avait une orientation de collaboration de classe, a commencé à reculer. En 1944, la CCF avait abandonné cette position et se contentait de demander «une réduction des dettes et des hypothèques à un niveau qui, compte tenu des prix actuels des produits agricoles, pourrait raisonnablement permettre aux agriculteurs de les rembourser».[17]

La nationalisation de la terre aide les agriculteurs exploités

COMME L'ONT reconnu de nombreux agriculteurs et agricultrices des Prairies, il y a un demi-siècle, la nationalisation de la terre, c'est-à-dire l'abolition de la propriété privée du sol, ne signifie pas l'expropriation des familles d'agriculteurs qui travaillent leurs terres. Au contraire, elle constitue la seule protection des agriculteurs contre l'expropriation de leurs terres par les capitalistes. Elle garantit aux agriculteurs exploités la possibilité de travailler leur terre aussi longtemps qu'ils le désireront, sans être menacés de saisie, de ruine ou de prolétarisation forcée. La nationalisation de la terre n'enlève pas aux agriculteurs la propriété de leurs moyens de production. En fait, elle les rend capables d'utiliser leurs moyens de production pour produire la nourriture et les fibres dont ont besoin la population canadienne et l'ensemble de l'humanité. Elle leur permet de faire cela tout en tirant de leur travail un revenu décent et garanti.

La nationalisation de la terre met fin à la vente et l'achat des terres. Elle élimine les facteurs qui poussent les agriculteurs à s'endetter pour obtenir un titre de propriété. Elle élimine les pressions qui les poussent ensuite à mettre leur terre en garantie pour obtenir un prêt leur permettant de couvrir leurs autres coûts de production. L'abolition de la propriété privée de la terre met fin à la location de la terre sous toutes ses formes (location, métayage ou autre). Elle donne un coup mortel aux parasites capitalistes que sont les propriétaires fonciers et les spéculateurs qui s'enrichissent sur le dos de ceux qui travaillent la terre. Pour les agriculteurs qui possèdent un titre de propriété ou un bail, la nationalisation de la terre leur garantit le droit de travailler la terre. Ces agriculteurs ne peuvent alors transférer leurs terres qu'à l'Etat. Ils peuvent aussi la céder à un héritier ou une héritière qui désire continuer à la cultiver.

L'abolition de la propriété privée de la terre élimine son caractère marchand, qui a fini par dominer l'usage et le transfert de la terre (location, achat et vente de la terre sur le marché) avec le mode de production capitaliste. La nationalisation de la terre libère les agriculteurs exploités des sommes importantes qu'ils doivent débourser pour pouvoir cultiver la terre. Elle les délivre des menaces constantes de faillite ou de saisies. Elle permet aux agriculteurs qui louent leurs terres d'être à l'abri des augmentations de loyer élevées et de perte de leurs baux.

C'est pour cette raison que les banquiers, les gros propriétaires fonciers, les spéculateurs, les compagnies agricoles, et d'une manière générale toute la classe des capitalistes, sont si farouchement opposés à la nationalisation de la terre. Celle-ci s'attaque de façon radicale au système de rentes et d'hypothèques qui constitue un des mécanismes fondamentaux de l'exploitation des petits agriculteurs.

La nationalisation de la terre libérerait les agriculteurs de l'emprise des banquiers et des propriétaires fonciers. Elle dégagerait des fonds pour l'agriculture. Elle permettrait un développement de la production. Les deux milliards de dollars que les agriculteurs ont payés pour rembourser leurs dettes, en 1981, et les 630 millions de dollars qu'ils ont payés en loyer pourraient servir à l'amélioration et à l'expansion de l'agriculture.

Comment les travailleurs et les agriculteurs révolutionnaire conscients de la nécessité de nationaliser la terre peuvent-ils expliquer le plus efficacement cette revendication aux autres producteurs exploités? La meilleure façon d'aborder cette question est de la présenter comme une série de mesures concrètes visant à résoudre les nombreux problèmes que connaissent aujourd'hui les opprimés et les exploités en raison du régime de propriété privée de la terre.

Voyons tout d'abord comment les terres déjà nationalisées au Canada pourraient servir les intérêts des travailleurs et des agriculteurs au lieu de servir ceux d'une petite poignée de riches familles capitalistes. Environ 90 % de la terre au Canada est déjà du domaine public. Cela représente une surface égale à celle des Etats-Unis. Mais les gouvernements fédéral et provinciaux permettent tout le temps aux compagnies minières et forestières d'extirper les richesses du sol pour leurs propres profits.

Le cas d'ITT-Rayonier (une filiale de la puissante compagnie basée aux Etats-Unis) est typique à cet égard. En juillet 1972, le gouvernement du Parti libéral du Québec a accordé à cette compagnie des droits exclusifs sur un territoire grand comme quatre fois la Belgique. Le gouvernement a fourni à ITT-Rayonier d'énormes subventions pour construire une usine de pâtes et papier et s'est chargé de la construction et de l'entretien des routes. Après avoir rasé la partie la plus accessible de ce territoire, ITT-Rayonier a annoncé, en septembre 1979, qu'elle fermait son usine, mettant ainsi à pied 1 300 travailleurs. La nationalisation de la terre mettrait fin à ce pillage.

LA NATIONALISATION de la terre permettrait aussi d'exproprier les gros propriétaires fonciers et les agriculteurs capitalistes. Dans le cas où ces terres sont louées, les agriculteurs exploités qui les louent recevraient un titre leur permettant de les utiliser sans frais. Dans le cas où ces terres sont directement gérées par des capitalistes qui emploient des travailleurs agricoles, ces terres seraient transformées en fermes d'Etat. Dans certains cas cependant, elles pourraient aussi être données aux travailleurs agricoles qui les travaillent. Ces derniers pourraient les cultiver individuellement, en coopérative ou les deux à la fois. La nationalisation de la terre établirait les bases d'une véritable réforme agraire favorisant non seulement les travailleurs agricoles sans terre mais aussi les familles d'agriculteurs qui ne possèdent pas ou ne louent pas suffisamment de terres pour produire de la manière la plus efficace et obtenir des revenus suffisants.

L'abolition de la propriété privée de la terre mettrait aussi fin à la spéculation foncière dans les villes. Elle entraînerait une baisse immédiate des frais de logement des travailleurs. Elle signifierait une chute importante des loyers et une baisse des hypothèques pour les travailleurs qui possèdent leur maison.

La nationalisation de la terre permettrait de rendre justice aux Amérindiens. Les gouvernements fédéral et provinciaux ont volé et continuent de voler les terres appartenant aux Amérindiens, au mépris des nombreux traités signés avec eux. Ce pillage sert les intérêts des compagnies forestières, minières et pétrolières et ceux de tous les capitalistes. L'abolition de la propriété privée de la terre créerait les conditions permettant une fois pour toutes de restaurer les droits des Amérindiens et des Amérindiennes et d'améliorer leurs conditions de vie.

Pour défendre les intérêts des agriculteurs exploités, il sera nécessaire de nationaliser toute la terre et pas seulement celle des grands propriétaires fonciers ou des gros agriculteurs capitalistes. Tant qu'il sera possible de vendre ou d'acheter une partie importante de la terre, ni la spéculation foncière, ni l'imposition de loyers exorbitants, ni les hypothèques, ni les saisies ne pourront cesser. Les agriculteurs exploités seront obligés d'hypothéquer leur terre ou même d'en vendre une partie pour obtenir des prêts leur permettant d'acheter de nouvelles machines et de couvrir leurs autres frais de production. Le maintien du caractère marchand de la terre permettrait ainsi une nouvelle accumulation de la terre dans les mains des banquiers, des propriétaires de compagnies de prêts hypothécaires et des autres entreprises capitalistes. De plus en plus d'agriculteurs perdraient ainsi leurs terres ou seraient réduits à l'état de locataires. Ces agriculteurs continueraient à payer des loyers onéreux et vivraient sous la menace constante de perdre leurs baux et les fruits du travail effectué pour améliorer leurs terres.

La nationalisation de la terre est donc le seul moyen de jeter les bases pour supprimer définitivement l'exploitation des agriculteurs (aussi bien ceux qui louent leurs terres que ceux qui possèdent un titre de propriété).

Ceux qui s'opposent à la nationalisation de la terre prétendent souvent que les agriculteurs sont trop attachés à leur propriété et à leurs titres pour être capables de comprendre comment ils pourraient bénéficier de l'abolition de la propriété privée de la terre. L'expérience des agriculteurs de l'Ouest canadien réfute cet argument. Les revendications mises de l'avant par les agriculteurs dans les années 30 montrent que les producteurs exploités les plus militants peuvent être gagnés à cette perspective dans le feu des grandes luttes. Tout comme les agriculteurs d'il y a cinquante ans, beaucoup de ceux et celles qui luttent aujourd'hui contre le système des dettes et contre les saisies peuvent être et seront convaincus que l'abolition de la propriété de la terre ne signifie pas qu'ils ne pourront plus cultiver la terre et assurer un revenu suffisant à leurs familles. Ils verront que c'est, au contraire, une condition préalable au maintien de ce droit.

Pour reprendre l'expression qu'Engels a employée à la fin du siècle dernier, protéger la propriété privée de l'agriculteur «ne protège pas sa liberté, mais simplement la forme particulière de sa servitude.»[18]

A mesure que les agriculteurs réaliseront la justesse de l'énoncé d'Engels, ils placeront encore une fois la nationalisation de la terre au centre de leurs revendications. La participation croissante des socialistes aux luttes qui ont lieu à la campagne créera un plus grand intérêt parmi les agriculteurs pour des discussions sur la nécessité d'abolir la propriété privée de la terre. Les socialistes pourront ainsi aider les agriculteurs à renouer avec les expériences antérieures de leur propre mouvement.

A mesure que les agriculteurs et les organisations d'agriculteurs appuieront la nationalisation de la terre, ils comprendront, à partir de leurs propres expériences de luttes, qu'il ne faut pas compter sur le gouvernement capitaliste pour la réaliser. En fait, ce gouvernement fera tout pour empêcher la réalisation de cette mesure qui infligerait un coup dur aux propriétaires fonciers, aux banquiers et à tous les capitalistes dont les intérêts sont défendus par l'Etat canadien.

Les luttes que mènent les agriculteurs et les agricultrices aujourd'hui et les grandes luttes qu'ils devront mener dans l'avenir convergeront avec les luttes des travailleurs pour des conditions de vie et des salaires décents face aux mesures d'austérité et aux attaques antisyndicales des patrons. Les travailleurs et les agriculteurs ainsi regroupés avanceront de plus en plus sur la voie de l'action politique, vers l'établissement d'un nouveau type de gouvernement: un gouvernement qui repose sur les producteurs exploités et qui défend les intérêts de la grande majorité de la population contre une petite minorité de richissimes familles capitalistes.

V. POUR UN GOUVERNEMENT DES TRAVAILLEURS ET DES AGRICULTEURS

AU COURS de leurs luttes, les agriculteurs et les agricultrices acquièrent une plus grande confiance dans leurs propres forces. C'est au cours de ces expériences de luttes de classes que les agriculteurs découvriront peu à peu qui sont leurs alliés et qui sont leurs ennemis. Ils apprendront à penser socialement et internationalement, à se voir comme les producteurs exploités non pas du Canada, mais du monde entier. Ils développeront de nouvelles formes de lutte, créeront de nouvelles organisations, établiront une alliance combative avec le mouvement ouvrier qui leur permettra d'avancer vers le pouvoir.

La constitution d'un puissant mouvement de masse pour défendre les intérêts des agriculteurs exploités est donc liée à la transformation des syndicats en instruments révolutionnaires capables de lutter résolument contre les capitalistes et leur gouvernement dans l'intérêt de tous les opprimés et de tous les exploités.

Pour diviser les travailleurs et les agriculteurs, la bourgeoisie présente toujours les agriculteurs comme des riches qui se plaignent le ventre plein. Ce sont les agriculteurs eux-mêmes qui sont responsables de leurs difficultés, prétend-elle. Si ces «hommes d'affaires» font faillite, c'est qu'ils sont de mauvais gestionnaires. En vérité, ce sont les capitalistes eux-mêmes et le fonctionnement de leur système de profit qui poussent les agriculteurs à la faillite.

Tant à la ville qu'à la campagne, les couches les plus opprimées parmi les producteurs exploités joueront un rôle de direction dans la lutte pour unifier les travailleurs et les agriculteurs et surmonter les divisions suscitées par les capitalistes. Ce sont ces couches opprimées qui ont le plus intérêt à renforcer le mouvement ouvrier et le mouvement des agriculteurs exploités. En appuyant les revendications des femmes, des Québécois, des autochtones, des Noirs, des immigrants et des jeunes, les travailleurs et les agriculteurs renforcent leurs organisations, les rendent plus combatives, plus déterminées, plus capables d'aller jusqu'au bout dans la lutte pour le pouvoir.

Les travailleurs et les agriculteurs exploités ont intérêt à reprendre les revendications des travailleurs agricoles et à les aider à mettre sur pied des syndicats leur permettant de lutter pour des conditions de travail et des salaires décents. La présence parmi les travailleurs agricoles d'un grand nombre d'immigrants les rend particulièrement sensibles aux développements politiques et aux luttes en Amérique centrale, dans les Antilles, en Afrique et en Asie. Ces immigrants contribuent à l'élévation du niveau de conscience internationaliste de toute la population laborieuse au Canada. Les travailleurs agricoles ont obtenu quelques succès depuis la formation de la CFU, en Colombie-Britannique. La CFU a mené des luttes non seulement pour des conditions de travail et des salaires décents mais aussi contre le racisme et pour les droits des immigrants. En 1983, la CFU s'est jointe au reste du mouvement ouvrier de la Colombie-Britannique dans le cadre de la campagne d'Opération Solidarité contre les mesures d'austérité et les attaques antisyndicales du gouvernement provincial du parti du Crédit social.

Avec une direction lutte de classes, une alliance des travailleurs et des agriculteurs mènera une campagne pour aider les travailleurs agricoles à se syndiquer, pour les aider à obtenir des salaires au taux syndical et à améliorer leurs conditions de travail. Les agriculteurs exploités et les travailleurs agricoles ont des intérêts communs. En défendant les intérêts des travailleurs agricoles, les agriculteurs et les autres producteurs renforceront leur détermination et leur indépendance par rapport à leurs exploiteurs communs.

Les revendications des agriculteurs et des agricultrices exploités ne pourront être gagnées par les méthodes de collaboration de classe des directions des syndicats et du NPD. Leur orientation mine sérieusement la capacité de ces organisations de défendre les intérêts des travailleurs et de leurs alliés. Les syndicats industriels constituent en effet les organisations de masse les plus puissantes de la classe ouvrière au Canada. Cette puissance des syndicats pourrait servir à faire avancer les luttes de la population laborieuse. Mais cette puissance demeure largement inutilisée car les syndicats sont affaiblis par l'orientation étroitement corporatiste des directions actuelles. La perspective de collaboration de classe de ces directions garde la classe ouvrière divisée face aux patrons et leur gouvernement. Elle isole aussi le mouvement ouvrier de ses alliés, notamment les agriculteurs exploités.

Le travail qu'effectuent les travailleurs les plus avancés pour amener le mouvement ouvrier à soutenir activement les luttes actuelles des agriculteurs constitue un élément clé de la lutte pour la transformation des syndicats.

LA DÉGRADATION des conditions de vie des travailleurs et des agriculteurs, provoquée par la crise du capitalisme, amène un nombre croissant de militants et de militantes à comprendre que les problèmes vécus par les travailleurs et les agriculteurs opprimés et exploités ne peuvent pas être résolus usine par usine, ferme par ferme. En résistant à l'offensive capitaliste, de plus en plus de travailleurs et d'agriculteurs se tournent vers l'action politique indépendante pour défendre leurs intérêts de classe face aux patrons.

Dans le passé, les travailleurs et les agriculteurs du Canada qui ont eu à faire face à une telle situation ont créé des organisations communes. Comme nous l'avons déjà vu, c'est ainsi qu'est apparue la CCF. C'est également grâce aux luttes qui ont mené à la formation des syndicats du CIO, dans les années 40 et au début des années 50, que le NPD a été créé en 1961. Aujourd'hui, le NPD est le parti de masse des syndicats et de l'ensemble de la classe ouvrière au Canada anglais. De nombreux agriculteurs exploités au Canada anglais soutiennent le NPD et en sont membres.

Mais la CCF n'a jamais eu qu'une présence minime au Québec, en grande partie en raison de l'opposition de sa direction à la lutte des Québécois pour leurs droits nationaux et en raison de son appui à la conscription pendant la Deuxième Guerre mondiale. Néanmoins, les grandes batailles qui ont eu lieu au Québec tout au long des années 40 et 50 ont mené à un large débat sur la nécessité pour le mouvement syndical de créer son propre parti afin de lutter contre les patrons et leurs gouvernements (le gouvernement provincial, à Québec, et le gouvernement fédéral, à Ottawa). Ce débat a beaucoup contribué à pousser les syndicats industriels pancanadiens au Canada anglais et au Québec à participer au mouvement qui a mené à la fondation du NPD.

Au congrès de fondation du NPD, 167 délégués venaient du Québec, sur un total de plus de 1 800 délégués dont plus d'un tiers représentait des syndicats. Les délégués du Québec ont lutté pour faire reconnaître le Québec comme une nation distincte au sein du Canada (un statut que la CCF avait toujours refusé de reconnaître). Ils ont obtenu l'appui presqu'unanime des délégués. L'adoption de cette proposition a inspiré un mouvement d'horreur aux partis bourgeois (Parti libéral et Parti conservateur). Mais après le congrès du NPD, il est devenu rapidement clair que la direction centrale du parti n'avait nullement l'intention de rompre avec l'appui traditionnel de la CCF au fédéralisme canadien, qui repose sur l'oppression et l'assujetissement durables des Québécois. L'opposition de la direction du NPD aux revendications justes des Québécois a contribué à repousser le mouvement qui était apparu dans les syndicats au Québec en faveur de la création d'un parti ouvrier pancanadien.

L'orientation de la direction du NPD a permis à la bureaucratie syndicale au Québec de freiner le mouvement des travailleurs et des travailleuses vers l'action politique et de l'orienter vers un appui au Parti libéral de Jean Lesage. Ce parti était entièrement contrôlé par les patrons. Mais il a réussi à se gagner l'appui du mouvement ouvrier en recourant à une démagogie nationaliste. Il a pu ainsi gagner les élections de 1962. C'est d'abord et avant tout le refus de la direction du mouvement ouvrier pancanadien de défendre les droits nationaux des Québécois et de mener une campagne pour unifier toute la population laborieuse dans la lutte contre l'exploitation et l'oppression qui a rendu possible une telle manoeuvre.

Avec la montée de la lutte nationale au Québec, qui s'appuyait sur une remontée des luttes des travailleurs, des agriculteurs et des étudiants, le caractère réactionnaire des libéraux est devenu de plus en plus clair. En 1968, un parti nationaliste-bourgeois, le Parti québécois (PQ), est né d'une scission du Parti libéral du Québec.

A LA FIN des années 60, un nouveau débat est apparu dans les syndicats sur la nécessité de l'action politique indépendante. Ce débat a surtout porté sur l'idée de lancer un parti ouvrier indépendant au Québec. Mais il a révélé aussi la participation croissante des Québécois dans le NPD. En 1971, le Congrès fédéral du NPD a cependant rejeté le droit à l'autodétermination du Québec, malgré la lutte énergique qu'avait menée des délégués des deux nations. Cette décision a provoqué le départ de la plupart des membres québécois de ce parti.

Avec la baisse de la popularité du NPD au Québec, le PQ a gagné un appui massif parmi les travailleurs et les agriculteurs du Québec. L'opposition de la direction du NPD aux revendications et à la lutte nationale des Québécois, combinée à l'appui accordé par les directions syndicales du Québec à un parti capitaliste, ont interrompu encore une fois un mouvement prometteur vers un parti ouvrier.

A la suite de l'expérience de deux gouvernements successifs du PQ, de 1976 à 1985, un nombre croissant de travailleurs ont perdu confiance dans ce parti. Non seulement ce parti s'est révélé incapable de défendre adéquatement les droits nationaux des Québécois contre les attaques du gouvernement fédéral, mais il est même devenu un instrument de l'offensive d'austérité de la bourgeoisie, qui a mené à une série d'affrontements avec les syndicats. Cette expérience a provoqué un débat au sein du mouvement ouvrier sur la nécessité de se doter d'une alternative au PQ. De plus en plus de travailleurs et de travailleuses commencent à réaliser qu'ils ne pourront pas voir leurs revendications satisfaites sans l'appui du reste du mouvement ouvrier pancanadien, sans un outil politique pour lutter contre les partis de la bourgeoisie et contre son gouvernement à Ottawa.

Dans ce contexte, l'appui pour le NPD est maintenant plus important que jamais au Québec. A un moment où s'intensifient les attaques de la bourgeoisie, il n'est pas exclu que le NPD devienne un facteur important dans la vie politique et au sein du mouvement ouvrier et du mouvement des agriculteurs au Québec. Une telle éventualité poserait — comme cela s'est fait dans le passé — la nécessité d'une bataille politique au sein du NPD et du reste du mouvement ouvrier pancanadien pour les amener à appuyer les luttes et les revendications des Québécois.

Que la construction d'un parti ouvrier au Québec prenne la forme d'une lutte pour transformer le NPD en un instrument efficace de lutte de classe ou qu'elle prenne la forme du lancement d'un parti ouvrier indépendant au Québec, dans un cas comme dans l'autre, ce serait un grand pas en avant pour la population laborieuse au Canada. C'est le prochain pas que devront franchir les producteurs exploités du Canada anglais et du Québec pour avancer vers l'action politique unifiée contre leurs exploiteurs communs: les capitalistes canadiens.

Les luttes des agriculteurs et des travailleurs mènent toutes à une seule et même conclusion: aucune victoire ne constituera une solution durable aussi longtemps que les capitalistes détiendront le pouvoir politique.

Pour mettre fin à leur exploitation et être en mesure de transformer toute la société, les travailleurs et les agriculteurs au Canada devront d'abord prendre le pouvoir et constituer leur propre gouvernement.

Au Canada, compte tenu des organisations existantes de la classe ouvrière et du fait qu'il n'existe pas de parti ouvrier de masse véritablement pancanadien, la lutte pour un gouvernement des travailleurs et des agriculteurs prend aujourd'hui la forme d'une lutte pour l'établissement d'un gouvernement du NPD et du mouvement ouvrier québécois.

La lutte pour l'établissement d'un gouvernement des travailleurs et des agriculteurs est une perspective qui vise à unifier les couches les plus larges d'opprimés et d'exploités du Canada anglais et du Québec. Elle vise à surmonter les divisions que la bourgeoisie canadienne cherche à perpétuer avec la collaboration des directions officielles du mouvement ouvrier. L'existence au Canada de deux nations distinctes, parlant des langues différentes, établies sur des territoires relativement bien définis et distincts, est utilisée par la bourgeoisie pour empêcher la constitution d'une alliance des travailleurs et des agriculteurs exploités. La lutte pour bâtir une alliance des travailleurs et des agriculteurs, capable d'arracher le pouvoir à la bourgeoisie canadienne, ne pourra progresser que sur la base d'une défense inconditionnelle des droits nationaux des Québécois.

En s'emparant du pouvoir politique, les travailleurs et les agriculteurs du Canada établiront la base qui permettra d'arracher aux capitalistes le contrôle de l'économie. La terre sera nationalisée pour libérer les agriculteurs exploités des effets du système capitaliste de rentes et d'hypothèques et pour mettre fin aux autres effets destructeurs de la propriété privée de la terre. Les banquiers et les propriétaires des grandes compagnies seront expropriés. L'économie sera réorganisée sur une base socialiste. Son développement sera planifié pour qu'elle fonctionne non pas en fonction des besoins des patrons mais en fonction des besoins de toute la population.

Une révolution anticapitaliste

L'OBJECTIF CENTRAL de l'alliance des travailleurs et des agriculteurs est le renversement de l'Etat de la bourgeoisie impérialiste canadienne. L'ennemi mortel des travailleurs et des agriculteurs du Canada se trouve au Canada même et non pas à l'extérieur de ses frontières. Contrairement à ce que pensent les directions centrales du mouvement ouvrier et une bonne partie de la gauche au Canada, le Canada n'est pas un pays nationalement opprimé. En fait, le capitalisme canadien participe activement aux alliances militaires impérialistes comme l'OTAN. Il participe aussi à l'exploitation des peuples opprimés dans les Antilles, en Amérique latine et ailleurs dans le monde colonial et semi-colonial.

C'est une révolution anticapitaliste qui est à l'ordre du jour au Canada. C'est une révolution socialiste, dont l'objectif est l'organisation de l'expropriation de la bourgeoisie impérialiste canadienne. Telle sera la tâche du gouvernement des travailleurs et des agriculteurs au Canada. C'est une tâche qui ira de pair avec la libération de la nation québécoise opprimée et avec une série d'autres mesures qui commenceront à éliminer toutes les formes d'oppression et d'exploitation.

Le capitalisme n'a rien à offrir aux agriculteurs exploités. C'est lui qui est la source de tous leurs maux sociaux. La seule solution pour les travailleurs et les agriculteurs exploités, c'est d'exproprier leurs exploiteurs et de réorganiser la production de manière planifiée sur une base socialiste.

La recherche des profits va à l'encontre de la satisfaction des besoins de la population. Elle n'est pas davantage dans les intérêts des producteurs marchands que dans ceux des travailleurs salariés. Ce dont les agriculteurs de ce pays ont besoin, et ce qu'ils demandent, c'est non pas de vivre sur le dos des autres producteurs, mais de pouvoir vivre décemment de leur travail et de celui des autres producteurs.

Une alliance permanente

L'ALLIANCE que la classe ouvrière doit construire avec les agriculteurs exploités est une composante fondamentale de la stratégie prolétarienne révolutionnaire pour arracher le pouvoir des mains des exploiteurs capitalistes et le conserver.

Constamment menacés d'expropriation par la bourgeoisie, les agriculteurs exploités sont amenés à lutter contre les ennemis de la classe ouvrière. La prolétarisation forcée des petits agriculteurs s'est accélérée depuis la fin de la Deuxième Guerre mondiale comme en témoigne la chute importante du nombre d'agriculteurs au cours de cette période. La classe ouvrière a tout intérêt à appuyer les luttes des agriculteurs exploités contre les saisies et pour pouvoir continuer à travailler leurs terres et en tirer un revenu suffisant pour vivre.

Le mouvement ouvrier prévoit «la disparition inéluctable du petit paysan» face aux agriculteurs capitalistes, aux propriétaires fonciers, aux banquiers et aux monopoles, écrivait Engels en 1894. Mais, ajoutait-il, «nous ne sommes nullement chargés de hâter cette disparition ... Plus sera grand le nombre de paysans auxquels nous éviterons la chute dans le prolétariat, que nous pourrons conquérir encore en tant que paysans, plus la transformation sociale sera rapide et facile.»[19]

Les agriculteurs exploités qui, avec l'aide du mouvement ouvrier, luttent pour échapper à la ruine joueront un rôle central dans la réorganisation de la production agricole après la prise du pouvoir.

Un gouvernement des travailleurs et des agriculteurs garantira aux petits agriculteurs le droit de cultiver leurs terres aussi longtemps qu'ils le voudront. Il leur fournira l'aide nécessaire pour qu'ils puissent le faire de la manière la plus efficace et la plus scientifique. Il leur garantira, comme à tous les autres producteurs des villes et des campagnes, un revenu suffisant pour vivre, des services gratuits de santé et d'éducation ainsi qu'une retraite assurée.

Le mouvement ouvrier révolutionnaire est fermement opposé à toute forme de collectivisation forcée des agriculteurs. La classe ouvrière n'a pas comme perspective historique d'utiliser le gouvernement des travailleurs et des agriculteurs pour transformer rapidement et contre leur volonté les agriculteurs en employés des coopératives ou des fermes d'Etat. Comme le souligne le *Manifeste du Parti communiste*, «Ce qui caractérise le communisme, ce n'est pas l'abolition de la propriété en général, mais l'abolition de la propriété bourgeoise ... Le communisme n'enlève à personne le pouvoir de s'approprier des produits sociaux; il n'ôte que le pouvoir d'asservir le travail d'autrui à l'aide de cette appropriation.»[20]

Là où la propriété capitaliste a été abolie par un gouvernement des travailleurs et des agriculteurs, c'est la source commune de l'exploitation des travailleurs et des agriculteurs qui a été abolie. Les producteurs des villes et des campagnes ont un intérêt commun à développer collectivement les méthodes les plus efficaces pour organiser la production des aliments et des fibres dont ont besoin la population canadienne et l'ensemble de l'humanité. Pour y arriver, ils ont intérêt à employer les méthodes les plus scientifiques et les plus sages du point de vue de la protection de l'environnement. En procédant ainsi, les travailleurs et les agriculteurs se serviront de leur pouvoir politique pour favoriser la coopération dans l'utilisation des machines et des matières premières, dans l'application des techniques scientifiques, dans la culture des champs, la récolte, etc. C'est sur la voie de la collaboration volontaire que sera réalisé l'objectif communiste d'une production socialiste.

C'est à Cuba qu'on trouve le meilleur exemple d'une direction ouvrière révolutionnaire appliquant une telle politique. A la suite de la victoire sur la dictature de Batista, en 1959, les révolutionnaires cubains ont réalisé deux réformes agraires radicales au début des années 60. Ils ont donné des titres de propriété aux paysans sans terre et aux familles paysannes qui n'avaient pas assez de terre pour vivre. Le gouvernement cubain a accordé à ces producteurs toute l'assistance financière et technique que lui permettaient les ressources dont il disposait. Grâce à cette assistance, les paysans ont pu améliorer leur production et bénéficier de tous les acquis sociaux de la révolution en matière de santé, d'éducation et de logement. Ils ont aussi bénéficié de la campagne du gouvernement pour restaurer les terres et les forêts dévastées. Une organisation de petits agriculteurs a été mise sur pied pour leur permettre de participer à l'élaboration et à l'application de la politique agraire.

Parallèlement, surtout depuis 1977, le gouvernement cubain a encouragé le développement de coopératives, sur une base strictement volontaire, en leur allouant de plus grandes ressources. L'expansion considérable du secteur coopératif a entraîné non seulement une nette amélioration de la production agricole, mais elle a aussi permis d'améliorer les conditions de vie des producteurs ruraux. L'organisation des petits agriculteurs a été la force motrice dans le processus de développement de l'agriculture coopérative à Cuba.

Une alliance internationaliste

LES LUTTES des agriculteurs au Canada se développent dans le contexte d'autres luttes très dures qui ont lieu entre les exploiteurs et les producteurs exploités de nombreux pays. La concurrence interimpérialiste pour les marchés et les sources de main-d'oeuvre et de matières premières à bon marché pousse les bourgeoisies de l'Amérique du Nord, de l'Europe de l'Ouest, du Japon, de l'Australie et de la Nouvelle-Zélande à exiger des producteurs des villes et des campagnes du monde entier qu'ils fassent de plus en plus de concessions. La dette des pays coloniaux et semi-coloniaux n'est qu'une des façons par lesquelles les puissances impérialistes arrachent les richesses produites par les travailleurs et les paysans de ces pays pour les amasser dans leurs coffres à Toronto, New York, Londres, Paris et Tokyo.

Au cours de cette offensive, la bourgeoisie canadienne et les autres bourgeoisies impérialistes se heurtent cependant à une résistance farouche — au Nicaragua et ailleurs en Amérique centrale, en Haïti et ailleurs dans les Antilles, en Afrique du Sud, aux Philippines.

Les luttes des agriculteurs du Canada font partie de ce vaste mouvement international. Les agriculteurs sont de plus en plus à la recherche d'alliés à l'échelle internationale. Beaucoup d'agriculteurs expriment leur admiration pour les gains réalisés par les paysans nicaraguayens grâce au gouvernement ouvrier et paysan qu'ils ont établi en 1979. Ces agriculteurs canadiens, de leur propre initiative ou dans le cadre de formations comme la NFU, construisent la solidarité avec la révolution sandiniste et s'opposent à la guerre de Washington contre le peuple nicaraguayen.

Les luttes contre les guerres impérialistes, comme la guerre des Etats-Unis en Amérique centrale, sont directement dans l'intérêt de classe des travailleurs et des agriculteurs du Canada. Pour lutter efficacement contre leur propre exploitation, les travailleurs et les agriculteurs doivent rompre avec la politique étrangère impérialiste du gouvernement de la bourgeoisie canadienne. La population laborieuse doit combattre le chauvinisme et le nationalisme canadien. Nous devons reconnaître que nous avons les mêmes intérêts que les travailleurs et les paysans du monde entier.

Un mouvement révolutionnaire des agriculteurs et des travailleurs au Canada rejettera l'utilisation de la nourriture comme une arme contre tous ceux et toutes celles qui luttent dans le monde pour leur libération nationale et pour la justice sociale. Il rejettera les mesures protectionnistes comme celles qu'Ottawa a adoptées contre le Nicaragua et contre d'autres pays opprimés par l'impérialisme.

Les mobilisations des dernières années ont aussi montré l'importance de l'unité des travailleurs et des agriculteurs des deux côtés de la frontière Canada-Etats-Unis. L'intégration très grande des économies canadienne et américaine exige une collaboration étroite entre les syndicats, les organisations des agriculteurs et les autres organisations des opprimés et des exploités de ces deux pays.

Cette perspective internationaliste est au coeur de la lutte pour forger une alliance des travailleurs et des agriculteurs au Canada. Elle est au centre de la stratégie pour établir un gouvernement des travailleurs et des agriculteurs qui défende les intérêts de classe des producteurs exploités. Le socialisme au Canada ne se construira pas contre, à côté ou en avant des peuples opprimés et exploités du monde entier, mais avec eux.

Les travailleurs et les agriculteurs du Canada anglais et du Québec se serviront de leur gouvernement pour venir en aide à tous leurs frères et soeurs des autres pays. Ce gouvernement libérera les capacités productives des agriculteurs du Canada de toutes les entraves imposées par les capitalistes.

L'établissement de ce gouvernement des producteurs marquera l'entrée en scène des travailleurs et des agriculteurs du Canada dans la lutte internationale pour renverser l'impérialisme mondial, condition essentielle pour mettre un terme à la famine, à la pauvreté, aux guerres, à l'oppression des femmes, au racisme, au chauvinisme de toutes sortes, à l'analphabétisme et à la destruction de l'environnement.

Notes

1. Cela comprend toutes les fermes qui ont vendu en une année pour plus de 250 dollars canadiens de produits agricoles.
2. Karl Marx, «Les luttes de classes en France», dans K. Marx et F. Engels,

Oeuvres choisies (Moscou, Editions du Progrès, 1978), tome 1, p.287.

3. Ni la terre, ni le travail n'ont une valeur ou une valeur d'échange. Mais bien que le travail produise toute la valeur (ou valeur d'échange) — qui est une relation sociale et non une substance matérielle ou naturelle — le travail et la terre sont tous les deux à l'origine des valeurs d'usage — qui sont les produits matériels qui constituent l'ensemble des richesses de la société. «Le travail... est le père [de la richesse matérielle] et la terre, la mère», a indiqué Marx dans le Livre premier du Capital (K. Marx, *Le Capital*, (Paris, Editions sociales, 1975), Livre premier, tome 1, p. 58).

On pourra trouver des commentaires de Marx sur les rapports qui existent entre la terre (ou la nature) et le travail dans la production des valeurs et de la richesse dans le même livre aux pages 58, 59 et 93. On peut également consulter «Salaires, prix et profits» dans Marx et Engels, *Oeuvres choisies*, tome 2, pp. 51, 52 et dans «Gloses marginales au programme du Parti ouvrier allemand», *Oeuvres choisies*, tome 3, p. 9.

4. K. Marx, *Le Capital*, Livre troisième, tome 3, p. 190.

5. En 1763, l'ancienne colonie française du Canada qui s'étendait le long du St. Laurent a été rebaptisée «province de Québec» par ses nouveaux propriétaires anglais. En 1791, cette colonie a été divisée en deux. La moitié occidentale, peu peuplée, est devenue le Haut-Canada, la moitié orientale, le Bas-Canada. Ces deux colonies ont été réunies en 1841 dans la province britannique du Canada. En 1867, elles ont été divisées à nouveau en deux provinces au sein de la Confédération canadienne: les provinces actuelles de l'Ontario et du Québec.

6. Cité par Dan Parker, dans un article paru dans le numéro de septembre 1945 de *Labour Challenge*. Ce journal était publié par le Revolutionary Workers Party, qui était alors la section canadienne de la IVe Internationale.

7. Gilles Bourque, *Classes sociales et question nationale au Québec, 1760–1840* (Montréal, Editions Parti pris, 1970), p. 88.

8. Stanley-Bréhaut Ryerson, *Capitalisme et Confédération* (Montréal, Editions Parti pris, 1978), pp. 68 et 69.

9. Ibid., p. 103.

10. Gérard Filteau, *Histoire des Patriotes* (Montréal, les Editions Univers, 1980), p. 452.

11. Seymour Martin Lipset, *Agrarian Socialism* (New York, Anchor Books, 1968), pp. 173–174.

12. Ibid., p. 109.

13. Ibid., pp. 109-110.

14. Ibid., p. 112.

15. Ibid., pp. 135-136.

16. Ibid., p. 175.

17. Ibid., p. 176.

18. Friedrich Engels, «La question paysanne en France et en Allemagne», dans K. Marx et F. Engels, *Oeuvres choisies* (Moscou, Editions du Progrès, 1978), tome 3, p. 485.

19. Ibid., pp. 491-493.

20. Karl Marx et Friedrich Engels, «Le Manifeste du Parti communiste», dans K. Marx et F. Engels, *Oeuvres choisies* (Moscou, Editions du Progrès, 1978), tome 1, pp. 124-126.

YVONNE HAYES/THE MILITANT

Le chef Métis Louis Riel, tel que peint par le sculpteur québécois Armand Vaillancourt sur la murale Pathfinder à New York en 1989.

Thomas Sankara

Oser inventer l'avenir

La révolution burkinabè, 1983-1987

« La révolution a besoin d'un peuple de convaincus, pas d'un peuple de soumis qui subissent leur destin. »

Cette édition conjointe des éditions L'Harmattan et Pathfinder contient 29 discours et entrevues de Thomas Sankara, le dirigeant de la révolution au Burkina Faso de 1983 à 1987.

287 pages, dont huit de photos.
35 $ US / 45 $ can

Distribué par Pathfinder à l'extérieur de l'Europe (voir page 2)

LA RÉFORME AGRAIRE ET LES COOPÉRATIVES AGRICOLES À CUBA

INSTITUT NATIONAL DE LA RÉFORME AGRAIRE DE CUBA

Cuba, 1959. Une famille paysanne reçoit les titres de propriété de sa terre pendant la réforme agraire.

Introduction aux deux discours de Fidel Castro

Mary-Alice Waters

«La politique du parti envers la paysannerie est basée sur les principes de l'alliance ouvrière et paysanne.

«L'alliance ouvrière et paysanne est l'union dans la lutte de la classe ouvrière avec les producteurs agricoles, c'est-à-dire avec les petits et moyens paysans qui travaillent leur terre eux-mêmes ou avec leur famille.

«C'est l'union dans la lutte de deux classes laborieuses, de deux classes qui ont été exploitées et qui ont souffert de la domination du régime de la bourgeoisie et des propriétaires fonciers . . .

«L'alliance ouvrière et paysanne n'est pas un pacte tactique et temporaire mais plutôt une union stratégique et durable entre ces deux classes, une union dont l'objectif final, pour reprendre les termes de Fidel, est de «faire avancer le processus révolutionnaire jusqu'à ce que chacun de nous vive dans une société sans classe, une société de producteurs, une société de travailleurs ayant les mêmes droits.»

Extrait des thèses sur «La question agraire et les rapports avec la paysannerie» adoptées par le Premier Congrès du Parti communiste de Cuba en 1975.

L'ALLIANCE révolutionnaire des ouvriers et des paysans de Cuba s'est construite dans la lutte pour briser le joug de la domination impérialiste et pour mettre fin à leur exploitation par les grands propriétaires fonciers et les capitalistes. Cette alliance a été et demeure l'épine dorsale de la Révolution cubaine. La lutte de la population laborieuse des campagnes et des villes cubaines remonte à 1868, au début de la guerre d'indépendance contre l'Espagne. Elle continue avec la guerre de libération victorieuse de 1895-98 et la défaite des colonisateurs espagnols. C'est à ce moment que l'impérialisme yankee est intervenu militairement pour imposer un nouvel assujettissement au peuple cubain.

Tout au long du vingtième siècle, la lutte s'est poursuivie contre les différents dictateurs corrompus et sanguinaires maintenus au pouvoir par

Washington. Avec la révolution qui a détruit la tyrannie de Batista le 1er janvier 1959, la lutte des ouvriers et des paysans est entrée dans une nouvelle phase.

«Sans cette alliance avec la paysannerie, la classe ouvrière n'aurait pas pu réunir les forces suffisantes pour chasser l'impérialisme et son régime fantoche. Elle n'aurait pas pu renverser le système capitaliste et se libérer de l'exploitation», déclarent les thèses adoptées par le Premier Congrès du Parti communiste de Cuba.

«Sans cette alliance avec la classe ouvrière, la paysannerie aurait été incapable de briser le joug des latifundistes [*grands propriétaires fonciers*] et de la bourgeoisie.»

Sans cette alliance ferme, que la réforme agraire et les autres mesures sociales d'envergure de la révolution cubaine sont venues consolider, les ouvriers et les paysans de Cuba n'auraient pas pu résister à un quart de siècle d'agression, de sabotage et de blocus de la part de l'impérialisme américain.

Les racines de cette alliance dans la lutte remontent au siècle dernier. Les deux documents cubains publiés dans ce numéro de *Nouvelle Internationale* abordent la question de la place qu'occupe l'alliance ouvrière et paysanne dans la stratégie de la classe ouvrière à l'époque de l'impérialisme. C'est là une des questions les plus décisives de la stratégie prolétarienne. La classe ouvrière lutte en effet pour amener les producteurs exploités à prendre le pouvoir, instaurer un gouvernement des ouvriers et des agriculteurs et mener jusqu'au bout la transformation socialiste des bases économiques de la société.

Dans un discours prononcé à La Plata, le 17 mai 1974, à l'occasion du quinzième anniversaire de la réforme agraire de Cuba, Fidel Castro a replacé cette question dans le contexte historique de la longue lutte menée par ce pays contre la domination coloniale et impérialiste.

Lorsque la guerre contre la domination espagnole a commencé au dix-neuvième siècle, a-t-il indiqué, son programme et ses buts étaient déterminés par les conditions économiques et sociales d'une époque différente. Le travail des esclaves était prédominant dans les vastes plantations qui parsemaient le pays et qui appartenaient aux colons espagnols. L'île était peu peuplée. Les villes ou même les gros villages étaient rares et il y avait peu de manufactures. «A ce moment-là, en effet, il s'agissait de lutter pour mettre fin à l'esclavage qui caractérisait notre régime social, il s'agissait de lutter contre le colonialisme et le féodalisme.» Les petits propriétaires terriens et les petits paysans de la partie orientale de Cuba constituaient l'épine dorsale de cette lutte de libération.

Mais les objectifs de la lutte au vingtième siècle ont changé. Et Fidel Castro demande: «Quel genre de société notre révolution allait-elle créer? Une société de petits agriculteurs? Mais alors, qui aurait travaillé dans les usines, assuré le transport et produit les biens indispensables à la vie moderne? Qu'aurions-nous fait des villes, du peuple? Notre révolution ne pouvait profiter seulement aux paysans, et elle ne pouvait pas non plus établir seulement une société de paysans, de petits agriculteurs et de minifundia. D'ailleurs il n'en fut jamais question.»

«A cette alliance, à cette union des deux classes — les paysans et les ouvriers —, les ouvriers ont apporté quelque chose de fondamental et de décisif, d'indispensable, d'irremplaçable à notre époque — car les temps ont changé, nous vivons dans une société qui a évolué de façon extraordinaire, qui a ses lois et ses objectifs». Ils ont également changé les buts, les intérêts et les alliés des producteurs agricoles.

«Mais à notre époque, au XXe siècle, toute révolution doit forcément s'inspirer de l'idéologie de la classe ouvrière et viser à l'édification du socialisme.»

LES DEUX classes avaient des intérêts communs dans cette lutte puisque «les ouvriers et les paysans étaient victimes des mêmes exploiteurs, des mêmes capitalistes, des mêmes propriétaires fonciers, puisque le propriétaire foncier qui cherchait à expulser les paysans de La Plata, de Palma Mocha et Magdalena était le même que celui qui possédait de grandes plantations de canne à Niquero et s'enrichissait aux dépens de milliers d'ouvriers agricoles qui mouraient de faim.

«Si notre objectif, poursuit Fidel, était . . . de libérer le pays des exploiteurs de tout acabit — prêteurs sur gages, propriétaires d'immeubles, propriétaires fonciers, banquiers, commerçants — quel système social pouvions-nous établir? Un seul: le socialisme! Notre objectif n'était pas de remplacer ces propriétaires par d'autres propriétaires et d'autres exploiteurs du peuple. Nous n'avions qu'une seule voie à suivre: la voie du socialisme!»

C'est en notant la continuité de la stratégie révolutionnaire de la direction cubaine avec celle de Lénine et du parti bolchévique en Russie que Fidel Castro a conclu:

Lénine voyait juste lorsqu'il posa le problème de l'alliance entre les ouvriers et les paysans au sein du vieil empire tsariste. Il n'était évidemment pas question d'une alliance entre les ouvriers et les propriétaires ou les capitalistes; ni d'une alliance entre exploiteurs et exploités: il fallait établir une alliance entre les exploités. Et les classes exploitées étaient précisément la classe ouvrière et le paysannat. La classe ouvrière et le paysannat s'unirent donc pour faire la révolution, pour établir une nouvelle forme de vie et une nouvelle société, pour mettre un terme à l'exploitation de l'homme par l'homme et pour édifier le socialisme et le communisme.[1]

La réforme agraire a pris effet le 17 mai 1959. Avec l'application de cette réforme, la direction cubaine a rempli son engagement historique: la révolution garantissait l'accès à la terre à ceux qui la travaillaient.

Dans son fameux discours «L'Histoire m'acquittera» prononcé devant le tribunal qui l'a jugé et condamné pour l'attaque de la caserne de la Moncada en 1953, Fidel a décrit les cinq lois révolutionnaires qui auraient été proclamées à partir de la caserne de Moncada si le plan avait réussi. Cette attaque visait à renverser la dictature de Batista. «La deuxième loi révolutionnaire concédait la propriété non hypothécable et intransmissible de la terre à tous les fermiers, métayers et «precaristas» [paysans occupant illégalement des terres] qui occupent des terrains de 67,15 hectares (165 acres) ou moins.»[2]

Lorsque l'Armée rebelle commença ses opérations dans les montagnes de la Sierra Maestra à la fin de 1956, la conduite et le respect des guerrilleros envers la paysannerie leur ont rapidement permis de gagner son soutien actif. Les viols commis par des guerrilleros étaient punis de la peine de mort. Dès que l'Armée rebelle a été en mesure de se doter d'un hôpital pour soigner ses blessés, tous ceux qui y venaient pouvaient y recevoir des soins. L'armée rebelle a mis sur pied plus de trente écoles dans les montagnes pendant les deux ans de lutte armée.

Au fur et à mesure que les guerrilleros ont conquis du terrain, ils ont démontré à la paysannerie que le programme de Moncada n'était pas que des promesses. Ceux qui avaient volé la terre aux paysans étaient jugés et punis. Certaines mesures de la réforme agraire étaient appliquées. Fidel a relaté un des premiers exemples de cette politique:

«Lorsque nous sommes arrivés dans la Sierra Maestra, nous avons exécuté le régisseur d'un ranch qui avait accusé des métayers et des paysans de soutenir les rebelles. Il avait fait passer la propriété de son patron de 10 à 400 acres en s'emparant des terres de ceux qu'il accusait. Nous l'avons donc jugé et exécuté, nous gagnant ainsi l'affection des paysans.»[3]

Les deux documents qui suivent se réfèrent fréquemment à la réforme agraire de 1959. Plus que toute autre mesure, «ce fut précisément la Loi de la Réforme agraire qui définit le caractère de la Révolution cubaine», selon les termes de Fidel Castro.[4] La rapidité de sa mise en application a consolidé l'alliance de classe sur laquelle reposait la Révolution cubaine: l'alliance des travailleurs, y compris des ouvriers agricoles, et des producteurs agricoles. Elle a mené la révolution à un affrontement direct avec l'impérialisme américain et ses alliés cubains.

La loi avait pour objectif d'exproprier les grandes plantations, d'éliminer le système des baux et des hypothèques qui écrasait la paysannerie et d'assurer l'accès à la terre à ceux qui la travaillaient.

La réforme était administrée par un tout nouvel Institut national de la réforme agraire (INRA). Des cadres de l'Armée rebelle et du Mouvement du 26 juillet composaient le personnel de l'INRA. Le mouvement du 26 juillet était une organisation fondée par l'équipe dirigeante castriste qui jouait alors le rôle d'avant-garde politique de la révolution.

L'INRA avait reçu des pouvoirs étendus sur pratiquement tous les aspects de l'économie.

La limite fixée à la superficie que pouvait posséder une seule famille était d'environ 1 000 acres dans la plupart des cas. Elle était de 3 300 acres pour certains types d'agriculture, tels que l'élevage du bétail, ou lorsque la terre était particulièrement productive. Cette limite dans la propriété foncière était en fait le maximum fixé par la constitution cubaine de 1940. Celle-ci interdisait la possession de latifundia, c'est-à-dire de propriétés individuelles de plus de mille acres.

La loi de la réforme agraire a interdit aux étrangers de posséder des terres cubaines. (Avant 1959 plus de 50% des terres les plus productives étaient aux mains des étrangers).

On a interdit aux propriétaires de raffineries de sucre de posséder des plantations de canne à sucre.

LES GRANDS domaines qui étaient exploités précédemment comme une seule unité ont été laissés intacts et ont été transformés en entreprises d'Etat peu de temps après.

Avant la révolution, 85% des petits paysans de Cuba ne possédaient pas leur terre. Ils la louaient. Ils vivaient sous la menace constante d'être expulsés. Deux cent mille familles paysannes n'avaient pas un seul acre de terre à cultiver pour leur propre usage. La réforme agraire de 1959 a garanti à chaque paysan un «minimum vital» de 67 acres. Chaque fermier, métayer ou «precarista» qui cultivait moins de 165 acres avait droit au titre de propriété de cette terre.

La propriété foncière privée ne pouvait être hypothéquée qu'auprès de l'Etat. Celui-ci fournissait un financement à des taux favorables aux paysans pauvres. La terre ne pouvait pas être subdivisée. Et une seule personne pouvait en hériter.

La loi a stipulé que les terres distribuées dans le cadre de la réforme agraire ne pouvaient pas être transmises autrement que par héritage, par vente à l'Etat ou par échange. Dans ce dernier cas, le transfert devait être autorisé par les autorités chargées d'appliquer la loi. Les terres ne pouvaient pas non plus être louées, cédées en métayage ou hypothéquées.

En bref, la réforme de 1959 a mis fin au système des baux et des hypothèques. La terre a cessé d'être une marchandise et la spéculation foncière est devenue une chose du passé. Cependant, la superficie maximum légale restait importante par rapport aux normes européennes. Même aux Etats-Unis, mille acres représentent une étendue assez considérable pour une ferme. Les conditions d'indemnisations étaient plus généreuses que celles de la réforme agraire imposée au Japon par le gouvernement de l'armée d'occupation américaine, au lendemain de la Deuxième Guerre mondiale.

Mais les grands propriétaires cubains et américains ont été abasourdis par la nouvelle loi. Ils ont été scandalisés par les indemnisations offertes, soit des bons de l'Etat à 4,5%, remboursables sur vingt ans en pesos cubains et non convertibles en dollars américains. Pour établir la valeur des propriétés, le gouvernement cubain a accepté les évaluations que les propriétaires en avaient eux-mêmes déjà faites... pour fins de taxation. Evidemment ces évaluations sous-estimaient grossièrement la valeur réelle de leurs biens. Les propriétaires ont été placés devant l'alternative suivante: rembourser les impôts qu'ils n'avaient pas payés pendant des années du fait de leurs fausses déclarations; ou accepter une indemnisation basée sur une évaluation nettement inférieure à la réalité.

La réforme agraire de 1959 était une mesure démocratique bourgeoise et anti-impérialiste. Ce n'était pas une mesure socialiste. La révolution n'avait pas encore abordé sa phase socialiste.

Dirigée par le Mouvement du 26 juillet et son Armée rebelle, une insurrection populaire de masse avait renversé la dictature de Batista, qui avait le soutien de l'impérialisme, et détruit l'armée et la police de l'Etat capitaliste. Les masses laborieuses ont commencé à s'organiser et à lutter pour créer un gouvernement qui prendrait des mesures en leur faveur. Mais la bourgeoisie restait encore importante malgré les coups reçus par les secteurs liés à Batista. Elle était déterminée à empêcher la révolution de menacer sa propriété et son pouvoir. Fidel était devenu premier ministre le 16 février 1959. Mais les représentants de forces significatives de la bourgeoisie détenaient encore d'importants postes gouvernementaux. Ils espéraient s'en servir pour protéger leurs intérêts et limiter les mesures économiques et sociales qui s'attaqueraient aux prérogatives de leur classe.

La réforme agraire a été promulguée par la direction castriste et appliquée par l'INRA malgré l'opposition de la bourgeoisie. Elle a constitué un tournant décisif dans la révolution. La plupart des représentants politiques bourgeois ont abandonné leurs postes gouvernementaux et sont passés dans l'opposition ouverte. A la fin de 1959, le gouvernement avait cessé d'être une coalition. Avec à sa tête les cadres du Mouvement du 26 juillet, un gouvernement ouvrier et paysan dirigeait la mise en application de la réforme agraire et organisait les classes exploitées pour promouvoir et défendre un programme social en leur faveur.

La réforme agraire a défini la Révolution cubaine et marqué le gouvernement de son empreinte indélébile, en dépit de la nature démocratique bourgeoise de ce dernier. Si elle l'a ainsi fait, c'est précisément parce que seule l'alliance des ouvriers et des producteurs agricoles pouvait la mener jusqu'au bout et la défendre. Cette alliance de classe et les qualités de la direction d'avant-garde à Cuba ont déterminé la dynamique de la révolution et défini son caractère.

«Quelle était la force prête à se battre jusqu'à la mort aux côtés des paysans pour défendre cette loi?» a demandé Fidel dans le discours de mai 1974. «Le prolétariat cubain, la classe ouvrière!» Cette alliance n'est pas quelque chose de fragile ou de temporaire, a-t-il noté, «C'est une union permanente, écrite au cours de notre histoire révolutionnaire et scellée par les sacrifices et le sang de nos paysans et de nos ouvriers.»

LA PLATE-FORME programmatique du Parti communiste cubain, adoptée au Premier Congrès du parti en 1975, a décrit le cours qu'a pris la révolution au moment où les ouvriers et les paysans ont lutté pour défendre la réforme agraire.

Elle indique que la victoire révolutionnaire du 1er janvier 1959 a écarté du pouvoir politique le bloc bourgeois-latifundiste. «Pour la première fois dans notre histoire, ce pouvoir est passé aux mains d'une alliance des masses populaires. Dans cette alliance les intérêts de la classe ouvrière et des producteurs agricoles, représentés par l'Armée rebelle victorieuse et sa direction révolutionnaire, ont été prédominants.

«Une profonde révolution sociale a commencé.»

Le développement de la révolution cubaine a confirmé le fait qu'il «n'y a pas de barrière insurmontable entre l'étape démocratique populaire et anti-impérialiste et l'étape socialiste. A l'époque de l'impérialisme, les deux font partie d'un même processus. Les mesures de libération nationale et les mesures démocratiques, qui ont parfois déjà une coloration socialiste, préparent la voie à des mesures véritablement socialistes. Ce qui est décisif et déterminant dans ce processus, c'est qui le dirige et quelle classe exerce le pouvoir politique.

«Janvier 1959 a marqué le début de l'étape populaire-démocratique, agraire et anti-impérialiste de notre Révolution ... L'application de la Loi de la réforme agraire en mai 1959 était la mesure la plus importante et la plus radicale de cette étape.»

Cette mesure «a marqué le commencement de la transformation révolutionnaire des rapports de production, qui sont la base économique de la société. Bien qu'elle ne soit pas en elle-même sortie du cadre de libération nationale de la première étape, elle a engendré un processus qui, une fois mis en oeuvre, a mené au remplacement de la propriété privée par la propriété d'Etat sur un moyen de production fondamental comme la terre.»

L'application de la réforme agraire a porté un coup très dur aux intérêts impérialistes. «L'expropriation et le transfert de la propriété foncière aux paysans ont été effectués rapidement, alors que s'accroissait la conscience révolutionnaire des masses.»

En juillet 1960, Washington a suspendu le commerce du sucre avec Cuba. Le gouvernement américain s'est engagé dans l'organisation et le financement de bandes contre-révolutionnaires et d'autres actes d'agression. Devant ces gestes, la révolution «a pris des mesures immédiates: elle a armé le peuple, créé la milice ouvrière et paysanne et organisé les Comités de défense de la révolution. Poursuivant son cours ferme, elle a répondu vigoureusement à chaque acte d'agression impérialiste.»

Pendant la deuxième moitié de 1960, «des nationalisations d'une nature anti-impérialiste et socialiste ont eu lieu» et «la Révolution cubaine est entrée dans sa phase de construction socialiste.

«Le 6 août, les principales compagnies américaines ont été nationalisées et le 17 septembre, les banques américaines l'étaient à leur tour. Le 13 octobre, les banques cubaines et le reste des banques étrangères, ainsi que 382 grandes entreprises à capital national étaient également nationalisées. Le 24 octobre, en réponse à l'embargo total sur les produits cubains imposé par les Etats-Unis cinq jours auparavant, le restant des entreprises américaines était nationalisé.»[5]

EN BREF, une réforme agraire qui n'avait pas franchi les limites des rapports de propriété capitalistes ne pouvait pas être appliquée à Cuba, sans que les ouvriers et les producteurs agricoles ne renversent Batista; sans qu'ils ne chassent de la coalition gouvernementale les représentants bourgeois récalcitrants; et sans qu'ils n'instaurent leur propre dictature révolutionnaire populaire, c'est-à-dire un gouvernement ouvrier et paysan.

Pour défendre les premières réformes démocratiques des ouvriers et des paysans contre l'opposition combinée des intérêts impérialistes et des capitalistes cubains, le gouvernement révolutionnaire a été obligé de prendre des mesures économiques et sociales de plus en plus anticapitalistes. Finalement, l'expropriation de tout le capital étranger et cubain a été nécessaire pour permettre aux masses laborieuses exploitées de renforcer leur pouvoir politique en le basant sur des fondations économiques stables et durables. Cette mesure ne pouvait être appliquée que par la mobilisation et la participation active de la classe ouvrière elle-même, avec le soutien des producteurs agricoles. Les expropriations massives de l'été et de l'automne 1960 ont instauré un Etat ouvrier, la dictature du prolétariat.

La deuxième réforme agraire à Cuba a été appliquée en octobre 1963. Elle avait un caractère différent de la première. C'était une mesure socialiste. Elle est venue plusieurs années après la nationalisation des entreprises industrielles cubaines et impérialistes. Elle avait pour but d'harmoniser les rapports de propriété dans les campagnes avec la propriété sociale des autres sphères de production.

Après la première réforme agraire, les quelques 10 000 agriculteurs qui possédaient entre 165 et 1 000 acres de terre ont été traités comme un groupe séparé. Ils n'avaient pas le droit par exemple de faire partie de l'Association nationale des petits paysans (ANAP).

La réforme agraire de 1963 a exproprié ces agriculteurs capitalistes qui possédaient plus de 165 acres de terre. Ceux-ci contrôlaient encore 20% des terres cultivables. Ces importantes propriétés ne pouvaient être cultivées qu'en ayant recours au travail salarié. En les nationalisant, la deuxième réforme agraire a éliminé le secteur capitaliste de l'agriculture cubaine.

La survivance d'une couche substantielle d'agriculteurs capitalistes dans les campagnes avait donné lieu à des problèmes croissants. Beaucoup d'entre eux refusaient de cultiver leur terre. D'autres se livraient à la spéculation sur des produits de première nécessité comme le lait, auxquels seuls les plus nantis pouvaient avoir accès. Afin de permettre l'élaboration d'un plan économique pour l'agriculture, il fallait faire de nouveaux progrès dans l'organisation des petits paysans au sein de l'ANAP. Mais l'hostilité des agriculteurs capitalistes et l'incertitude qui régnait face à la possibilité de nouvelles expropriations affectaient aussi l'état d'esprit de nombreux petits paysans.

Il était clair qu'il fallait accorder des incitations matérielles aux petites exploitations pour en augmenter la production. Mais il était difficile avec une telle politique de ne pas favoriser les agriculteurs capitalistes. Les inégalités sociales à la campagne se seraient accrues et ce serait en fin de compte les petites familles paysannes qui en auraient souffert.

La deuxième réforme agraire est allée beaucoup plus loin que la première dans la rupture avec les rapports agricoles capitalistes. Pourtant son application a donné lieu à beaucoup moins de conflits et de perturbations. A la fin de 1963, les bandes contre-révolutionnaires qui opéraient à l'intérieur de Cuba avaient subi une défaite décisive, même si elles n'avaient pas encore été complètement éliminées. Le fiasco de la Baie des cochons en 1961 et le renforcement de la défense de Cuba qui a conduit à la fameuse crise des missiles en octobre 1962 avaient repoussé les projets d'invasion impérialistes. Les agriculteurs capitalistes ne disposaient plus de beaucoup d'alliés.

En accomplissant la réforme de 1963 le gouvernement révolutionnaire s'est engagé à ne pas procéder à de nouvelles expropriations. Il a tenu parole. Toutes les familles possédant une exploitation individuelle étaient assurées de l'inaliénabilité de leur terre. Elles étaient assurées de pouvoir la conserver et de continuer de l'exploiter aussi longtemps qu'elles le désireraient. Elles pouvaient compter sur toute l'aide que les ressources de la révolution permettaient. La décision de se joindre à une coopérative ou de s'intégrer à une ferme d'Etat continuerait à se faire sur une base strictement volontaire, comme cela avait été le cas depuis les premiers jours de la révolution.

La réforme agraire et la politique agricole de la Révolution cubaine ont été exemplaires. Mais elles n'ont pas été exemptes d'erreurs. Les dirigeants cubains sont les premiers à le souligner. Fidel aborde quelques unes de ces erreurs et les mesures qui ont été prises pour les corriger dans les deux discours qui suivent.

Durant les premières années de la révolution en particulier, le régime s'est quelquefois fixé des objectifs qui étaient plus basés sur des espoirs et des rêves que sur ce qui pouvait être réellement accompli dans les conditions existantes. Il a par exemple essayé de transformer rapidement l'économie en diversifiant la production et en mettant fin à la dépendance de Cuba à l'égard du sucre avant que n'existe la base économique pour le faire. Un autre exemple de ce genre d'erreurs a été l'objectif sans précédent, mais irréaliste, de récolter 10 millions de tonnes de canne à sucre en 1970.

Une discussion nationale a suivi l'échec de la récolte des 10 millions de tonnes. Il en est résulté une série de changements significatifs visant à organiser la participation des organisations de masse, comme les syndicats, les organisations de femmes et l'association des petits paysans, dans l'adoption des priorités économiques et sociales.

Le premier discours que nous reproduisons a été prononcé par Fidel Castro lors de la principale cérémonie pour célébrer le vingt-cinquième anniversaire de la réforme agraire, le 17 mai 1984. Il donne un aperçu frappant des changements que la révolution cubaine a apportés à la campagne. L'évaluation que fait Fidel Castro de ces réalisations permet de replacer les questions et les défis rencontrés aujourd'hui dans leur perspective historique.

Le deuxième discours a été prononcé à la session de clôture du Sixième Congrès de l'Association nationale des petits paysans, le 17 mai 1982. Dans les extraits publiés ici, Fidel aborde quelques aspects de l'histoire de la réforme agraire. Il s'attarde surtout à expliquer le déséquilibre qui a marqué les quinze premières années de la politique agraire. L'accent avait été mis sur les fermes d'Etat. Il n'avait pas été accordé assez d'attention et de ressources au développement des coopératives. Une série de décisions prises par le Premier Congrès du Parti communiste en 1975 ainsi que par le Cinquième Congrès de l'ANAP en 1977 ont permis de corriger ce déséquilibre. Fidel parle des progrès que l'application de ces décisions a permis d'accomplir.

Deux choses caractérisent particulièrement les rapports entre la classe ouvrière et les producteurs agricoles à Cuba: la première, c'est le respect mutuel de leurs besoins respectifs; la deuxième, c'est l'assurance, établie par l'expérience, que leurs intérêts sont en harmonie et que les deux classes parcourent la même voie historique en tant qu'alliés véritables dans la lutte.

Les dirigeants de la révolution se sont dès le départ efforcés d'éduquer le peuple cubain dans cet état d'esprit politique. Fidel est le premier à avoir donné l'exemple. Pour trouver une comparaison exacte, il est nécessaire de retourner à l'époque de Lénine et du parti bolchévique. Pendant vingt ans ceux-ci se sont efforcés sans relâche, d'éduquer dans cet esprit la classe ouvrière russe et ensuite tout le mouvement communiste international, avec un comportement et une compréhension politiques similaires.

Malgré les plus grands efforts de Lénine, et de Marx et Engels avant lui, l'alliance entre les ouvriers et les paysans a été l'une des questions où le mouvement ouvrier international a commis les erreurs les plus coûteuses de son histoire. C'est pourquoi les enseignements de la révolution cubaine ont une importance décisive. Ils servent à armer de nouvelles générations de révolutionnaires. Les discours publiés dans ce numéro de *Nouvelle Internationale* veulent contribuer à cet objectif.

Notes

1. Paru dans le *Résumé hebdomadaire de Granma*, 26 mai 1974.
2. Fidel Castro, *Discours de la Révolution* (Paris, Union générale d'éditions, 1966), p. 45.
3. Cité dans Leo Huberman et Paul M. Sweezy, *Cuba: Anatomy of a Revolution* (New York: Monthly Review Press, 1961), p. 58.
4. Discours prononcé à la Plata, le 17 mai 1974, paru dans le *Résumé hebdomadaire de Granma*, 26 mai 1974.
5. *Programmatic Platform of the Communist Party of Cuba* (Havana: Department of Revolutionary Orientation of the Central Committee of the Communist Party of Cuba, 1976), pp. 46-52.

HARRY RING/THE MILITANT

TERRY COGGAN/THE MILITANT

Coupe de la canne à sucre à Cuba, dans les premières années de la révolution (haut) et aujourd'hui (bas).

La campagne cubaine, hier et aujourd'hui

Fidel Castro

Le texte suivant est tiré d'un discours prononcé par Fidel Castro à Yara, dans la province de Granma, lors du vingt-cinquième anniversaire de la Loi de réforme agraire à Cuba, le 17 mai 1984. Il a d'abord été publié dans le Résumé hebdomadaire Granma *du 27 mai 1984.*

SUR CES TERRES de Granma où commencèrent nos luttes pour l'indépendance et où débuta la dernière guerre de libération de notre patrie, nous célébrons aujourd'hui le vingt-cinquième anniversaire de la Loi de Réforme agraire, le vingt-troisième anniversaire de l'Association nationale des petits agriculteurs (ANAP) et la Journée du paysan. [*Applaudissements*]

En réalité, nous pourrions dire que ce n'est pas seulement la Journée du paysan que nous célébrons aujourd'hui, mais aussi celle des travailleurs agricoles [*applaudissements*], car nous commémorons une date fondamentale et décisive pour la Révolution, une journée de tout le peuple en raison de la portée de cette Loi de Réforme agraire, qui fut signée au siège du commandement général de la Sierra Maestra et qui fut la première mesure véritablement profonde de la Révolution, celle qui, comme nous l'avons déjà dit, nous mit directement aux prises avec l'impérialisme yankee.

Quelle était notre situation à cette époque? Pour ne citer que quelques exemples, nous pourrions dire que treize des principales compagnies nord-américaines possédaient près de 1 342 000 hectares [1 hectare = 2,47 acres] et quarante gros éleveurs étaient propriétaires de 25% des pâturages du pays.

Dès l'instauration de la République, au début du siècle, il se produit une importante pénétration des entreprises nord-américaines qui achètent à des prix dérisoires la plus grande partie des terres de Cuba, et les meilleures. C'était l'époque, non pas des distributions de terres aux paysans, mais des distributions d'étendues considérables de terres entre les magnats.

C'est ainsi que de nombreux paysans qui luttèrent pour notre indépendance pendant la guerre des dix ans, entretinrent la rébellion et poursuivirent le combat en 1895, avaient perdu leurs terres à la fin de la guerre; et bon nombre de ceux qui avaient collaboré avec les Espagnols, qui s'étaient enrichis tout au long de ces guerres, se retrouvèrent à la fin maîtres de la plupart des terres cultivables du pays. Un chiffre: en 1959, 3% des propriétaires possédaient 56% du total des terres agricoles du pays.

Les jeunes et les enfants ici présents n'ont jamais connu cette inégalité dans la distribution des ressources naturelles et la tragédie que cela constituait pour les paysans et les ouvriers. Quant à nous, force nous est de nous rappeler les expulsions, les crimes, la morte-saison, les centaines de milliers de travailleurs sans emploi, les salaires de misère — environ 70% des familles de la campagne, formées de paysans et d'ouvriers, avaient des revenus inférieurs à 40 pesos par mois—, la faim, la misère, l'humiliation, l'insalubrité, l'analphabétisme. Nos paysans et nos ouvriers étaient victimes non seulement de l'exploitation la plus éhontée mais aussi de toutes sortes d'abus et d'injustices; ils étaient la proie des agioteurs, des spéculateurs et des intermédiaires.

Nous avons bien connu cette situation et nous n'avons pas oublié ce qui se passait quand nous sommes arrivés dans la Sierra Maestra, où des milliers de paysans s'étaient réfugiés, fuyant la morte-saison, le chômage et la faim. Ils parvenaient non sans mal à occuper une parcelle de terre, à la défricher, à y cultiver quelques tubercules et du café, mais cela ne durait que deux ou trois ans. Que ces terres appartiennent à des latifundistes ou à l'Etat, lorsqu'elles étaient devenues productives au prix d'immenses efforts, les représentants des grandes compagnies et des gros propriétaires venaient s'en emparer.

Ces «precaristas» vivaient dans la crainte incessante de voir apparaître les prétendus propriétaires, les juges, les représentants légaux et la Garde rurale pour les déloger.

Au début de la guerre, la présence d'une force rebelle dans la zone servait de prétexte pour bombarder et déloger les paysans. Les forces de la tyrannie sous-estimaient cette petite force, elles la croyaient liquidée, mais elles profitaient de la conjoncture révolutionnaire pour procéder à des expulsions massives de paysans sous le prétexte de la guerre.

La situation sanitaire du pays était vraiment effrayante: il n'y avait pas un seul médecin, un seul hôpital ni un seul dispensaire dans les zones montagneuses du pays; la mortalité infantile était extrêmement élevée; nous ne disposons pas de chiffres fiables mais on suppose que le taux était de plus de 60 pour 1 000 enfants nés vivants. Cependant, étant donné la situation des paysans, surtout de ceux qui vivaient en montagne, il ne serait pas exagéré de dire qu'il mourait en fait chaque année plus de 100 enfants pour 1 000 nés vivants. Nous n'avons pas oublié les épidémies de gastro-entérite, de typhus et autres fléaux qui chaque année coûtaient la vie à des milliers d'enfants de paysans.

ET LORSQUE le paysan élevait un animal, lorsqu'il avait un porc par exemple, il ne le mangeait pas, il le gardait en prévision du jour où, par malheur, un membre de sa famille tomberait malade, auquel cas il irait le vendre au marché pour 5 ou 10 pesos qui lui serviraient à payer un médecin pas toujours efficace qui habitait en général très loin, et les médicaments, très chers. Tout le monde se souvient de cette tragédie, de cette angoisse du paysan, de ce fléau qui était le lot de tout le pays, mais beaucoup plus encore des campagnes, les paysans et les ouvriers agricoles étant les premiers touchés.

Dans le domaine de l'éducation, la situation était analogue. Si dans le pays le taux d'analphabétisme était de près de 30%, il atteignait 40 à 50% dans les campagnes et dépassait 50% dans les montagnes. Il n'y avait pratiquement pas d'écoles dans les montagnes, très peu dans les vallées et il était rare que les enfants qui pouvaient fréquenter l'école dépassent la deuxième ou troisième année du primaire. En fait, avant la Révolution, 38% seulement des enfants des zones rurales fréquentaient l'école; 62% n'avaient ni maître, ni école, ni livres et ne pouvaient que rester ignorants toute leur vie.

Très souvent les produits n'avaient pas de débouchés sur les marchés; il fallait les vendre à un prix dérisoire; les bénéfices allaient dans les poches des intermédiaires; il n'y avait pour ainsi dire pas de crédits, seuls un petit nombre de paysans moyens et quelques paysans riches pouvaient obtenir des prêts bancaires avec des intérêts extrêmement élevés au risque de voir leurs biens confisqués ou hypothéqués et de perdre leur propriété.

La sécurité sociale n'existait pratiquement pas dans les campagnes. Lorsqu'après de longues années de travail un ouvrier agricole du secteur sucrier prenait sa retraite, il touchait environ 7 pesos par mois.

Voici dans les grandes lignes quelle était la situation; à ceci s'ajoutaient le manque de moyens de communications, le manque de transports, le manque de routes; il n'y avait rien. Telle était la véritable situation dans nos campagnes avant le triomphe de la Révolution.

En proclamant la Réforme agraire le 17 mai 1959, la Révolution a libéré les masses paysannes et les masses ouvrières de l'exploitation: 100 000 fermiers, métayers et «precaristas» devenaient propriétaires en vertu de cette loi, et en vertu de cette loi, les latifundia étrangers et nationaux étaient condamnés à disparaître.

Cette loi signifiait la libération non seulement des paysans mais aussi des ouvriers agricoles: finie la morte-saison, fini le vol dont étaient constamment victimes les travailleurs agricoles que l'on s'arrangeait pour payer en monnaie de singe. Il était fréquent que les ouvriers agricoles ne touchent jamais d'argent parce qu'ils devaient depuis longtemps tout leur salaire, et il arrivait que même pendant la zafra [*récolte de canne à sucre*] ils ne puissent pas se faire un peu d'argent. A cette époque, on faisait la queue pour couper la canne, il n'y avait ni transport, ni foyer, ni cantine pour le coupeur de canne, il n'y avait aucune sécurité, aucune garantie pour les ouvriers dans nos campagnes.

Tout cela a changé, nous en sommes nous-mêmes témoins, ceux d'entre-nous qui nous rappelons de la situation au moment de la Révolution [*applaudissements*]. Aujourd'hui le panorama est totalement différent: les spéculateurs, les agioteurs et intermédiaires ont disparu, toute la production agricole a un marché assuré et il n'est plus nécessaire de garder un cochon de lait, quelques poules et un chevreau pour payer les soins médicaux en cas de besoin. Les préoccupations concernant l'éducation ont disparu, les vols, les rentes que percevaient les oisifs, les contrats de métayage, les expulsions ont disparu. Depuis 1959, le paysan est le maître absolu de la terre qu'il travaille. Et ce n'est pas tout: en 25 années de révolution, il n'a jamais payé un centime d'impôt; de nouveaux impôts viennent tout juste d'être institués presque vingt-cinq ans après la promulgation de la Loi de Réforme agraire.

Des dizaines de milliers de kilomètres de chemins et de routes ont été construits; 52 hôpitaux ruraux et près de 200 dispensaires et postes médicaux ont été créés, sans compter que les paysans ont maintenant accès aux hôpitaux municipaux, provinciaux et nationaux. Une grande bataille a été livrée dans le domaine de la santé publique, de nombreuses maladies ont été éliminées: la gastro-entérite, par exemple, qui en 1960 encore tuait plus de 4 000 enfants, n'occasionne plus que 400 décès aujourd'hui, c'est-à-dire dix fois moins; la poliomyélite, le typhus, le paludisme, la rage et beaucoup d'autres maladies n'existent plus [*applaudissements*]. La mortalité infantile a été progressivement réduite et déjà en 1983 elle était inférieure à 17 pour mille. L'espérance de vie est maintenant de 73 ans. Une famille de paysans sait aujourd'hui que ses enfants et ses êtres chers sont en sécurité; elle a à présent accès aux soins médicaux et dentaires; les progrès se poursuivent et annoncent de nouveaux succès.

L'année prochaine déjà, dans cette province de Granma, un ensemble de communautés paysannes auront chacune leur médecin et nous espérons que chaque communauté rurale de notre pays aura son médecin dans un avenir proche, ce qui ne l'empêchera pas de recourir aux services des polycliniques, des hôpitaux municipaux, provinciaux et nationaux [*applaudissements*]. C'est à cette fin que nous formons des milliers de médecins chaque année et que plus de cinq mille étudiants sont admis tous les ans dans les 14 facultés de médecine du pays (une par province); ainsi chaque province forme ses propres médecins et spécialistes et il n'est plus nécessaire d'en faire venir des provinces occidentales, de La Havane.

C'est dans ce but que nous avons lancé l'année dernière l'expérience du médecin des familles; nous sommes persuadés que cette initiative permettra d'élever considérablement les niveaux de santé de notre population urbaine et rurale. C'est pourquoi nous pouvons dire qu'aucun autre pays du monde ne disposera de la couverture sanitaire qui sera celle de notre peuple dans les villes et à la campagne [*applaudissements*].

Le 17 mai, ce n'était pas seulement la remise de la terre aux paysans qui la cultivaient, la libération des ouvriers agricoles; c'était aussi, dans toute une série d'aspects fondamentaux, l'engagement du processus de libération de nos paysans et de nos ouvriers agricoles [*applaudissements*].

JE VIENS de parler de la santé, mais je pourrais aussi parler de l'éducation. Aujourd'hui 100% des enfants de la campagne, des enfants des paysans ou des ouvriers agricoles ont leur éducation assurée, et depuis de nombreuses années déjà. Je me souviens des premiers temps, quand nous n'avions pas assez d'instituteurs pour en envoyer dans les montagnes et qu'il a fallu faire appel aux étudiants, aux maîtres volontaires. C'était une époque difficile et nous nous attaquions aux problèmes sans disposer des ressources humaines nécessaires!

Peu de temps après a commencé la campagne d'alphabétisation: en un an seulement, l'analphabétisme a pratiquement été éliminé, nous avons battu tous les records enregistrés dans le monde. Nous avons immédiatement organisé des cours faisant suite à l'alphabétisation. Aujourd'hui, nous pouvons dire que non seulement notre paysannerie n'est plus analphabète, mais que, grâce aux efforts soutenus de l'ANAP et à la collaboration des organismes d'éducation, elle a gagné la bataille du certificat d'études [*applaudissements*]. Elle s'apprête à remporter la bataille du brevet d'études avec le reste des travailleurs du pays [*applaudissements*].

Qui aurait pu le prédire? Aujourd'hui nos paysans sont en général plus cultivés et instruits que les contremaîtres et régisseurs de l'époque du capitalisme [*applaudissements*]. Ils ont même davantage de connaissances que beaucoup d'anciens propriétaires. Ils possèdent non seulement une instruction supérieure mais aussi une plus grande culture, pas seulement une culture générale mais également une culture politique étendue [*applaudissements*].

A cette époque, les hommes politiques faisaient des campagnes électorales, achetaient les voix des électeurs, se livraient à toutes sortes de magouilles. Cela n'est concevable qu'avec une population exploitée et ignorante.

Est-il concevable, aujourd'hui, dans ce pays, qu'on essaie de convaincre un paysan de voter pour tel ou tel candidat, de vendre sa voix pour pouvoir se faire soigner dans un hôpital, pour obtenir une recommandation qui lui permettrait de trouver un emploi dans la fonction publique, et non seulement dans la fonction publique mais aussi dans le secteur privé? Comment imaginer aujourd'hui ce genre de personnage dans nos villes et nos campagnes? Qui aujourd'hui pourrait être capable de tromper un seul de nos paysans? Lequel d'entre vous pourrait se laisser tromper aussi misérablement [*exclamations: "Personne!"*] et se laisser raconter que c'est cela la liberté, que c'est cela la démocratie? Non, cela n'était qu'exploitation, faim, injustice, duperie, abus, oppression! [*Applaudissements*]

Non seulement les besoins en éducation ont été satisfaits pour tous les enfants et tous les jeunes, non seulement l'enseignement a été garanti jusqu'au certificat d'études par un système de bourses, mais des centaines de milliers de paysannes et de jeunes paysans ont acquis une spécialisation ces dernières années. Avant, il n'y avait pas une seule école secondaire dans les campagnes et encore moins pour le deuxième cycle; aujourd'hui notre pays compte 567 écoles secondaires installées à la campagne, pour le premier et le deuxième cycle dont la majorité sont d'excellentes installations; plus de 20 000 professeurs y travaillent; de nombreux jeunes des villes y étudient, mais les jeunes paysans ont la priorité; ils ont aussi accès aux écoles techniques des villes.

Grâce à ces programmes, des milliers et des milliers, ou plutôt des dizaines de milliers de jeunes originaires de nos campagnes sont aujourd'hui ingénieurs, architectes, médecins, professeurs, officiers de nos forces armées, cadres du Parti et de l'Etat. Aujourd'hui, nous avons la satisfaction de pouvoir dire que tous les enfants et tous les jeunes de nos campagnes ont autant de possibilités d'étudier si ce n'est davantage que les enfants et les jeunes des villes. Et si nous disions tout à l'heure que nos paysans savent aujourd'hui davantage que les anciens contremaîtres, régisseurs et même propriétaires terriens, qu'en sera-t-il dans les années à venir? Nous pouvons dire que n'importe quel enfant et n'importe quel jeune de notre pays a davantage de possibilités de faire des études, dans de meilleurs établissements et avec de meilleurs enseignants qu'autrefois les enfants des contremaîtres, des régisseurs et des propriétaires terriens [*applaudissements*]. C'est cela la justice! C'est cela l'égalité! C'est cela la liberté! C'est cela la dignité! [*Applaudissements*] Nous savons bien en effet ce que la société capitaliste offrait aux enfants et aux jeunes: de mauvaises habitudes, la corruption, le jeu, la drogue et la prostitution, ce qu'offre le capitalisme à des dizaines et des dizaines de millions de personnes dans le monde: des vices, des calamités et des tragédies dont notre peuple ne souffre plus aujourd'hui [*applaudissements*].

Actuellement tous nos ouvriers agricoles bénéficient du système de sécurité sociale dont bénéficient aussi, en vertu d'une loi récente, les paysans des coopératives de production agricole. Mais avant même la promulgation de cette loi, la sécurité sociale aidait des dizaines de milliers de paysans qui pour une raison ou une autre ne pouvaient pas continuer à travailler et à gagner leur vie. De nos jours, un ouvrier agricole à la retraite reçoit au minimum dix à douze fois plus que ce que touchaient autrefois les rares ouvriers agricoles qui prenaient leur retraite; à ceci s'ajoutent les services gratuits, de santé par exemple, que leur offre la Révolution.

Sur presque 800 000 bénéficiaires de la sécurité sociale, 200 000 environ vivant dans nos campagnes sont d'anciens ouvriers agricoles ou paysans. Si auparavant le revenu d'une famille de paysans ne dépassait pas en règle générale 40 pesos, aujourd'hui le revenu de n'importe quel travailleur des champs, de n'importe quel ouvrier agricole est quatre ou cinq fois supérieur à celui que percevait une famille d'alors; sans compter que de nos jours un nombre beaucoup plus élevé de membres d'une même famille travaillent.

Personne ne se souvient de la tragédie de la morte-saison. Aujourd'hui ce n'est pas le travail qui manque; c'est vrai dans certaines provinces plus que dans d'autres, parce qu'il faut travailler dans l'agriculture, il faut travailler dans l'industrie, il faut travailler dans la construction et s'il n'y a pas de grandes constructions dans une province donnée il y en a toujours quelque part, à Santiago, Moa, à Cienfuegos, à La Havane ou dans n'importe quel coin du pays. Depuis que le chômage a disparu, un autre problème se pose: trouver la main-d'oeuvre nécessaire aux innombrables travaux que nous devons réaliser.

LES TRAVAILLEURS de la campagne sont déjà plus d'un demi-million. D'autres secteurs comme l'éducation et la santé emploient 600 000 personnes environ; des centaines de milliers d'autres travaillent dans la construction. Nous avons réussi à introduire les machines sans que personne ne perde son emploi. Avant, au temps du capitalisme, dans les conditions sociales de l'époque, qui achetait une coupeuse-chargeuse de canne, une chargeuse, une moissonneuse-batteuse de riz? Il fallait faire à la main des travaux durs, très durs, pour labourer la terre, récolter la canne, le riz, dans la construction, dans les ports, partout.

En prenant des mesures de justice sociale, en pratiquant une politique correcte, révolutionnaire, socialiste, la Révolution n'a pas seulement mis fin au problème de la morte-saison, au chômage, à l'insalubrité, à l'analphabétisme; elle n'a pas seulement apporté aux masses un niveau de santé et d'éducation auxquels, autrefois, seul un groupe de privilégiés avait accès; la Révolution a libéré le travailleur, et particulièrement à la campagne, des efforts les plus inhumains, les plus durs en mécanisant le labour, en utilisant les herbicides contre les mauvaises herbes, en récoltant à l'aide de chargeuses, coupeuses-chargeuses de canne à sucre, de moissonneuses-batteuses de riz, en introduisant le transport motorisé, en construisant des quais d'embarquement de sucre en vrac et en mécanisant les opérations portuaires.

Avant, un paysan devait travailler 12, 13, 14 heures contre un salaire de misère, de crève-la-faim. Pour la première fois dans l'histoire de nos campagnes, la journée de 8 heures est devenue une réalité et lorsque les hommes travaillent 9 heures, 10 heures, 11 heures, 12 heures, ils le font volontairement, spontanément, avec enthousiasme, parce qu'ils savent qu'ils contribuent au développement de l'économie du pays, et à leur propre bien être [*applaudissements*]; parce qu'ils savent qu'ils perçoivent le salaire qui leur est dû. Ceci démontre que l'objectif de la Révolution n'est pas de favoriser un groupe de privilégiés mais de servir les intérêts de tout le peuple [*applaudissements*].

Depuis la proclamation de la première Loi de Réforme agraire, le pays a investi 10 milliards de pesos dans nos campagnes, le nombre de tracteurs a été multiplié par huit, l'utilisation d'engrais par dix, l'utilisation de pesticides par quatre, les herbicides ont été introduits massivement, la capacité des retenues d'eau a été multipliée par 125 et les surfaces irriguées, par quatre (près d'un million d'hectares); 3 000 installations agricoles et industrielles environ ont été construites; la prolifération des centres d'approvisionnement et des écoles installées à la campagne ainsi que le développement de notre industrie électrique nous ont amenés à électrifier de vastes zones de nos campagnes; le nombre de foyers bénéficiant de l'électricité a du même coup considérablement augmenté. Actuellement on envisage de construire tout un réseau de micro centrales hydro-électriques dans la province de Granma; on a aussi mis à l'essai dans la province de Granma des groupes électrogènes pour fournir de l'électricité quelques heures par jour à des dizaines de communautés paysannes qui se trouvent dans les montagnes. Cette expérience a donné d'excellents résultats et on envisage dans les prochains mois de l'étendre à toutes les montagnes des provinces orientales.

D'après les statistiques, les crédits sont aujourd'hui 82 fois supérieurs à ce qu'ils étaient avant le triomphe de la Révolution et 35 fois plus de personnes en bénéficient dans de bien meilleures conditions, sans être obligées d'hypothéquer leurs biens, sans avoir à perdre quoi que ce soit, avec des taux d'intérêts peu élevés. Les institutions financières font même preuve de la plus grande considération en cas de catastrophe naturelle ayant causé des dégâts dans une zone rurale.

Tous ces efforts se sont traduits par une humanisation considérable du travail dans les campagnes; par exemple, la traite manuelle a été presque totalement éliminée au profit de la traite mécanique — je n'en avais pas encore parlé—; non seulement le travail a été humanisé mais la production et la productivité ont énormément augmenté. Il suffit de signaler qu'en 1970, 350 000 coupeurs de canne ont dû participer à la zafra et que cette année il n'en a fallu que 80 000, soit moins du quart du nombre nécessaire il y a quatorze ans. Et cela n'a mis personne au chômage, parce qu'il y a beaucoup à faire et on a besoin de bras.

LA PRODUCTION a augmenté dans toutes les branches, presque sans exception, et dans certains cas de façon considérable. Par exemple, on produit douze fois plus d'oeufs qu'en 1960, trois fois plus de viande de volaille, 5,5 fois plus de viande de porc, 4,5 fois plus d'agrumes, ce qui donne une idée non seulement de la diversification de notre production agricole, mais des progrès considérables de la production et de la productivité; nous avons le cas de cette zafra, où il nous faut beaucoup moins de coupeurs de canne qu'il y a quatorze ans; la productivité s'est accrue tout autant sur les chantiers, dans les ports, dans les usines, partout.

En ce vingt-cinquième anniversaire, nous pouvons nous former une idée claire et objective de ce que cette étape inaugurée le 17 mai 1959 a signifié pour nos campagnes [*applaudissements*]. Maintenant, le mouvement paysan, l'ANAP et les masses paysannes ont de nouvelles tâches à accomplir.

A l'heure actuelle, nous sommes engagés dans la lutte pour atteindre des formes supérieures de production sur les terres des paysans. Le mouvement des coopératives a fait de grands progrès. Il est relativement nouveau dans notre Révolution et a pris un grand essor au cours des trois dernières années. A l'heure actuelle, environ 940 000 hectares dont 80 000 cédés par l'Etat et 56% du total des terres des paysans, sont maintenant sous le régime des coopératives. Environ 90% des terres cultivées sont placées sous le régime des fermes d'Etat ou des coopératives de production agricole et sont donc exploitées selon des formes supérieures de production [*applaudissements*].

Pendant les premières années de la Révolution, de grandes sommes ont été investies dans les entreprises agricoles d'Etat, qui se sont beaucoup développées. Maintenant nous concentrons nos efforts sur le mouvement coopératif paysan. Aujourd'hui il y a déjà 1 457 coopératives dont l'étendue moyenne est de 670 hectares. Bien qu'il s'agisse d'une forme de production nouvelle, d'un secteur relativement jeune, les progrès obtenus sont considérables. L'immense majorité des coopératives a remporté des succès, obtenu des bénéfices, réduit considérablement les coûts de production et fonctionne très bien, nous pouvons le dire, du point de vue économique; un groupe réduit de coopératives n'a pas encore obtenu de bénéfices; il faut en analyser les raisons, chercher les liens qu'il peut y avoir entre cette situation et les prix et autres facteurs qui élevent les coûts de production, étudier les difficultés, mettre au point des solutions.

La plupart des zones sucrières sont sous le régime des coopératives. Il y a déjà 42 coopératives qui produisent 856 quintaux à l'hectare et depuis que le mouvement coopératif a commencé dans les régions sucrières, les coopératives produisent 113 quintaux de plus à l'hectare et livrent 46 millions de quintaux de plus, ce qui permet d'augmenter la production à 500 000 tonnes de sucre.

Nous savons qu'il existe des difficultés, parce que les camarades de l'ANAP et du Parti nous en ont parlé, difficultés de diverses natures que nous cherchons à surmonter. Nous résoudrons tous les problèmes, je vous le garantis [*applaudissements*].

Les brillants succès remportés dans tous les domaines nous encouragent à aller de l'avant. Cette date est pour nous l'occasion de nous engager auprès des masses paysannes à continuer d'avancer vers des formes supérieures de production, à continuer d'encourager le mouvement coopératif. Nous verrons ce que nous pourrons dire sur l'accomplissement de cette mission historique pour le trentième anniversaire de la Réforme agraire.

La patrie ou la mort!

Nous vaincrons! [*Ovation*]

Les coopératives agricoles à Cuba

Fidel Castro

Ce texte est extrait du discours prononcé par Fidel Castro à la clôture du Sixième Congrès de l'Association nationale des petits agriculteurs (ANAP), le 17 mai 1982. Il a d'abord été publié dans le Resumé hebdomadaire Granma *du 30 mai 1982.*

IL EST BON, de temps en temps, de regarder en arrière. Nous le ferons aujourd'hui, pour évoquer le long chemin parcouru en vingt-trois ans et la première Loi de la Réforme agraire. Quelle était alors la situation? A quoi pensions-nous? Quels étaient les problèmes qui retenaient notre attention? A cette époque, nous n'étions même pas sûrs de ce que nous allions faire, des formes de production que nous allions adopter. Notre principal objectif était de tenir une promesse: liquider le latifundium et mettre fin définitivement à l'exploitation de nos ouvriers agricoles et de nos paysans. Les débats portaient alors sur la quantité de terres que nous allions laisser aux latifundistes, sur le type de réforme agraire que nous allions réaliser, jusqu'à quel point elle serait radicale. Tout le monde était conscient du défi que constituait cette Réforme agraire, de la bataille qui allait s'engager avec elle.

Je me rappelle que nous avions un groupe de techniciens, pour leur donner un nom. C'était plutôt un groupe d'amateurs de questions agraires, parmi lesquels se trouvait Carlos Rafael, si je ne me trompe, Nuñez Jiménez qui avait écrit la géographie de Cuba, et aussi le Che [*applaudissements*]. Et ce dont on discutait le plus, c'était la limite qu'il fallait fixer à la propriété de la terre. Il fallait tenir compte du fait que des entreprises yankees possédaient jusqu'à environ 268 000 hectares. Un beau jour, nous nous sommes mis d'accord sur le chiffre de 402,6 hectares [1 hectare = 2,47 acres]. Exceptionellement, si le propriétaire exploitait particulièrement bien sa ferme, on lui laisserait 1 342 hectares.

Dans n'importe quel autre pays, ce chiffre de 402,6 hectares aurait paru exagéré. Mais ici, où il y avait beaucoup de latifundiums de dizaines de milliers d'hectares, la limite était en réalité très basse. C'était là le fond de la question: jusqu'où allions-nous pousser la Réforme agraire?

Une telle décision faisait disparaître tous les latifundiums du pays, y compris, naturellement, ceux des entreprises impérialistes. Et cette décision nous l'avons prise.

Les techniciens et d'autres camarades ont continué de travailler à cette Loi, à réfléchir à la profondeur de la Réforme plutôt qu'aux détails. On parlait aussi de zones de développement, de partage de la terre, etc. Bien sûr, nous avions aussi décidé de mettre fin définitivement à toute forme de fermage ou de métayage, de légaliser toutes les situations, de donner la propriété de la terre à ceux qui la travaillaient à quelque titre que ce soit. C'était là un des fondements de la Loi: libérer le paysan de l'exploitation et le faire propriétaire de la terre.

Mais nous ne savions pas encore très bien ce que nous allions faire des grands latifundiums. Jusqu'à ce moment-là, jusqu'à la fin, les techniciens pensaient presque uniquement au partage des terres. Ce mot a toujours suscité beaucoup de sympathie.

Quant à moi, il y avait longtemps que je réfléchissais à ces questions; déjà à l'époque de la Moncada, nous parlions très subtilement, mais très intentionnellement, de formes supérieures de production. Nous parlions du partage des terres, de la suppression du fermage, mais aussi des coopératives.

Dans l'avion, je lis une dernière fois la Loi, le Projet de loi, je le regarde, je l'étudie, je le relis, je le révise et je ne trouve nulle part le mot coopérative. Je décide alors d'ajouter un paragraphe à la Loi, ce qui était légal puisqu'elle n'avait pas encore été promulguée [*rires*], et j'inclue les coopératives à la Loi. Heureusement, sans quoi la création d'une coopérative aurait pu être interprétée comme une violation de la Loi. C'est ainsi qu'une des formes supérieures de production a figuré dans la Loi. Je dis bien une des formes, l'autre étant l'entreprise d'Etat, qui n'y figurait pas. Celle-ci a été créée non pas contre la Loi, mais à côté d'elle, révolutionnairement. La première loi agraire ne parlait pas de fermes d'Etat; celle-ci a résulté, disons, d'une évolution de la réflexion sur les problèmes agraires. Naturellement, la proclamation de la Loi a suscité le plus grand enthousiasme parmi les paysans.

En réalité, il était dans la logique de la pensée révolutionnaire de baser la Réforme agraire sur le partage des terres, car, en règle générale, c'était là une des revendications des paysans, et il y a des circonstances politiques déterminées dans lesquelles le partage des terres est la seule solution parce que c'est la mesure la plus politique, celle qui suscite le plus de soutien révolutionnaire. L'idée était magnifique, mais elle pouvait conduire à la liquidation de la production agricole.

Dans notre pays, la Révolution était fortement soutenue par les paysans, les ouvriers, et des raisons strictement politiques ne justifiaient pas la création de centaines de milliers de minifundiums. D'autre part, le partage présentait un sérieux inconvénient: il n'y avait pas de terres pour tout le monde, et, à la ville, beaucoup de gens aspiraient à une parcelle de terre. A raison de 13,42 hectares par tête, 100 000, 150 000 ou 200 000 familles allaient en bénéficier, mais des centaines de milliers d'autres familles ne recevraient pas de terres, à moins de la subdiviser en fractions plus petites, ce qui aurait aggravé la situation.

Il n'était pas absolument nécessaire, du point du vue politique, de procéder à ce partage de terres. D'une certaine façon, nous partagions la terre des latifondistes quand nous faisions plus de 100 000 familles propriétaires des terres qu'elles cultivaient.

DANS NOTRE pays, l'agriculture avait atteint, jusqu'à un certain point, un développement capitaliste: nous avions de vastes plantations de canne à sucre, des rizières, divers types de plantations, des grandes fermes d'élevage, et il existait un prolétariat agricole, un prolétariat qui, avec les travailleurs du sucre à sa tête, avait joué un rôle extraordinaire dans les luttes ouvrières. Cela me faisait de la peine de penser que le mouvement ouvrier, le mouvement révolutionnaire allait faire un pas en arrière. J'avais en outre la certitude que le partage de la terre empêcherait de maintenir la production sucrière et la production agricole aux niveaux qu'exigeait le pays; et notre pays ne pouvait prendre ce risque vu qu'il dépendait essentiellement des exportations agricoles.

J'essayais d'imaginer ce que serait une plantation de canne partagée entre dix propriétaires et où chacun cultiverait qui quelques bananiers, qui du manioc, qui du riz, qui des haricots, qui quelques plants de canne. Qu'adviendrait-il de l'industrie sucrière?

C'est alors que nous avons commencé à penser qu'il fallait éviter de morceler la terre et à caresser l'idée des coopératives. Nous nous sommes rendu compte par la suite —c'est du moins ce que je pensais quand je voyais une immense propriété possédant des milliers de têtes de bétail et dix ou douze ouvriers— que nous pouvions transformer cette immense propriété en coopérative; ces dix ou douze ouvriers allaient devenir riches du jour au lendemain; il y avait d'autres types de plantations, de grandes rizières, où se produisait le même phénomène, et nous avons décidé de créer les premières entreprises d'Etat dans ces propriétés consacrées à l'élevage et dans les autres grandes exploitations agricoles. Le développement des coopératives avançait dans les zones sucrières; et c'était sans nul doute une meilleure solution que de partager ces terres, de les morceler; c'est ainsi qu'ont été constituées les premières coopératives sucrières.

Mais ces coopératives n'avaient en réalité aucune base naturelle, aucune base historique, puisque les coopératives sont formées normalement par des paysans propriétaires de la terre. Je me disais que nous allions créer une coopérative artificielle et transformer les ouvriers agricoles en coopérateurs. J'étais partisan —peut-être parce que je pensais à un vers de Marti qui dit: «Esclave de l'âge et des doctrines»— de faire de ces coopératives, qui étaient aux mains d'ouvriers et non de paysans, des entreprises d'Etat.

Naturellement, c'est à d'autres qu'il incombera plus tard de juger nos actes, car nous ne pouvons être des juges impartiaux et dire qu'ils ont été judicieux, qu'ils ont été parfaits; mais le fait est que c'est ainsi que les entreprises d'Etat ont vu le jour. Il faut reconnaître, après tant d'années que nous avons fait preuve d'une grande audace, car à l'époque nous n'avions pas de cadres, pas d'administrateurs, pas d'ingénieurs, pas de vétérinaires, rien! Il s'est d'ailleurs passé quelque chose d'analogue avec les usines.

Mais je dois dire qu'en réalité, je rejetais l'idée d'une régression sociale en matière de propriété de la terre, l'idée d'une révolution socialiste où les ouvriers ne seraient pas propriétaires des usines, où l'on ne créerait pas des coopératives d'ouvriers industriels, et j'étais résolument partisan de faire des terres qui avaient appartenu aux latifondistes et aux entreprises impérialistes des entreprises socialistes jouissant du même statut que l'usine, que l'industrie.

Dans les sucreries il s'est passé exactement la même chose que dans les entreprises agricoles. Qui allait être l'administrateur? Un ouvrier révolutionnaire. Et dans l'exploitation agricole? Un ouvrier révolutionnaire. Qu'exigeait-on de lui? Etre révolutionnaire. Mais il était possible que son niveau de scolarité ne dépasse pas la deuxième ou troisième année du primaire. Et si un jour on fait une recherche historique, on découvrira qu'il y a eu des administrateurs de fermes d'Etat analphabètes.

Nous n'avions à cette époque aucun ingénieur, aucun vétérinaire, rien, pas plus dans les usines qu'à la campagne. On se demande comment notre pays s'est débrouillé dans de telles conditions pour faire avancer la production industrielle et la production agricole? C'est incroyable!

La Révolution n'a pas pris possession des plantations de canne à sucre la première année; elle l'a fait, si je me souviens bien, un ou deux ans après. Nous ne voulions pas toucher la production sucrière car le pays dépendait dans une immense mesure des exportations de sucre.

Les premières *zafras* [*récolte de canne à sucre*] n'ont pas été difficiles, il y avait un grand excédent de main-d'oeuvre. Les *zafras* difficiles ont été les suivantes, lorsque le chômage commençait à disparaître, lorsque la réserve de centaines de milliers d'ouvriers sans emploi qu'il y avait à Cuba commençait à disparaître à la suite des mesures révolutionnaires. Des hommes sans aucune connaissance dirigeaient les usines et les fermes d'Etat; plus de cent mille ouvriers industriels devaient être mobilisés pour la *zafra*, surtout dans les provinces peu peuplées comme celles de Camagüey, l'actuelle province de Ciego de Avila, de Las Tunas, etc. Lorqu'arrivait la *zafra* commençait l'agonie des mobilisations.

Nous DISIONS donc que cette mesure concernant la terre impliquait beaucoup d'audace, mais il n'y a pas de révolution sans audace; et celui qui n'est pas audacieux ne sera jamais révolutionnaire [*applaudissements*]. Sans audace, la guerre d'indépendance déclenchée le 10 octobre 1868 n'aurait jamais eu lieu; sans audace, Marti n'aurait pas débarqué à Playitas, dans une barque, en compagnie de Maximo Gomez, sans aucune troupe; sans audace, Maceo n'aurait pas débarqué à Baracoa; sans audace, il ne se serait jamais produit de révolution pour l'indépendance; et sans audace, naturellement, jamais une révolution socialiste n'aurait commencé dans notre pays à 90 milles des Etats-Unis [*applaudissements*].

C'est un fait que notre révolution agraire a débuté de cette façon. Puis il y a eu la deuxième Loi de Réforme agraire, car ce qui nous semblait très peu de chose au moment où nous avons promulgué la première Loi nous semblait ensuite beaucoup; en outre, cette première Loi laissait 402,6 hectares aux latifondistes et la plupart du temps les principales installations étaient restées sur ces terres. Cette première Loi avait affecté quelque centaines de propriétaires, peut-être un peu plus d'un millier. La deuxième Loi de Réforme agraire qui fixait la limite à 67,1 hectares en affectait plusieurs milliers.

Les entreprises d'Etat ont continué à se développer; on leur a accordé la plus grande attention; de nombreux investissements ont été réalisés dans la construction de chemins, de barrages et d'autres ouvrages. Le paysan indépendant n'était pas délaissé pour autant. Les paysans ont bénéficié de crédits, de marchés et de prix stables; ils ont reçu toute l'aide possible. Les conditions de vie se sont modifiées dans nos campagnes. L'éducation et la santé publique y faisaient leur entrée; bref, il s'est produit une véritable révolution dans les conditions de vie du paysannat et de la population rurale de tout le pays.

Il convient par ailleurs de souligner les mérites de nos ouvriers agricoles — qui sont au sein du prolétariat les frères les plus proches des paysans — les mérites extraordinaires du travail réalisé par ces ouvriers agricoles pendant vingt-trois ans, dans des conditions réellement difficiles. Il est vrai que leur vie s'est aussi transformée radicalement. Jusquelà, ils travaillaient parfois jusqu'à 13, 14 heures même, sans compter qu'ils restaient de longs mois au chômage; désormais, ils ne travaillaient plus que les huit heures fixées par la loi, leur salaire avait augmenté, ils bénéficiaient de la sécurité sociale; ils avaient maintenant droit à l'éducation de même que leurs enfants, aux soins médicaux et à la sécurité de l'emploi. Cependant une grande pauvreté régnait dans nos campagnes, il n'y avait pratiquement pas de logements; le pays ne disposait pas de ressources suffisantes pour entreprendre le vaste plan de construction de logements qui aurait permis de satisfaire les besoins des ouvriers des entreprises d'Etat. Et il faut dire que malgré cela ils ont assuré la bonne marche des principaux secteurs de l'économie, la majeure partie de la récolte de canne à sucre qui alimente les sucreries.

Pendant toutes ces années, les ouvriers agricoles ont produit près de 100% du riz distribué dans le pays, près de 100% de la volaille et des oeufs, de la viande de porc et de boeuf que consomme la population, et ils ont assuré d'autres productions importantes. Voilà pourquoi un jour comme aujourd'hui, au moment de clôturer ce Congrès, en cette Journée du paysan, nous ne pouvons que penser avec gratitude aux centaines de milliers d'ouvriers agricoles qui, aux côtés de nos paysans, ont rendu possible cette grande révolution agraire dans notre pays [*applaudissements prolongés*].

Ils ont travaillé dans des conditions très dures, très difficiles, habitant des dortoirs ou des logements qui se trouvaient dans un état déplorable, malgré les efforts de la Révolution qui a fait construire des centaines de communautés pour les ouvriers agricoles et leurs familles. Certaines entreprises ont fait des progrès notables dans ce domaine, mais les conditions de logement de nos ouvriers agricoles sont et resteront encore très dures pendant des années.

On peut aujourd'hui visiter des lieux qui font notre fierté, comme l'entreprise de génétique *Los Naranjos*, où nous sommes allés récemment pour remettre des distinctions à des ouvriers, à des techniciens et à l'administration, au milieu d'une communauté moderne. La liste des réussites de cette entreprise était réellement impressionnante. Et elles sont nombreuses, dans tout le pays, à devenir des entreprises modèles.

La différence entre le présent et le passé est incroyable: dans n'importe laquelle de ces entreprises qui se consacrent à la culture de la canne à sucre, à l'élevage, à la production de riz, on trouve aujourd'hui des dizaines et des dizaines d'ingénieurs, de vétérinaires, de spécialistes en irrigation, d'économistes, d'administrateurs expérimentés. Et les machines, les coupeuses-chargeuses ... Dans les premières années de la Révolution, la récolte du riz était manuelle. Il y a si longtemps qu'on ne récolte plus le riz à la main dans notre pays que je crois que personne ne se rappelle la forme de la faucille. Dans le secteur de la canne à sucre, la récolte, le transport, l'irrigation, la préparation de la terre sont largement mécanisés. Autant de succès dont nous nous réjouissons aujourd'hui aux côtés de nos paysans, parce que ces ouvriers agricoles — et les ouvriers de l'industrie qui se mobilisaient par dizaines de milliers pour faire la *zafra* — ont rendu possible ce progrès qui s'accélérera au profit de notre population paysanne.

Mais il est incontestable que le développement de nos campagnes n'a pas été équilibré, car nous avons centré le gros de nos efforts sur les entreprises d'Etat. Ce n'est pas que nous ayons totalement négligé la paysannerie, mais pendant un temps, on pensait — et j'en suis le responsable — de façon un peu idéaliste si l'on veut mais au fond révolutionnaire [*applaudissements*], que la transformation de nos campagnes dépendait uniquement des entreprises d'Etat et qu'un jour, toute l'agriculture serait socialisée sur la base d'entreprises d'Etat. Je me rappelle qu'à l'un des Congrès — le troisième ou le quatrième, vers 1971—, j'en ai parlé aux paysans.

AUCUNE PENSÉE révolutionnaire ne suit une ligne droite comme un rayon de lumière; ce qui suit une ligne droite comme un rayon de lumière, c'est l'esprit révolutionnaire et l'honnêteté des hommes [*applaudissements*]. Lorsqu'elles surgissent, les idées ne sont pas toujours précises et claires. A l'époque, nous nous demandions comment développer la révolution dans les zones rurales, comme nous l'avons fait plus tard dans la vallée de Picadura, dans la vallée d'El Peru, au centre de génétique de l'est de La Havane, à Triunvirato, dans l'Escambray. Si nous avions disposé d'assez de ressources pour le faire dans tout le pays, cela aurait représenté un progrès considérable, comme ce fut le cas pour les paysans qui vivaient dans ces zones dans des conditions d'extrême pauvreté. Des communautés ont été construites avec leurs écoles, leurs centres médicaux, tout ce qu'il faut. Il existe maintenant des zones rurales où les conditions de vie pourraient faire pâlir d'envie les citadins, mais cela coûte cher, cela requiert des investissements considérables, et il faudra peut-être des années pour que les terres des petits agriculteurs passent à des formes de production supérieures. Je réfléchissais beaucoup à cette question chaque fois que je survolais en avion les vallées, parsemées de petites maisons avec leurs parcelles, ou lorsque je me rendais dans les zones de culture du tabac dans la province de Pinar del Rio. Il y avait dans ces vallées d'innombrables petites maisons où vivaient les arrière-grands-parents, les grands-parents, les parents, les enfants, les petits-enfants et les arrière-petits-enfants, et cela me donnait à réfléchir sur ce problème de la multiplication des parcelles. Je me rendais compte que si nous suivions cette voie, il serait impossible ou très coûteux de construire dans chaque vallée des villages comme ceux de Triunvirato ou de Picadura. Cela demanderait beaucoup de temps.

C'est ainsi que je suis parvenu à la conviction qu'il fallait aussi suivre la voie de la coopérativisation dans de nombreuses régions du pays. Plus de 70% — presque 80% — des terres étaient déjà aux mains de l'Etat, du fait de l'application de la Réforme agraire, de l'achat ou de la location de terres, etc. Mais nous étions parvenus à un point où il était indispensable à l'économie et à la population que la production se modernise dans les 20 ou 25% de terres agricoles qui restaient. La petite propriété avait donné tout ou presque tout ce qu'elle pouvait donner. La récolte de la canne à sucre était mécanisée un peu partout, les herbicides et les pesticides étaient épandus par avion, l'irrigation se développait, et il était pratiquement impossible d'appliquer toutes ces techniques dans des parcelles. La production agricole paysanne semblait donc condamnée à la stagnation. Dans ces conditions, il était impensable d'appliquer des techniques supérieures.

Tous ces éléments nous ont amenés à la conviction que la véritable coopérative, non pas celle que nous voulions constituer dans les premières années avec les ouvriers agricoles, mais la vraie coopérative est la coopérative qui, historiquement, se forme en réunissant les terres des petits agriculteurs.

Ainsi, à l'occasion du Premier Congrès du Parti, la direction du Parti s'est penchée sur tous ces problèmes et a défini deux formes de développement agricole, deux formes supérieures de production agricole: les entreprises d'Etat et les coopératives. Ce sont ces idées, ces accords du Premier Congrès qui ont inspiré la ligne du Cinquième Congrès de l'ANAP. Mais un principe qui nous a toujours été très cher a été établi, ou plutôt deux principes: après la deuxième Loi de Réforme agraire, nous avons dit qu'il n'y aurait plus d'autres réformes agraires, que tout le monde pouvait être tranquille, et nous avons tenu parole. Nous avons aussi promis aux paysans qu'aucun d'entre eux ne serait jamais obligé d'entrer dans une ferme d'Etat ou une coopérative. Là aussi, nous avons tenu parole et nous continuerons de le faire, rigoureusement, comme le disait Pepe à la fin de son discours. Ce principe a été respecté scrupuleusement.

Naturellement, la qualité de la vie qui s'instaurait dans quelques-uns des villages mentionnés faisait que de nombreux paysans, pratiquement tous, voyaient clairement les avantages et la sécurité que représentait pour eux et pour leurs familles l'intégration à une ferme d'Etat. Je dirais même que lorsque nous avons décidé de poursuivre les efforts dans la voie de la coopérativisation, il a fallu convaincre de nombreux camarades et de nombreux cadres que cette politique était raisonnable. Les paysans étaient nombreux à préférer la ferme d'Etat à la coopérative, en raison de tous ces avantages qui sautaient aux yeux.

Mais le pays ne disposait pas d'assez de ressources pour construire des centaines de milliers de logements à la campagne en quelques années. Il fallait que l'agriculture progresse; le pays et l'économie l'exigeaient. C'est ainsi que le mouvement coopératif a fait modestement ses débuts.

J'ai dit et expliqué qu'en réalité nous aurions dû entreprendre plus tôt ce mouvement coopératif. Je l'ai dit et je répète que je porte une part de responsabilité morale dans le retard de quelques années qu'a connu le mouvement coopératif [*applaudissements*]. Je pense que le premier et le plus sacré des devoirs de tout révolutionnaire est de reconnaître ses erreurs [*applaudissements*]. J'aime revenir sur les événements, et analyser ceux auxquels j'ai participé; je crois que je suis réellement très critique en ce qui concerne mes actes, que je suis plus critique envers moi-même que je ne parais, et que je me distingue précisément pour être très critique envers moi-même lorsqu'il s'agit de la Révolution [*applaudissements*].

IL Y AVAIT au départ deux idées; d'une part, une préférence pour les entreprises d'Etat et d'autre part un respect presque sacré pour la tradition individualiste des paysans. Nous pensions: les paysans n'auront certainement pas très envie de s'organiser en coopératives. Je dois avouer que je sous-estimais le degré de conscience de nos paysans et surestimais leur individualisme; et en même temps je les respectais trop pour vouloir passer outre à leurs désirs, pour vouloir forcer leurs sentiments. Nous sous-estimions le degré de conscience des paysans, mais nous avons toujours éprouvé pour eux un profond respect.

Je ne croyais pas beaucoup à la coopérative.

J'ai toujours pensé que parmi les formes supérieures de production, l'entreprise d'Etat est la meilleure, et je n'ai pas changé d'avis. J'ai toujours pensé que l'agriculture devrait se développer comme l'industrie, que la situation de l'ouvrier agricole devait être en tous points semblable à celle de l'ouvrier industriel. Ni l'industrie, ni la production ne lui appartiennent; c'est en tant que peuple, en tant que partie intégrante du peuple que cette industrie, cette production lui appartiennent.

J'ai toujours préféré cette formule. Mais ce n'était pas la plus réaliste pour les 20% ou 25% de terres qui restait entre les mains des paysans. La méthode la plus juste, la plus réaliste — et donc aussi la plus révolutionnaire — consistait à s'engager sur les deux voies: celles des entreprises d'Etat et celle des coopératives.

Ces idées ont été clairement exposées lors du Premier Congrès du Parti et du Cinquième Congrès de l'ANAP. Nous avons donc décidé de travailler dans cette direction.

En 1977, nous avions peu progressé. D'après le rapport de Pepe, il y avait dans le pays 44 coopératives qui représentaient au total, je crois, 6 052 hectares. Nous allions lentement au début; l'idée des coopératives semblait devoir faire lentement son chemin. Mais nous disions: il ne faut exercer aucune pression, ne pas brusquer les choses; les paysans doivent se convaincre peu à peu par eux-mêmes des avantages des coopératives. Et c'est ainsi qu'a surgi ce mouvement.

Je pensais, et je pense encore, qu'il faudra encore huit, dix ans, avant que l'immense majorité des terres actuellement aux mains des paysans passe à des formes supérieures de production. Et depuis que j'ai adopté ces idées, acquis la conviction qu'elles étaient justes, je suis réellement devenu — comme c'est le cas chaque fois que je suis fermement convaincu de quelque chose — un défenseur enthousiaste et résolu du développement des coopératives paysannes [*applaudissements*], surtout dans les régions où les parcelles sont concentrées. Il y a déjà dans le pays 1 140 coopératives qui occupent 56 000 hectares, soit 35% des terres appartenant aux paysans.

Je crois qu'un bel avenir s'ouvre à nos campagnes et je suis sûr que, grâce aux entreprises d'Etat et aux coopératives, notre agriculture sera l'une des plus développées, non pas du continent [latinoaméricain], où nous avons pris une avance considérable sur tous les autres pays, mais du monde [*applaudissements*], et que nous aurons fait une des révolutions agraires les plus profondes réalisées à ce jour [*applaudissements*], sans violence, sans coercition et avec le plus profond respect des sentiments et de la volonté de nos ouvriers et de nos paysans.

Nous en aurons la preuve lorsque nous aurons créé une communauté dans chaque ferme d'Etat et dans chaque coopérative paysanne, lorsque l'électricité, l'eau et toutes les autres commodités de la vie moderne auront atteint les coins les plus reculés de nos campagnes.

S'il est déjà difficile aux anciens latifondistes de reconnaître leurs terres, car le pays s'est rempli de laiteries, de nouvelles clôtures, de barrages, de chemins et d'installations diverses, je me demande si dans dix, quinze ou vingt ans, lorsque nos campagnes auront atteint ce niveau de développement, un seul d'entre eux sera capable, même à l'aide d'une carte et d'une loupe en plein midi, de savoir où était sa ferme, quelles en étaient les limites [*applaudissements*]. Car sur une vue aérienne de nos campagnes, on verra partout des installations agricoles modèles, des communautés modèles. Nous y parviendrons. Si nous nous rappelons d'où nous sommes partis, nous nous rendons compte que pour en arriver là, il nous reste à parcourir moins de la moitié du chemin [*applaudissements*].

C'est avec raison qu'on a dit que ce Sixième Congrès de l'ANAP est un congrès historique. Nous venons de voir que l'idée des coopératives s'était imposée en cinq ans, qu'elle avait triomphé. Et nous l'avons bien senti ici, à ce Congrès. Les interventions des présidents des coopératives nous ont vraiment impressionnés [*applaudissements*]; les résultats obtenus sont incroyables. La productivité, la production et les revenus de ces terres mises en commun et exploitées avec le concours de la technique sont désormais sans comparaison; on a expliqué ici que la production de canne à sucre avait doublé sur les parcelles regroupées en coopératives: elle est passée dans certains cas de 35 à 70 tonnes à l'hectare et dans d'autres de 43 à 86 tonnes à l'hectare; on a parlé de rendements dans la culture du tabac, de la pomme de terre, des tubercules, des légumes, du café et de toute autre culture aux mains des coopératives. On a parlé de l'enthousiasme, des possibilités de développement, de l'utilisation des terres et de toutes les ressources de nos campagnes. Les résultats obtenus par les coopératives sont impressionnants et encourageants. Si l'on ajoute à cela les progrès réalisés par le secteur agricole d'Etat dans la culture des agrumes et du riz, dans la production de lait, de volaille et d'oeufs, dans la culture de la canne à sucre on peut sans doute prédire un développement extraordinaire pour notre agriculture; tout ceci justifie en outre la saine émulation que nous voulons établir entre les coopératives et les fermes d'Etat [*applaudissements*].

LISEZ LA PRESSE SOCIALISTE

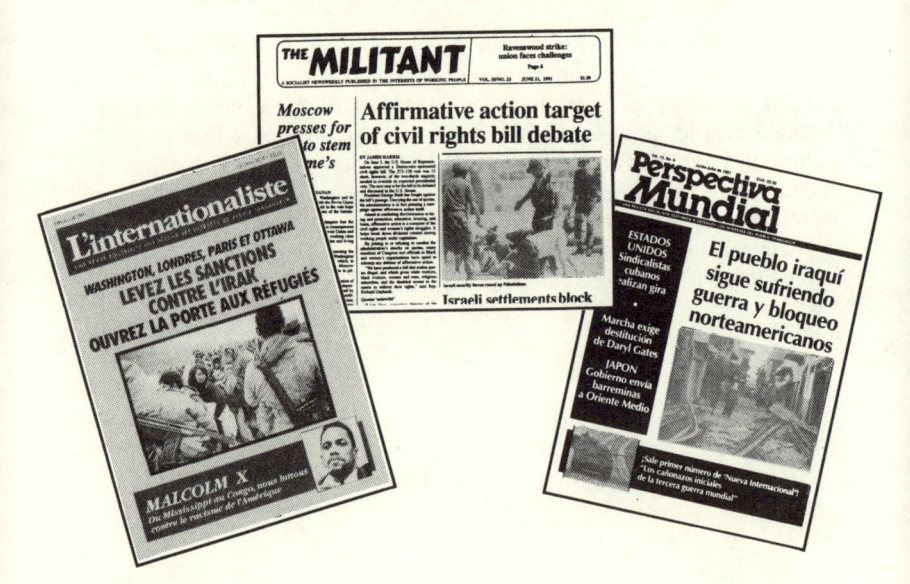

L'hebdomadaire socialiste de langue anglaise **The Militant,** la revue mensuelle en espagnol **Perspectiva Mundial** et la revue trimestrielle en français **L'internationaliste** sont des publications qui défendent les intérêts du peuple travailleur à travers le monde. **The Militant** et **Perspectiva Mundial** sont publiés à New York et **L'internationaliste,** à Montréal.

Ces publications sont des outils indispensables pour connaître la vérité sur la guerre impérialiste au Moyen-Orient. Elles contiennent des articles, reportages et analyses sur la lutte des travailleurs et des petits agriculteurs du monde entier contre l'oppression et l'exploitation capitalistes.

Pour obtenir le prix des abonnements d'essai ou réguliers, écrire à l'adresse appropriée:

Canada: C.P. 340, succ. R, Montréal (Québec), H2S 3M2 ● **France:** Nat London, 8, allée Berlioz, 94800 Villejuif (CCP: PA 25 465 01 S) ● **États-Unis et autres pays:** 410 West St., New York, NY 10014

«UN JOUR DE PLUS QUE LA COMPAGNIE!»

Comment les membres du syndicat des Machinistes ont stoppé le patron-choc de l'antisyndicalisme en Amérique du Nord.

ERNIE MAILHOT, JUDY STRANAHAN ET JACK BARNES

L'histoire de la grève de 22 mois qui a empêché Eastern, l'une des plus grosses compagnies aériennes au monde, de devenir une compagnie non syndiquée. Ecrite à partir de l'expérience des lignes de piquetage et des initiatives prises par les membres de l'Association internationale des machinistes. En anglais. 94 pages; 16 pages de photos.
9,95 $ US / 12,95 $ can.

`EN FRANÇAIS`

LA RÉVOLTE DES CAMIONNEURS
FARRELL DOBBS

Un livre de Pathfinder, traduit et publié par le CERMTRI. L'histoire de la grève des camionneurs de Minneapolis aux États-Unis en 1934. Racontée par l'un de ses principaux dirigeants.
135 pages. 10,95 $ US / 13,95 $ can.

DISTRIBUÉS PAR PATHFINDER (VOIR PAGE 2)

MALCOLM X
S'ADRESSE AUX JEUNES

**« Je ne suis pas
un américain.
Je suis une victime
de l'américanisme. »**

Un recueil de cinq discours et
entrevues prononcés pendant la
dernière année du dirigeant
révolutionnaire.
En anglais. 110 pages.
9,95 $ US / 12,95 $ can

Distribué par Pathfinder
(voir page 2)

MALCOLM X EN FRANÇAIS

Les textes qui suivent sont parus dans la revue
L'internationaliste, auparavant **Lutte ouvrière**.

Janvier-mars 1990

Le capitalisme est un vautour
par Malcolm X

Malcolm X était le visage et la voix de la révolution
par Jack Barnes

3 $ can / 18 FF / 3 $ US

Juin-août 1991

**Nous luttons
du Mississippi
au Congo**
par Malcolm X

5 $ can / 20 FF / 5 $ US

Faire parvenir un chèque ou mandat à l'adresse appropriée, en indiquant
le numéro et le nombre d'exemplaires voulus.

Canada: C.P. 340, succ. R, Montréal (Québec), H2S 3M2
France: Nat London, 8, allée Berlioz, 94800 Villejuif (CCP: PA 25 465 01 S)
États-Unis et autres pays: 410 West St., New York, NY 10014, USA

L'INTERNATIONALE COMMUNISTE ET LA QUESTION AGRAIRE

Les deux textes qui suivent sont extraits du recueil *Manifestes, thèses et résolutions des quatre premiers congrès mondiaux de l'Internationale communiste, 1919-1923*, publié pour la première fois en 1934 par la Librairie du Travail à Paris.

BETTMANN ARCHIVE

Un comité de paysans pauvres procède au partage des terres au cours des premières années de la révolution en Union soviétique.

Thèse sur la question agraire

Internationale communiste

Cette résolution a été adoptée par le deuxième congrès de l'Internationale communiste, en juillet-août 1920.

1. LE PROLÉTARIAT industriel des villes, dirigé par le Parti communiste, peut seul libérer les masses laborieuses des campagnes du joug des capitalistes et des propriétaires fonciers, de la désorganisation économique et des guerres impérialistes, qui recommenceront inévitablement si le régime capitaliste subsiste. Les masses laborieuses des campagnes ne pourront être libérées qu'à condition de prendre fait et cause pour le prolétariat communiste et de l'aider sans réserve dans sa lutte révolutionnaire pour le renversement du régime d'oppression des grands propriétaires fonciers et de la bourgeoisie.

D'un autre côté, le prolétariat industriel ne pourra s'acquitter de sa mission historique mondiale, qui est l'émancipation de l'humanité du joug du capitalisme et des guerres, s'il se renferme dans les limites de ses intérêts particuliers et corporatifs et se borne placidement aux démarches et aux efforts tendant à l'amélioration de sa situation bourgeoise parfois très satisfaisante. C'est ainsi que se passent les choses dans nombre des pays avancés où existe une «aristocratie ouvrière», fondement des partis soi-disant socialistes de la IIe Internationale, mais en réalité ennemis mortels du socialisme, traîtres envers sa doctrine, bourgeois chauvins et agents des capitalistes parmi les travailleurs. Le prolétariat ne pourra jamais être une force révolutionnaire active, une classe agissant dans l'intérêt du socialisme, s'il ne se conduit pas comme une avant-garde du peuple laborieux que l'on exploite, s'il ne se comporte pas comme le chef de guerre à qui incombe la mission de le conduire à l'assaut des exploiteurs; mais jamais cet assaut ne réussira si les campagnes ne participent pas à la lutte des classes, si la masse des paysans laborieux ne se joint pas au parti communiste prolétarien des villes et si, enfin, ce dernier ne l'instruit pas.

2. LA MASSE des paysans laborieux que l'on exploite et que le prolétariat des villes doit conduire au combat, ou tout au moins gagner à sa cause, est représentée dans tous les pays capitalistes par:

1) Le prolétariat agricole composé de journaliers ou valets de ferme, embauchés à l'année, à terme ou à la journée, et qui gagnent leur vie par leur travail salarié dans les diverses entreprises capitalistes d'économie rurale et industrielle. L'organisation de ce prolétariat en une catégorie distincte et indépendante des autres groupes de la population des campagnes (au point de vue politique, militaire, professionnel, coopératif, etc.), une propagande intense dans ce milieu, destinée à les amener au pouvoir soviétique et à la dictature du prolétariat: telle est la tâche fondamentale des partis communistes dans tous les pays.

2) Les semi-prolétaires ou les paysans, travaillant en qualité d'ouvriers embauchés dans diverses entreprises agricoles, industrielles ou capitalistes, ou cultivant le lopin de terre qu'ils possèdent ou louent et qui ne leur rapporte que le minimum nécessaire pour assurer l'existence de leur famille. Cette catégorie de travailleurs ruraux est très nombreuse dans les pays capitalistes; les représentants de la bourgeoisie et les «socialistes» jaunes de la IIe Internationale cherchent à dissimuler ses conditions d'existence véritables, particulièrement la situation économique, tantôt en trompant sciemment les ouvriers, tantôt par suite de leur propre aveuglement qui provient des idées routinières de la bourgeoisie. Ils confondent volontiers ce groupe avec la grande masse des «paysans». Cette manoeuvre foncièrement bourgeoise, en vue de duper les ouvriers, est surtout pratiquée en Allemagne, en France, en Amérique et dans quelques autres pays. En organisant bien le travail du Parti communiste, ce groupe social pourra devenir un fidèle soutien du communisme, car la situation de ces semi-prolétaires est très précaire et l'adhésion leur vaudra des avantages énormes et immédiats.

Dans certains pays, il n'existe pas de distinction claire entre ces deux premiers groupes; il serait donc loisible, suivant les circonstances, de leur donner une organisation commune.

3) Les petits propriétaires, les petits fermiers qui possèdent ou louent de petits lopins de terre et peuvent satisfaire aux besoins de leur ménage et de leur familles sans embaucher des travailleurs salariés. Cette catégorie de ruraux a beaucoup à gagner à la victoire du prolétariat; le triomphe de la classe ouvrière donne aussitôt à chaque représentant de ce groupe les biens et les avantages qui suivent:

a) non-paiement du prix du bail et abolition du métayage (il en serait ainsi en France, en Italie, etc.) payés jusqu'à présent aux grands propriétaires fonciers;

b) abolition des dettes hypothécaires;

c) émancipation de l'oppression économique exercée par les grands propriétaires fonciers, laquelle se présente sous les aspects les plus divers (droit d'usage des bois et forêts, de friches, etc.);

d) secours agricole spécial et financier immédiat du pouvoir prolétarien, notamment secours en outillage agricole; octroi de constructions se trouvant sur le territoire de vastes domaines capitalistes expropriés par le prolétariat; transformation immédiate par le gouvernement prolétarien de toutes les coopératives rurales et des compagnies agricoles, qui n'étaient avantageuses sous le régime capitaliste qu'aux paysans riches et aisés, en organisations économiques ayant pour but de secourir en premier lieu la population pauvre, c'est-à-dire les prolétaires, les semi-prolétaires et les paysans pauvres.

Le parti communiste doit aussi comprendre que pendant la période de transition du capitalisme au communisme, c'est-à-dire pendant la dictature du prolétariat, cette catégorie de la population rurale manifestera des hésitations plus ou moins sensibles et un certain penchant à la liberté du commerce et à la propriété privée; car nombre de ceux qui la composent faisant, au moins dans une petite mesure, le commerce des articles de première nécessité sont déjà démoralisés par la spéculation et par leurs habitudes de propriété. Si, cependant, le gouvernement prolétarien réalise, dans cette question, une politique ferme et inexorable et si le prolétariat vainqueur écrase sans merci les gros propriétaires fonciers et les paysans aisés, ces hésitations ne sauront être de longue durée et ne pourront modifier ce fait indubitable qu'en fin de compte le groupe dont il s'agit sympathise avec la révolution prolétarienne.

3. CES TROIS catégories de la population rurale, prises ensemble, forment, dans tous les pays capitalistes, la majorité de la population. Le succès d'un coup d'Etat prolétarien, tant dans les villes que dans les villages, peut donc être considéré comme indiscutable et certain. L'opinion opposée est cependant très en faveur dans la société actuelle. En voici les raisons: elle ne se maintient qu'à force d'agissements trompeurs de la science: 1) de la statistique bourgeoise qui cherche à voiler par tous les moyens en son pouvoir l'insondable abîme qui sépare ces classes rurales de leurs exploiteurs, les propriétaires fonciers et les capitalistes, ainsi que les semi-prolétaires et les paysans pauvres des paysans aisés; 2) cette opinion persiste grâce à la maladresse des héros de la IIe Internationale jaune et de «l'aristocratie ouvrière» dépravée par les privilèges impérialistes et à la mauvaise volonté qu'ils mettent à faire, parmi les paysans pauvres, une propagande prolétarienne et révolutionnaire vigoureuse et un bon travail d'organisation; les opportunistes employaient et emploient toujours leurs efforts à imaginer diverses variétés d'accords pratiques et théoriques avec la bourgeoisie, y compris les paysans riches et aisés, et ne pensent nullement au renversement révolutionnaire du gouvernement bourgeois et de la bourgeoisie elle-même; 3) enfin, l'opinion dont il s'agit se maintient jusqu'ici grâce à un préjugé opiniâtre et, pour ainsi dire, inébranlable, parce qu'il se trouve étroitement uni à tous les autres préjugés du parlementarisme et de la bourgeoisie démocratique; ce préjugé consiste dans la non-compréhension d'une vérité parfaitement démontrée par le marxisme théorique et suffisamment prouvée par l'expérience de la révolution prolétarienne russe; cette vérité est que les trois catégories de la population rurale dont nous avons parlé, abruties, désunies, opprimées et vouées, dans les pays même les plus civilisés, à une existence semi-barbare, ont, par conséquent, un intérêt économique, social et intellectuel à la victoire du socialisme, mais ne peuvent néanmoins appuyer vigoureusement le prolétariat révolutionnaire *qu'après* la conquête du pouvoir politique, lorsqu'il aura fait justice des gros propriétaires fonciers et capitalistes mettant ainsi les masses rurales dans l'obligation de constater qu'elles ont, en lui, un chef et défenseur organisé, assez puissant pour les diriger et leur montrer la bonne voie.

4. LES «PAYSANS MOYENS» sont au point de vue économique de petits propriétaires ruraux qui possèdent ou prennent à terme, eux aussi, des lopins de terre peu considérables sans doute, mais leur permettant quand même, sous le régime capitaliste, non seulement de nourrir leur famille et d'entretenir en bon état leur petite propriété rurale, mais de réaliser encore un excédent de bénéfices, pouvant, tout au moins dans les années de bonne récolte, être transformés en économies relativement importantes; ces paysans embauchent assez souvent des ouvriers (par exemple deux ou trois ouvriers par entreprise) dont ils ont besoin pour toutes sortes de travaux. On pourrait citer ici l'exemple concret de «paysans moyens» d'un pays capitaliste avancé: ceux de l'Allemagne. Il y avait, en Allemagne, d'après le recensement de 1907, une catégorie de propriétaires ruraux possédant chacun de cinq à dix hectares, dans les propriétés desquels le nombre des ouvriers embauchés s'élevait presqu'au tiers du chiffre total des travailleurs des champs[1]. En France, où les cultures spéciales comme la viticulture sont plus développées et où la terre demande beaucoup plus d'effort et de soins, les propriétés rurales de cette catégorie emploient probablement un nombre plus important de travailleurs salariés.

Pour son avenir le plus raproché et pour toute la première période de sa dictature, le prolétariat révolutionnaire ne peut pas se donner comme tâche la conquête politique de cette catégorie rurale et doit se borner à sa neutralisation, dans la lutte qui se livre entre le prolétariat et la bourgeoisie. Le penchant de cette couche de la population tantôt vers un parti politique, tantôt vers un autre, est inévitable et, probablement, sera-t-il, au commencement de la nouvelle époque et dans les pays foncièrement capitalistes, favorable à la bourgeoisie. Tendance d'ailleurs fort naturelle, l'esprit de propriété privée jouant chez elle un rôle prépondérant. Le prolétariat vainqueur améliorera immédiatement la situation économique de cette couche de la population en supprimant le système du bail, les dettes hypothécaires et en introduisant dans l'agriculture l'usage des machines et l'emploi de l'électricité. Cependant, dans la plupart des pays capitalistes, le pouvoir prolétarien ne devra pas abolir sur le champ et complètement le droit de propriété privée, mais il devra affranchir cette classe de toutes les obligations et impositions auxquelles elle est sujette de la part des propriétaires fonciers; le pouvoir soviétique assurera aux paysans pauvres et d'aisance moyenne la possession de leurs terres, dont il cherchera même à augmenter la superficie, en mettant les paysans en possession de terres qu'ils affermaient autrefois (abolition du fermage).

Toutes ces mesures, suivies d'une lutte sans merci contre la bourgeoisie, assureront le succès complet de la politique de neutralisation. C'est avec la plus grande circonspection que le pouvoir prolétarien doit passer à l'agriculture collectiviste, progressivement, à force d'exemples, et sans la moindre mesure de coercition à l'égard des paysans «moyens».

5. LES PAYSANS riches et aisés sont les entrepreneurs capitalistes de l'agriculture; ils cultivent habituellement leurs terres avec le concours des travailleurs salariés et ne sont rattachés à la classe paysanne que par leur développement intellectuel très restreint, par leur vie rustique et par le travail personnel qu'ils font en commun avec les ouvriers qu'ils embauchent. Cette couche de la population rurale est très nombreuse et représente en même temps l'adversaire le plus invétéré du prolétariat révolutionnaire. Aussi, tout le travail politique des partis communistes dans les campagnes doit-il se concentrer dans la lutte contre cet élément, pour émanciper la majorité de la population rurale laborieuse et exploitée de l'influence morale et politique, si pernicieuse, de ces exploiteurs ruraux.

Il est bien possible que, dès la victoire du prolétariat dans les villes, ces éléments aient recours à des actes de sabotage et même à des prises d'armes, manifestement contre-révolutionnaires. Aussi, le prolétariat révolutionnaire devra-t-il commencer sur-le-champ la préparation intellectuelle et organisatrice de toutes les forces dont il aura besoin pour les désarmer et pour leur porter, tandis qu'il renversera le régime capitaliste et industriel, le coup de grâce. A cet effet le prolétariat révolutionnaire des villes devra armer ses alliés ruraux et organiser dans tous les villages des soviets où nul exploiteur ne sera admis et où les prolétaires et les semi-prolétaires seront appelés à jouer le rôle prépondérant. Même dans ce cas cependant, la tâche immédiate du prolétariat vainqueur ne devra pas comporter l'expropriation des grandes propriétés paysannes, parce qu'à ce moment même les conditions matérielles et, en partie, techniques et sociales nécessaires à la socialisation des grandes propriétés ne seront pas encore réalisées. Tout porte à croire que, dans certains cas isolés, des terres affermées ou strictement nécessaires aux paysans pauvres du voisinage seront confisquées; on accordera également à ces derniers l'usage gratuit, à certaines conditions toutefois, d'une partie de l'outillage agricole des propriétaires ruraux riches ou aisés. Mais, en règle générale, le pouvoir prolétarien devra laisser leurs terres aux paysans riches et aisés et ne s'en emparer que dans le cas d'une opposition manifeste à la politique et aux prescriptions du pouvoir des travailleurs. Cette ligne de conduite est nécessaire, l'expérience de la révolution prolétarienne russe, où la lutte contre les paysans riches et aisés traîne en longueur dans des conditions très complexes, ayant démontré que ces éléments de la population rurale, douloureusement frappés pour toutes leurs tentatives de résistance, même les moindres, sont pourtant capables de s'acquitter loyalement des travaux que leur confie l'Etat prolétarien et commencent même, quoique très lentement, à se pénétrer de respect envers le pouvoir qui défend tout travailleur et écrase impitoyablement le riche oisif.

Les conditions spéciales qui ont compliqué et retardé la lutte du prolétariat russe, vainqueur de la bourgeoisie, contre les paysans riches dérivaient uniquement du fait qu'après l'événement du 25 octobre 1917, la révolution russe avait traversé une phase «démocratique» — c'est-à-dire, au fond, bourgeoise démocratique — de lutte des paysans contre les propriétaires fonciers; on doit encore ces conditions spéciales à la faiblesse numérique et à l'état arriéré du prolétariat des villes et, enfin, à l'immensité du pays et au délabrement de ses voies de communication. Mais les pays avancés de l'Europe et de l'Amérique ignorent toutes ces causes de retard et c'est pourquoi leur prolétariat révolutionnaire doit briser plus énergiquement, plus rapidement, avec plus de décision et beaucoup plus de succès la résistance des paysans riches et aisés et leur ôter, à l'avenir, toute possibilité d'opposition. Cette victoire de la masse des prolétaires, des semi-prolétaires et des paysans est absolument indispensable et tant qu'elle n'aura pas été remportée, le pouvoir prolétarien ne pourra se considérer comme une autorité stable et ferme.

6. LE PROLÉTARIAT révolutionnaire doit confisquer immédiatement et sans réserve toutes les terres appartenant aux grands propriétaires fonciers, c'est-à-dire à toutes les personnes exploitant systématiquement dans les pays capitalistes, que ce soit de façon directe ou par l'entremise de leurs fermiers, les travailleurs salariés, les paysans pauvres et même assez souvent les paysans moyens de la région; et à tous les propriétaires qui ne participent aucunement au travail physique — dans la plupart des cas, descendants des barons féodaux (nobles de Russie, d'Allemagne et de Hongrie, seigneurs restaurés de France, lords anglais, anciens possesseurs d'esclaves en Amérique), magnats de la haute finance ou enfin ceux qui sont issus de ces deux catégories d'exploiteurs et de fainéants.

Les partis communistes doivent s'opposer énergiquement à l'idée d'accorder une indemnité aux grands propriétaires fonciers expropriés et lutter contre toute propagande en ce sens; les partis communistes ne doivent pas oublier que le versement d'une semblable indemnité serait une trahison envers le socialisme et une contribution nouvelle imposée aux masses exploitées, accablées par le fardeau de la guerre qui a multiplié le nombre de millionnaires et a accru leurs fortunes.

Dans les pays capitalistes avancés, l'Internationale communiste estime qu'il serait bon et pratique de maintenir intactes les grandes propriétés agricoles et de les exploiter de la même façon que les «propriétés soviétiques» russes[2].

Quant à la culture des terres enlevées par le prolétariat vainqueur aux grands propriétaires fonciers en Russie, elles étaient jusqu'à présent partagées entre les paysans; c'est que le pays est très arriéré au point de vue économique. Dans des cas très rares le gouvernement prolétarien russe a maintenu en son pouvoir des propriétés rurales dites «soviétiques» et que l'Etat prolétarien exploite lui-même, en transformant les anciens ouvriers salariés en «délégués de travail» ou en membres de soviets.

La conservation des grands domaines sert mieux les intérêts des éléments révolutionnaires de la population, surtout des agriculteurs qui ne possèdent point de terres, des semi-prolétaires et des petits propriétaires qui vivent souvent de leur travail dans les grandes entreprises. En outre, la nationalisation des grands domaines rend la population urbaine moins dépendante à l'égard des campagnes au point de vue du ravitaillement.

Là où subsistent encore des vestiges du système féodal, où les privilèges des propriétaires fonciers engendrent des formes spéciales d'exploitation, où l'on voit encore le «servage» et le «métayage», il est nécessaire de remettre aux paysans une partie du sol des grands domaines.

Dans les pays où les grands domaines sont en nombre insignifiant, où un grand nombre de petits tenanciers demandent des terres, la distribution des grands domaines en lots peut être un sûr moyen pour gagner les paysans à la révolution, alors que la conservation de ces quelques grands domaines ne serait d'aucun intérêt pour les villes au point de vue du ravitaillement.

La première et la plus importante tâche du prolétariat est de s'assurer une victoire durable. Le prolétariat ne doit pas redouter une baisse de la production, si cela est nécessaire, pour le succès de la révolution. Ce n'est qu'en maintenant la classe moyenne des paysans dans la neutralité et en s'assurant l'appui de la majorité, si ce n'est de la totalité des prolétaires des campagnes, que l'on pourra assurer au pouvoir prolétarien une existence durable.

Toutes les fois que les terres des grands propriétaires fonciers seront distribuées, les intérêts du prolétariat agricole devront passer avant tout.

Tout l'outillage agricole et technique des grandes propriétés foncières et rurales doit être confisqué et remis à l'Etat, à condition toutefois qu'après la distribution de cet outillage en quantité suffisante aux grandes propriétés rurales de l'Etat, les petits paysans en puissent profiter gratuitement, en se conformant aux règlements élaborés à ce sujet par le pouvoir prolétarien.

Si tout au commencement de la révolution prolétarienne, la confiscation immédiate des grandes propriétés foncières, ainsi que l'expulsion ou l'internement de leurs propriétaires — leaders de la contre-révolution et oppresseurs impitoyables de toute la population rurale — sont absolument nécessaires, le pouvoir prolétarien doit tendre systématiquement au fur et à mesure de la consolidation de sa position dans les villes et les campagnes à l'utilisation des forces de cette classe, qui possède une expérience précieuse, des connaissances et des capacités organisatrices, pour créer avec son concours et sous le contrôle de communistes éprouvés une vaste agriculture soviétique.

7. LE SOCIALISME ne vaincra définitivement le capitalisme et ne sera à jamais affermi qu'au moment où le pouvoir gouvernemental prolétarien, ayant réprimé toute résistance des exploiteurs et assuré son autorité, aura réorganisé toute l'industrie sur la base d'une nouvelle production collectiviste et sur un nouveau fondement technique (application générale de l'énergie électrique dans toutes les branches de l'agriculture et de l'économie rurale). Cette réorganisation seule peut donner aux villes la possibilité d'offrir aux campagnes arriérées une aide technique et sociale susceptible de déterminer un accroissement extraordinaire de la productivité du travail agricole et rural et d'engager, par l'exemple, les petits laboureurs à passer dans leur propre intérêt, progressivement, à une culture collectiviste mécanique.

C'est précisément dans les campagnes que la possibilité d'une lutte victorieuse pour la cause socialiste exige de la part de tous les partis communistes un effort pour susciter, parmi le prolétariat industriel, le sentiment de la nécessité des sacrifices à consentir pour le renversement de la bourgeoisie et pour la consolidation du pouvoir prolétarien; chose absolument nécessaire parce que la dictature du prolétariat signifie qu'il sait organiser et conduire les travailleurs exploités et que son avant-garde est toujours prête, pour atteindre ce but, au maximum d'efforts héroïques et de sacrifices; en outre, pour remporter la victoire définitive, le socialisme exige que les masses laborieuses les plus exploitées des campagnes puissent voir, dès la victoire des ouvriers, leur situation presque immédiatement améliorée aux dépens des exploiteurs; s'il n'en était pas ainsi, le prolétariat industriel ne pourrait pas compter sur l'appui des campagnes et ne pourrait pas, de ce fait, assurer le ravitaillement des villes.

8. LES DIFFICULTÉS énormes que présentent l'organisation et la préparation à la lutte révolutionnaire de la masse des travailleurs ruraux que le régime capitaliste avait abrutis, éparpillés et asservis à peu près autant qu'au moyen-âge exigent de la part des partis communistes la plus grande attention envers le mouvement gréviste rural, l'appui vigoureux et le développement intense des grèves de masses de prolétaires et des semi-prolétaires ruraux. L'expérience des révolutions russes de 1905 et 1917, confirmée et complétée actuellement par celle de la révolution allemande et d'autres pays avancés, prouve que seul le mouvement gréviste, progressant sans cesse (avec la participation, dans certaines conditions, des «petits paysans»), peut tirer les villages de leur léthargie, réveiller chez les paysans la conscience de classe et le sentiment de la nécessité d'une organisation de classe des masses rurales exploitées et montrer clairement aux habitants de la campagne l'importance pratique de leur union avec les travailleurs des villes. A ce point de vue, la création de syndicats ouvriers agricoles et la collaboration des communistes dans les organisations d'ouvriers agricoles et forestiers sont de la plus haute importance. Les communistes doivent particulièrement soutenir les organisations formées par la population agricole étroitement liée au mouvement ouvrier révolutionnaire. Une propagande énergique doit être faite parmi les paysans prolétaires.

Le congrès de l'Internationale communiste flétrit et condamne sévèrement les socialistes félons et traîtres que l'on trouve malheureusement non seulement au sein de la IIe Internationale jaune, mais aussi parmi les trois partis européens les plus importants sortis de cette Internationale; le congrès voue à la honte les socialistes capables non seulement de considérer d'un oeil indifférent le mouvement gréviste rural, mais encore de lui résister (comme K. Kautsky), de peur qu'il n'en résulte une réduction du ravitaillement. Tous les programmes et toutes les déclarations les plus solennels n'ont aucune valeur, s'il n'est possible de prouver pratiquement que les communistes et les leaders ouvriers savent mettre au-dessus de toutes choses le développement de la révolution prolétarienne et sa victoire, savent consentir pour elle aux sacrifices les plus pénibles, parce qu'il n'est pas d'autres issues, pas d'autres moyens pour vaincre la famine et la désorganisation économique et pour conjurer de nouvelles guerres impérialistes.

9. LES PARTIS communistes doivent faire tout ce qui dépend d'eux pour commencer au plus tôt l'organisation des soviets dans les campagnes et en premier lieu des soviets qui représenteraient des travailleurs salariés et les semi-prolétaires. Ce n'est qu'en coopération étroite avec le mouvement gréviste des masses et avec la classe la plus opprimée que les soviets seront à même de s'acquitter de leur mission et deviendront assez forts pour soumettre à leur influence (et les incorporer par la suite) les «petits paysans». Si cependant le mouvement gréviste n'est pas encore assez développé et la capacité d'organisation du prolétariat rural est encore trop faible, tant à cause de l'oppression des propriétaires fonciers et des paysans riches que de l'insuffisance de l'appui fourni par les ouvriers industriels et par leurs syndicats, la création des soviets dans les campagnes demande une longue préparation; elle doit être faite par la création de foyers communistes, par une propagande active, en termes clairs et nets, des aspirations communistes que l'on expliquera à force d'exemples illustrant les diverses méthodes d'exploitation et d'oppression, et enfin au moyen de tournées de propagande systématiques des travailleurs industriels dans les campagnes.

Notes
(dans le texte originel)

1. Voici quelques chiffres exacts. Allemagne: propriétés rurales de 5 à 10 hectares, employant des ouvriers embauchés — 652 798 (sur 5 736 082); ouvriers salariés — 487 764; ouvriers mariés — 2 003 633. Autriche (recensement de 1910): 383 351 propriétés rurales, dont 126 136 employant des travailleurs embauchés; ouvriers salariés — 146 044; ouvriers mariés — 1 265 969. Le nombre total des fermes en Autriche s'élève à 2 856 349.

2. Il sera bon de favoriser la création de domaines administrés par des collectivités (Communes).

Programme d'action agraire

Internationale communiste

Ce texte a été adopté par le quatrième congrès de l'Internationale communiste, en novembre-décembre 1922.

LES BASES de nos rapports vis-à-vis des masses laborieuses de la campagne ont déjà été fixées dans les thèses agraires du IIe Congrès. Dans la phase actuelle de l'offensive du Capital, la question agraire acquiert une importance primordiale. Le IVe Congrès demande à tous les partis de s'efforcer de gagner les masses laborieuses de la campagne et établit pour ce travail les règles suivantes:

1. La grande masse du prolétariat agricole et des paysans pauvres qui ne possèdent pas assez de terre et sont obligés de travailler une partie de leur temps comme salariés, ou qui sont exploités d'une manière ou d'une autre par les propriétaires fonciers et les capitalistes, ne peut être libérée définitivement de son état actuel de servitude et de guerres inévitables dans le régime capitaliste que par une révolution mondiale, une révolution qui confisquera sans indemnité et mettra à la disposition des ouvriers la terre avec tous les moyens de production, et qui instaurera à la place de l'Etat des propriétaires fonciers et des capitalistes l'Etat soviétique des ouvriers et des paysans et préparera ainsi la voie au communisme.

2. Dans la lutte contre l'Etat des capitalistes et des propriétaires fonciers, les petits paysans et les petits fermiers sont les camarades de combat naturels du prolétariat industriel et agricole. Pour relier leur mouvement révolutionnaire à la lutte du prolétariat de la ville et de la campagne, la chute de l'Etat bourgeois est nécessaire, ainsi que la prise du pouvoir politique par le prolétariat industriel, l'expropriation des moyens de production ainsi que de la terre et la suppression de la domination des agrariens et de la bourgeoisie à la campagne.

3. Afin de gagner à une neutralité bienveillante les paysans moyens et les ouvriers agricoles ainsi que les paysans pauvres à la révolution, les paysans moyens doivent être arrachés à l'influence des paysans riches liés aux grands propriétaires fonciers. Ils doivent comprendre qu'ils doivent lutter avec le parti révolutionnaire du prolétariat, le parti communiste, étant donné que leurs intérêts s'accordent non avec ceux des gros paysans riches, mais avec ceux du prolétariat. Pour arracher ces paysans

à la direction des grands propriétaires fonciers et des paysans riches, il ne suffit pas d'établir un programme ou de faire de la propagande: le Parti communiste doit prouver par une action continue qu'il est véritablement le parti de tous les opprimés.

4. C'est pourquoi le Parti communiste doit se mettre à la tête de toutes les luttes que les masses laborieuses de la campagne mènent contre les classes dominantes. Défendant les intérêts quotidiens de ces masses, le Parti communiste réunit les forces dispersées des travailleurs à la campagne, élève leur volonté combative, soutient leur lutte en la faisant appuyer par le prolétariat industriel et les mène dans la voie conduisant aux buts de la révolution. Cette lutte menée en commun avec les ouvriers industriels et le fait que les ouvriers industriels luttent sous le direction du Parti communiste pour les intérêts du prolétariat agricole et des paysans pauvres convaincront ceux-ci que, premièrement, seul le Parti communiste les défend réellement, tandis que tous les autres partis, tant agraires que sociaux-démocrates, malgré leurs phrases démagogiques, ne veulent que les tromper et servent en réalité les intérêts des capitalistes et des propriétaires fonciers; et, deuxièmement, que sous le capitalisme une amélioration véritable de la situation des ouvriers et des paysans pauvres est impossible.

5. Nos revendications concrètes doivent se conformer à l'état de dépendance et d'oppression dans lequel se trouvent les ouvriers, les petits et moyens paysans à l'égard des capitalistes et des grands propriétaires fonciers, comme aussi à leurs intérêts réels.

Dans les pays coloniaux ayant une population paysanne opprimée, la lutte de libération nationale sera ou bien conduite par toute la population, comme c'est le cas par exemple en Turquie, et dans ce cas la lutte des paysans opprimés contre les grands propriétaires fonciers commence inévitablement après la victoire de la lutte de libération nationale, ou bien les seigneurs féodaux s'allient avec les impérialistes étrangers, comme c'est le cas par exemple en Inde, et alors la lutte sociale des paysans opprimés concorde avec la lutte de libération nationale.

Dans les territoires où il reste encore de fortes survivances du féodalisme, où la révolution bourgeoise n'a pas été terminée et où des privilèges féodaux sont encore liés à la propriété foncière, ces privilèges doivent disparaître au cours de la lutte pour la possession de la terre, qui est ici d'une importance décisive.

6. Dans tous les pays, où il existe un prolétariat agricole, cette couche sociale constitue le facteur le plus important du mouvement révolutionnaire à la campagne. Le Parti communiste soutient, organise, approfondit, contrairement aux sociaux-démocrates qui poignardent dans le dos, le prolétariat pour l'amélioration de sa situation politique, économique et sociale. Pour hâter la maturité révolutionnaire du prolétariat rural et l'éduquer pour la lutte en vue de la dictature du prolétariat

qui, seule, peut le libérer définitivement de l'exploitation dont il souffre, le Parti communiste soutient le prolétariat agricole dans sa lutte pour:
* L'élévation du salaire réel, l'amélioration des conditions de travail, de logement et de culture.
* La liberté de réunion, d'association, de grève, de la presse, etc., pour obtenir au moins les mêmes droits que les ouvriers industriels.
* La journée de huit heures, l'assurance contre les accidents, l'assurance contre la vieillesse, l'interdiction du travail des enfants, la construction d'écoles techniques, etc., et au moins l'extension de la législation sociale dont jouit actuellement le prolétariat.

7. Le Parti communiste luttera jusqu'au jour où les paysans seront définitivement libérés par la révolution sociale contre toutes les sortes d'exploitation des petits et moyens paysans par le capitalisme, contre l'exploitation par les usuriers qui jettent les paysans pauvres dans la servitude de l'endettement, enfin contre l'exploitation par le capital commercial qui achète à bon marché les légers excédents de production des petits paysans et les revend à des prix élevés au prolétariat des villes.

LE PARTI COMMUNISTE lutte contre ce capital commercial parasitaire et pour la liaison immédiate des coopératives de consommation du prolétariat industriel; contre l'exploitation par le capital industriel, qui utilise son monopole pour élever artificiellement les prix des produits industriels; pour la fourniture aux petits paysans de moyens de production (engrais artificiels, machines, etc.) à bon marché. Les conseils d'entreprises industrielles devront contribuer à cette lutte en établissant le contrôle des prix.

Contre l'exploitation du monopole privé des compagnies de chemins de fer, comme cela existe surtout dans les pays anglo-saxons;

Contre l'exploitation de l'Etat capitaliste, dont le système fiscal surcharge les petits paysans en faveur des grands propriétaires fonciers; le Parti réclame l'exonération d'impôt pour les petits paysans.

8. Mais l'exploitation la plus grave dont souffrent les paysans pauvres dans les pays non coloniaux provient de la propriété privée du sol des grands propriétaires fonciers. Pour pouvoir utiliser pleinement leurs forces de travail et surtout pour pouvoir vivre, les paysans pauvres sont obligés de travailler chez les grands propriétaires fonciers à des salaires de famine ou d'affermer ou d'acheter de la terre à des prix très élevés, par quoi une partie du salaire des petits paysans est accaparée par les grands propriétaires fonciers. L'absence de terres oblige les paysans pauvres à se soumettre à l'esclavage moyenâgeux sous des formes modernes. C'est pourquoi le Parti communiste lutte pour la confiscation de la terre avec tout l'inventaire au profit de ceux qui la cultivent réellement. Jusqu'à ce que cela soit réalisé par la révolution prolétarienne, le

Parti communiste soutient la lutte des paysans pauvres pour:

a) L'amélioration des conditions d'existence des métayers, par la réduction de la part qui revient aux propriétaires;

b) La réduction des fermages pour les petits fermiers, la remise obligatoire d'une indemnité pour toutes les améliorations apportées à la terre par le fermier au cours du contrat de fermage, etc. Les syndicats des travailleurs agricoles dirigés par les communistes soutiendront les petits fermiers dans cette lutte et n'accepteront de faire aucun travail dans les champs qui auront été enlevés aux petits fermiers par les propriétaires fonciers à cause de litiges se rapportant au fermage;

c) La cession des terres, de bétail et de machines à tous les paysans pauvres à des conditions permettant d'assurer leur gagne-pain, et non pas de parcelles de terres qui lient leurs propriétaires à la glèbe et les obligent à chercher du travail pour des salaires de famine chez les propriétaires ou paysans voisins, mais de quantité de terres suffisantes pour pouvoir employer toute l'activité des paysans. Dans cette question, il faudra avant tout tenir compte des intérêts des ouvriers agricoles.

9. Les classes dominantes essayent d'étouffer le caractère révolutionnaire du mouvement des paysans au moyen de réformes agraires bourgeoises, de répartitions de terres entre les éléments dirigeants de la classe paysanne. Elles ont réussi à provoquer un fléchissement temporaire du mouvement révolutionnaire à la campagne. Mais toute réforme agraire bourgeoise se heurte aux limites du capitalisme. La terre n'est donnée que contre indemnité et à des personnes qui sont déjà en possession de moyens de production. Une réforme agraire bourgeoise n'a absolument rien à offrir aux éléments prolétariens ou semi-prolétariens. Les conditions extrêmement sévères qui sont imposées aux paysans recevant de la terre lors d'une réforme agraire bourgeoise et qui par suite n'ont pas pour résultat d'améliorer véritablement leur situation, mais au contraire de les plonger dans l'esclavage de l'endettement, mènent inévitablement à une recrudescence du mouvement révolutionnaire et à une aggravation de l'antagonisme existant entre les petits et gros paysans de même qu'entre les ouvriers agricoles qui ne reçoivent pas de terre et perdent des occasions de travail par suite de la division des grandes propriétés.

Seule une révolution prolétarienne pourra apporter la libération définitive des classes laborieuses de la campagne, révolution qui confisquera sans indemnité aucune la terre des grands propriétaires fonciers ainsi que tout l'inventaire, mais laissera intactes les terres cultivées par les paysans, délivrera ceux-ci de toutes charges, fermages, hypothèques, restrictions féodales qui pèsent sur eux et soutiendra de toutes les façons les couches inférieures de la classe paysanne.

Les paysans qui cultivent la terre décideront eux-mêmes de la façon dont la terre enlevée aux grands propriétaires fonciers devra être ex-

ploitée. A ce sujet les thèses du IIe Congrès déclarent ce qui suit:

Pour les pays capitalistes les plus développés, l'Internationale communiste croit qu'il est bon de maintenir le plus possible les grandes exploitations agraires et de les former sur le modèle des domaines soviétiques en Russie.

Il faudra également soutenir la création de l'exploitation collective (coopératives agraires, communautés agricoles). Le maintien des grandes exploitations agricoles sauvegarde les intérêts des couches révolutionnaires de la population paysanne, des ouvriers agricoles et des petits propriétaires semi-prolétariens qui sont obligés de gagner leur vie en travaillant une partie de leur temps dans les grandes exploitations agricoles. D'autre part, la nationalisation des grandes exploitations agricoles rend la population des villes, au moins en partie dans la question du ravitaillement, indépendante des paysans.

LÀ OÙ existent encore des survivances du féodalisme, des servitudes ou le système du métayage, il peut être nécessaire, dans certaines circonstances, de remettre aux paysans une partie de la terre des grandes propriétés.

Dans les pays où les grandes exploitations agricoles ne jouent qu'un rôle relativement petit et où par contre il existe une grande quantité de petits propriétaires paysans qui veulent conserver la terre, la répartition de la terre des grandes propriétés est le meilleur moyen de gagner les paysans à la révolution, tandis que le maintien des grandes exploitations n'est pas d'une importance primordiale pour le ravitaillement des villes.

Là où se produit une répartition des grandes propriétés entre les paysans, il faudra tenir compte en premier lieu des intérêts du prolétariat agricole.

* * *

Tous les communistes qui travaillent dans l'agriculture ou dans les entreprises industrielles liées à l'agriculture sont tenus d'entrer dans les organisations des ouvriers agricoles, d'y grouper et de conduire les éléments révolutionnaires en vue de transformer ces organisations en organes révolutionnaires. Là où il n'existe aucun syndicat, c'est le devoir des communistes de travailler à leur création. Dans les organisations jaunes, fascistes et contre-révolutionnaires, ils doivent mener un travail d'éducation intense en vue de détruire ces organisations contre-révolutionnaires. Dans les grandes entreprises agricoles, ils doivent créer des conseils d'entreprise, en vue de la défense des intérêts ouvriers, du contrôle de la production et pour empêcher l'introduction du système d'exploitation extensive. Ils doivent appeler le prolétariat industriel au secours du prolétariat agricole en lutte et incorporer celui-ci dans le mouvement des conseils d'entreprises industrielles.

Etant donné l'importance formidable des paysans pauvres pour le mouvement révolutionnaire, c'est le devoir des communistes d'entrer dans les organisations des petits paysans (coopératives de production, de consommation et de crédit) pour les transformer, pour faire disparaître les antagonismes apparents d'intérêt entre les ouvriers agricoles et les paysans pauvres, antagonismes grossis artificiellement par les propriétaires fonciers et les paysans riches, et relier étroitement l'action de ces organisations avec le mouvement du prolétariat rural et industriel.

Seule la collaboration de toutes les forces révolutionnaires de la ville et de la campagne permettra d'opposer une résistance victorieuse à l'offensive du capitalisme et, passant de la défensive à l'offensive, d'obtenir la victoire finale.

L'Internationale communiste sous Lénine

Cette série de volumes rendra disponibles tous les débats et documents des quatre premières années de l'Internationale communiste, de 1919 à 1924.

Elle décrit la lutte pour forger une direction communiste internationale menée par l'équipe de révolutionnaires que Vladimir Lénine avait rassemblée autour de lui.

Lenin's Struggle for a Revolutionary International
Les années préparatoires, 1907-1916: le combat de Lénine pour une Internationale révolutionnaire.
624 pages. 31,95 $ US / 39,95 $ can

The German Revolution and the Debate on Soviet Power
Les préparatifs du congrès de fondation, 1918-1919: la révolution allemande et le débat sur le gouvernement des soviets.
560 pages. 30,95 $ US / 39,95 $ can

Founding the Communist International
Débats et documents du premier congrès de l'Internationale communiste, mars 1919.
424 pages. 26,95 $ US / 35,95 $ can

Distribués par Pathfinder (voir page 2)

DES TEXTES FONDAMENTAUX DU MARXISME

KARL MARX ET FRIEDRICH ENGELS
Le manifeste du Parti communiste
Le programme fondateur du mouvement ouvrier révolutionnaire. 4,95 $ US

FRIEDRICH ENGELS
Socialisme utopique et socialisme scientifique
Les origines de la conception matérialiste de la lutte pour le socialisme. 3,95 $ US

VLADIMIR I. LÉNINE
L'État et la révolution
La lutte révolutionnaire de la classe ouvrière pour le pouvoir et les défis de la transition vers le socialisme. 5,95 $ US

VLADIMIR I. LÉNINE
L'impérialisme, stade suprême du capitalisme
Le capitalisme comme système international d'exploitation et d'oppression. 5,95 $ US

LÉON TROTSKY
La révolution trahie
La dégénérescence bureaucratique de l'Union soviétique sous Joseph Staline. Essentiel pour comprendre la crise actuelle en Europe de l'Est et en Union soviétique. 18,95 $ US

LÉON TROTSKY
L'histoire de la révolution russe
Comment les travailleurs et les paysans de la Russie tsariste ont accompli la première révolution socialiste de l'histoire. 29,95 $ US.

KARL MARX
Le Capital
Les origines, le fonctionnement et les contradictions du système capitaliste. Trois volumes. 14,95 $ US chacun.

DISTRIBUÉS PAR PATHFINDER (VOIR PAGE 2)

Nouvelle Internationale est publiée en collaboration avec les revues *New International* en anglais et *Nueva Internacional* en espagnol.

New International
A Magazine of Marxist Politics and Theory

No. 1. **Their Trotsky and Ours: Communist Continuity Today** by Jack Barnes ■ **Lenin and the Colonial Question** by Carlos Rafael Rodríguez ■ 8 $ US / 11 $ can

No. 2. **The Working-Class Fight for Peace** by Brian Grogan ■ **The Aristocracy of Labor** by Steve Clark ■ 8 $ US / 11 $ can

No. 3. **Communism and the Fight for a Popular Revolutionary Government: 1848 to Today** by Mary-Alice Waters ■ **National Liberation and Socialism in the Americas** by Manuel Piñeiro ■ 8 $ US / 11 $ can

No. 4. **The Fight for a Workers' and Farmers' Government in the United States** by Jack Barnes ■ **Revolutionary Perspectives and Leninist Continuity in the United States** Resolution of the Socialist Workers Party ■ **Land Reform and Farm Cooperatives in Cuba** ■ 9 $ US / 12 $ can

No. 5. **The Coming Revolution in South Africa** by Jack Barnes ■ **Why Cuban Volunteers Are in Angola** Speeches by Fidel Castro ■ 9 $ US / 12 $ can

No. 6. **The Second Assassination of Maurice Bishop** by Steve Clark ■ **Cuba's Rectification Process** Two Speeches by Fidel Castro ■ **Land, Labor, and the Canadian Revolution** by Michel Dugré ■ 10 $ US / 13 $ can

No. 7. **The Opening Guns of World War III: Washington's Assault on Iraq** by Jack Barnes ■ **1945: When U.S. Troops Said 'No!'** by Mary-Alice Waters ■ **Communism, the Working Class, and the Anti-Imperialist Struggle: Lessons from the Iran-Iraq War** by Samad Sharif ■ 12 $ US / 16 $ can

No. 8. **Che Guevara and the Road to Socialism** ■ Articles by Che Guevara, Carlos Rafael Rodríguez, Carlos Tablada, Jack Barnes, Steve Clark and Mary-Alice Waters ■ 10 $ US / 13 $ can

Nueva Internacional
Una revista de política y teoría marxistas

Número 1. **Los cañonazos iniciales de la tercera guerra mundial** por Jack Barnes ■ **La política comunista en tiempos de guerra y paz** por Mary-Alice Waters ■ **Comunismo, la clase obrera y la lucha antimperialista: lecciones de la guerra Irán-Irak** por Samad Sharif ■ 13 $ US / 17 $ can

Número 2. **Che Guevara, Cuba y el camino al socialismo** ■ Artículos por Ernesto Che Guevara, Carlos Rafael Rodríguez, Carlos Tablada, Mary-Alice Waters, Steve Clark y Jack Barnes ■ Disponible en el otoño de 1991 ■ 11 $ US / 15 $ can

DISTRIBUÉES PAR PATHFINDER (VOIR PAGE 2)

APPUYEZ LA CAMPAGNE DE DÉFENSE DE MARK CURTIS

Mark Curtis est un militant syndical et politique victime d'un coup monté politique aux États-Unis. En 1988, il a été condamné à 25 ans de prison sous de fausses accusations de viol et de cambriolage, alors qu'il s'était activement impliqué dans une lutte pour défendre les droits de 17 travailleurs immigrants dans son usine.

Faites comme des milliers d'autres hommes et femmes à travers le monde. Appuyez la campagne pour faire libérer Mark Curtis.

Remplissez et faites parvenir ce coupon à: Mark Curtis Defense Committee, Box 1048, Des Moines, Iowa 50311, USA.

☐ Je désire parrainer le Comité de défense de Mark Curtis
☐ Voici une contribution financière de _____

Nom _____ Tél. _____
Adresse _____
Ville _____ Prov./État _____
Code/Zip _____ Pays _____
Fonction/Organisation _____

Devenez membre

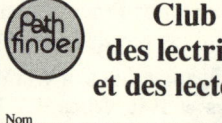

Club des lectrices et des lecteurs

Nom _____
Prend fin le _____
Acceptée dans toutes les librairies Pathfinder

Pathfinder publie les livres et les brochures des combattants impliqués dans la lutte pour une société sans exploitation ni oppression: Karl Marx, Friedrich Engels, V.I. Lénine, Léon Trotsky, Rosa Luxemburg, Ernesto Che Guevara, Fidel Castro, Malcolm X, Farrell Dobbs, James Cannon, Nelson Mandela, Thomas Sankara, Maurice Bishop et d'autres.

Pour aussi peu que 10 $ US ou 12 $ can. par an, les membres du Club des lectrices et lecteurs de Pathfinder ont droit à une réduction de 15 pour cent sur tous les livres des éditions Pathfinder, dans toutes les librairies Pathfinder à travers le monde.

POUR DEVENIR MEMBRE, CONTACTEZ LA LIBRAIRIE PATHFINDER DE VOTRE RÉGION OU FAITES PARVENIR UN CHÈQUE DE 10 $ US À PATHFINDER, 410 WEST STREET, NEW YORK, NY 10014, USA.